# TRANZLATY

Language is for everyone

भाषा सभी के लिए है

# The Call of the Wild

# जंगल की आवाज़

## Jack London

## English / हिंदी

# Into the Primitive
## आदिम में

Buck did not read the newspapers.

बक अखबार नहीं पढ़ता था।

Had he read the newspapers he would have known trouble was brewing.

अगर उसने समाचार पत्र पढ़े होते तो उसे पता चल जाता कि मुसीबत आने वाली है।

There was trouble not alone for himself, but for every tidewater dog.

यह केवल उसके लिए ही नहीं, बल्कि हर समुद्री कुत्ते के लिए परेशानी थी।

Every dog strong of muscle and with warm, long hair was going to be in trouble.

हर मजबूत मांसपेशियों वाला और गर्म, लंबे बालों वाला कुत्ता परेशानी में पड़ने वाला था।

From Puget Bay to San Diego no dog could escape what was coming.

पुगेट बे से सैन डिएगो तक कोई भी कुत्ता आने वाली मुसीबत से बच नहीं सकता था।

Men, groping in the Arctic darkness, had found a yellow metal.

आर्कटिक के अंधेरे में टटोलते हुए लोगों को एक पीली धातु मिली थी।

Steamship and transportation companies were chasing the discovery.

स्टीमशिप और परिवहन कम्पनियां इस खोज की तलाश में थीं।

Thousands of men were rushing into the Northland.

हजारों लोग उत्तरी क्षेत्र की ओर भाग रहे थे।

These men wanted dogs, and the dogs they wanted were heavy dogs.

इन लोगों को कुत्ते चाहिए थे और जो कुत्ते वे चाहते थे वे भारी कुत्ते थे।

Dogs with strong muscles by which to toil.

मजबूत मांसपेशियों वाले कुत्ते जिनसे परिश्रम किया जा सके।

Dogs with furry coats to protect them from the frost.

ठंड से बचाने के लिए रोयेंदार कोट पहने कुत्ते।

Buck lived at a big house in the sun-kissed Santa Clara Valley.

बक, धूप से भरी सांता क्लारा घाटी में एक बड़े घर में रहता था।

Judge Miller's place, his house was called.

जज मिलर का स्थान, उनके घर को बुलाया गया।

His house stood back from the road, half hidden among the trees.

उसका घर सड़क से पीछे, पेड़ों के बीच छिपा हुआ था।

One could get glimpses of the wide veranda running around the house.

घर के चारों ओर फैले चौड़े बरामदे की झलक देखी जा सकती थी।

The house was approached by graveled driveways.

घर तक पहुंचने के लिए बजरी से बने रास्ते थे।

The paths wound about through wide-spreading lawns.

रास्ते चौड़े-चौड़े लॉन के बीच से होकर गुजरते थे।

Overhead were the interlacing boughs of tall poplars.

ऊपर ऊंचे चिनार के पेड़ों की आपस में जुड़ी हुई शाखाएं थीं।

At the rear of the house things were on even more spacious.

घर के पीछे की ओर चीजें और भी अधिक विशाल थीं।

There were great stables, where a dozen grooms were chatting

वहाँ बड़े अस्तबल थे, जहाँ एक दर्जन दूल्हे बातें कर रहे थे

There were rows of vine-clad servants' cottages

वहाँ बेल-बूटे से सजे नौकरों की झोपड़ियाँ कतारों में थीं

And there was an endless and orderly array of outhouses

और वहाँ बाहरी घरों की एक अंतहीन और व्यवस्थित श्रृंखला थी

Long grape arbors, green pastures, orchards, and berry patches.

लम्बे अंगूर के बगीचे, हरे-भरे चरागाह, बगीचे और बेरी के खेत।

Then there was the pumping plant for the artesian well.

फिर वहां आर्टेसियन कुँए के लिए पम्पिंग प्लांट भी था।

And there was the big cement tank filled with water.

और वहां पानी से भरा बड़ा सीमेंट का टैंक था।

Here Judge Miller's boys took their morning plunge.

यहां जज मिलर के लड़कों ने सुबह की सैर की।

And they cooled down there in the hot afternoon too.

और वे वहां गर्म दोपहर में भी ठंडक पाते थे।

And over this great domain, Buck was the one who ruled all of it.

और इस विशाल क्षेत्र पर, बक ही शासन करता था।

Buck was born on this land and lived here all his four years.

बक का जन्म इसी भूमि पर हुआ था और उन्होंने अपने पूरे चार वर्ष यहीं बिताए।

There were indeed other dogs, but they did not truly matter.

वहाँ अन्य कुत्ते भी थे, लेकिन उनका कोई विशेष महत्व नहीं था।

Other dogs were expected in a place as vast as this one.

इस विशाल स्थान पर अन्य कुत्तों की भी अपेक्षा की जा सकती थी।

These dogs came and went, or lived inside the busy kennels.

ये कुत्ते आते-जाते रहते थे या व्यस्त कुत्तों के बाड़ों में रहते थे।

Some dogs lived hidden in the house, like Toots and Ysabel did.

कुछ कुत्ते घर में छिपे रहते थे, जैसे टूट्स और यिसाबेल।

Toots was a Japanese pug, Ysabel a Mexican hairless dog.

टूट्स एक जापानी पग नस्ल का कुत्ता था, जबकि यिसाबेल एक मैक्सिकन बाल रहित कुत्ता था।

These strange creatures rarely stepped outside the house.

ये विचित्र प्राणी शायद ही कभी घर से बाहर निकलते हों।

They did not touch the ground, nor sniff the open air outside.

उन्होंने न तो ज़मीन को छुआ और न ही बाहर की खुली हवा को सूँघा।

There were also the fox terriers, at least twenty in number.

वहाँ फॉक्स टेरियर भी थे, जिनकी संख्या कम से कम बीस थी।

These terriers barked fiercely at Toots and Ysabel indoors.

ये टेरियर कुत्ते घर के अंदर टूट्स और यिसाबेल पर भयंकर रूप से भौंकते थे।

Toots and Ysabel stayed behind windows, safe from harm.

टूट्स और यिसाबेल खिड़कियों के पीछे सुरक्षित रहे।

They were guarded by housemaids with brooms and mops.

उनकी सुरक्षा झाड़ू और पोछा लेकर घरेलू नौकरानियां करती थीं।

But Buck was no house-dog, and he was no kennel-dog either.

लेकिन बक कोई घरेलू कुत्ता नहीं था, और न ही वह कोई केनेल कुत्ता था।

The entire property belonged to Buck as his rightful realm.

सम्पूर्ण सम्पत्ति बक की थी तथा उस पर उसका वास्तविक अधिकार था।

Buck swam in the tank or went hunting with the Judge's sons.

बक टैंक में तैरता था या जज के बेटों के साथ शिकार करने जाता था।

He walked with Mollie and Alice in the early or late hours.

वह सुबह-सुबह या देर शाम मोली और ऐलिस के साथ टहलता था।

On cold nights he lay before the library fire with the Judge.

ठण्डी रातों में वह जज के साथ लाइब्रेरी की आग के सामने लेटता था।

Buck gave rides to the Judge's grandsons on his strong back.

बक ने जज के पोतों को अपनी मजबूत पीठ पर बिठाकर घुमाया।

He rolled in the grass with the boys, guarding them closely.

वह लड़कों के साथ घास में लोटता रहा और उनकी कड़ी निगरानी करता रहा।

They ventured to the fountain and even past the berry fields.

वे फव्वारे तक गए और यहां तक कि बेरी के खेतों के पास से भी गुजरे।

Among the fox terriers, Buck walked with royal pride always.

फॉक्स टेरियर कुत्तों के बीच, बक हमेशा शाही गर्व के साथ चलता था।

He ignored Toots and Ysabel, treating them like they were air.

उसने टूट्स और यिसाबेल को नजरअंदाज कर दिया, उनके साथ ऐसा व्यवहार किया जैसे वे हवा हों।

Buck ruled over all living creatures on Judge Miller's land.

बक जज मिलर की भूमि पर सभी जीवित प्राणियों पर शासन करता था।

He ruled over animals, insects, birds, and even humans.

उसने पशुओं, कीड़ों, पक्षियों और यहां तक कि मनुष्यों पर भी शासन किया।

Buck's father Elmo had been a huge and loyal St. Bernard.

बक के पिता एल्मो एक विशाल और वफादार सेंट बर्नार्ड थे।

Elmo never left the Judge's side, and served him faithfully.

एल्मो ने कभी भी जज का साथ नहीं छोड़ा और उनकी ईमानदारी से सेवा की।

Buck seemed ready to follow his father's noble example.

बक अपने पिता के महान उदाहरण का अनुसरण करने के लिए तैयार लग रहा था।

Buck was not quite as large, weighing one hundred and forty pounds.

बक इतना बड़ा नहीं था, उसका वजन एक सौ चालीस पाउंड था।

His mother, Shep, had been a fine Scotch shepherd dog.

उनकी माँ, शेप, एक अच्छी स्कॉटिश शेफर्ड कुतिया थी।

But even at that weight, Buck walked with regal presence.

लेकिन उस वजन पर भी, बक राजसी उपस्थिति के साथ चलता था।

This came from good food and the respect he always received.

यह सब अच्छे भोजन और हमेशा प्राप्त सम्मान के कारण संभव हुआ।

For four years, Buck had lived like a spoiled nobleman.

चार साल तक बक एक बिगड़ैल रईस की तरह रहा था।

He was proud of himself, and even slightly egotistical.

उसे अपने आप पर गर्व था और वह थोड़ा अहंकारी भी था।

That kind of pride was common in remote country lords.

दूरदराज के गांवों के सरदारों में इस तरह का गर्व आम बात थी।

But Buck saved himself from becoming pampered house-dog.

लेकिन बक ने खुद को लाड़-प्यार में पाला गया घरेलू कुत्ता बनने से बचा लिया।

He stayed lean and strong through hunting and exercise.

शिकार और व्यायाम के माध्यम से वह दुबला और मजबूत बना रहा।

He loved water deeply, like people who bathe in cold lakes.

वह पानी से बहुत प्रेम करता था, जैसे लोग ठण्डी झीलों में स्नान करते हैं।

This love for water kept Buck strong, and very healthy.

पानी के प्रति इस प्रेम ने बक को मजबूत और बहुत स्वस्थ रखा।

This was the dog Buck had become in the fall of 1897.

यह वह कुत्ता था जो बक 1897 की शरद ऋतु में बन गया था।

When the Klondike strike pulled men to the frozen North.

जब क्लोंडाइक हमले ने लोगों को बर्फीले उत्तर की ओर खींच लिया।

People rushed from all over the world into the cold land.

दुनिया भर से लोग इस ठण्डी भूमि की ओर दौड़ पड़े।

Buck, however, did not read the papers, nor understand news.

हालाँकि, बक न तो अखबार पढ़ते थे और न ही समाचार समझते थे।

He did not know Manuel was a bad man to be around.

वह नहीं जानता था कि मैनुअल एक बुरा आदमी था।

Manuel, who helped in the garden, had a deep problem.

बगीचे में मदद करने वाले मैनुअल के सामने एक गंभीर समस्या थी।

Manuel was addicted to gambling in the Chinese lottery.

मैनुअल को चीनी लॉटरी में जुआ खेलने की लत थी।

He also believed strongly in a fixed system for winning.

वह जीत के लिए एक निश्चित प्रणाली में भी दृढ़ता से विश्वास करते थे।

That belief made his failure certain and unavoidable.

इस विश्वास ने उनकी असफलता को निश्चित और अपरिहार्य बना दिया।

Playing a system demands money, which Manuel lacked.

किसी सिस्टम को चलाने के लिए धन की आवश्यकता होती है, जो मैनुअल के पास नहीं था।

His pay barely supported his wife and many children.

उनके वेतन से उनकी पत्नी और कई बच्चों का गुजारा मुश्किल से हो पाता था।

On the night Manuel betrayed Buck, things were normal.

जिस रात मैनुअल ने बक को धोखा दिया, उस रात सब कुछ सामान्य था।

The Judge was at a Raisin Growers' Association meeting.

न्यायाधीश किशमिश उत्पादक संघ की बैठक में थे।

The Judge's sons were busy forming an athletic club then.

उस समय जज के बेटे एक एथलेटिक क्लब बनाने में व्यस्त थे।

No one saw Manuel and Buck leaving through the orchard.

किसी ने भी मैनुअल और बक को बाग से जाते हुए नहीं देखा।

Buck thought this walk was just a simple nighttime stroll.
बक ने सोचा कि यह सैर एक साधारण रात्रिकालीन सैर मात्र थी।

They met only one man at the flag station, in College Park.
कॉलेज पार्क स्थित फ्लैग स्टेशन पर उनकी मुलाकात केवल एक व्यक्ति से हुई।

That man spoke to Manuel, and they exchanged money.
उस आदमी ने मैनुअल से बात की और उन्होंने पैसों का लेन-देन किया।

"Wrap up the goods before you deliver them," he suggested.
उन्होंने सुझाव दिया, "माल पहुंचाने से पहले उसे लपेट लें।"

The man's voice was rough and impatient as he spoke.
बोलते समय उस आदमी की आवाज़ कर्कश और अधीर थी।

Manuel carefully tied a thick rope around Buck's neck.
मैनुअल ने सावधानीपूर्वक बक की गर्दन के चारों ओर एक मोटी रस्सी बाँधी।

"Twist the rope, and you'll choke him plenty"
"रस्सी को मोड़ो, और तुम उसका खूब गला घोंटोगे"

The stranger gave a grunt, showing he understood well.
अजनबी ने घुरघुराहट से यह दर्शाया कि वह अच्छी तरह समझ गया है।

Buck accepted the rope with calm and quiet dignity that day.
उस दिन बक ने शांति और गरिमा के साथ रस्सी स्वीकार कर ली।

It was an unusual act, but Buck trusted the men he knew.
यह एक असामान्य कार्य था, लेकिन बक को उन लोगों पर भरोसा था जिन्हें वह जानता था।

He believed their wisdom went far beyond his own thinking.

उनका मानना था कि उनकी बुद्धिमत्ता उनकी सोच से कहीं आगे थी।

But then the rope was handed to the hands of the stranger.

लेकिन फिर रस्सी अजनबी के हाथ में सौंप दी गई।

Buck gave a low growl that warned with quiet menace.

बक ने धीमी आवाज में गुर्राहट की, जो शांत धमकी के साथ चेतावनी थी।

He was proud and commanding, and meant to show his displeasure.

वह घमंडी और दबंग था, और अपनी नाराजगी जाहिर करना चाहता था।

Buck believed his warning would be understood as an order.

बक का मानना था कि उसकी चेतावनी को आदेश समझा जाएगा।

To his shock, the rope tightened fast around his thick neck.

उसे यह देख कर आश्चर्य हुआ कि रस्सी उसकी मोटी गर्दन के चारों ओर तेजी से कस गई।

His air was cut off and he began to fight in a sudden rage.

उसकी सांस रुक गई और वह अचानक गुस्से में लड़ने लगा।

He sprang at the man, who quickly met Buck in mid-air.

वह उस आदमी की ओर झपटा, जो तुरन्त ही हवा में बक से जा मिला।

The man grabbed Buck's throat and skillfully twisted him in the air.

उस आदमी ने बक का गला पकड़ लिया और उसे कुशलता से हवा में घुमा दिया।

Buck was thrown down hard, landing flat on his back.

बक को जोर से नीचे फेंका गया और वह पीठ के बल गिरा।

The rope now choked him cruelly while he kicked wildly.

रस्सी ने अब उसका गला बेरहमी से दबा दिया और वह बेतहाशा लातें मारने लगा।

His tongue fell out, his chest heaved, but gained no breath.

उसकी जीभ बाहर गिर गई, छाती फूल गई, परन्तु सांस नहीं आई।

He had never been treated with such violence in his life.

उनके जीवन में कभी भी उनके साथ इतनी हिंसा नहीं की गयी थी।

He had also never been filled with such deep fury before.

वह पहले कभी इतने गहरे क्रोध से भरा नहीं था।

But Buck's power faded, and his eyes turned glassy.

लेकिन बक की शक्ति फीकी पड़ गई और उसकी आंखें काँच जैसी हो गईं।

He passed out just as a train was flagged down nearby.

जैसे ही एक रेलगाड़ी पास में रुकी, वह बेहोश हो गया।

Then the two men tossed him into the baggage car quickly.

फिर दोनों व्यक्तियों ने उसे तेजी से सामान ढोने वाली गाड़ी में फेंक दिया।

The next thing Buck felt was pain in his swollen tongue.

अगली बात जो बक ने महसूस की वह थी उसकी सूजी हुई जीभ में दर्द।

He was moving in a shaking cart, only dimly conscious.

वह हिलती हुई गाड़ी में आगे बढ़ रहा था, उसे केवल हल्का सा होश था।

The sharp scream of a train whistle told Buck his location.

रेलगाड़ी की सीटी की तेज आवाज ने बक को उसका स्थान बता दिया।

He had often ridden with the Judge and knew the feeling.

वह कई बार जज के साथ सफर कर चुका था और उस भावना को जानता था।

It was the unique jolt of traveling in a baggage car again.

यह एक बार फिर सामान ढोने वाली गाड़ी में यात्रा करने का अनोखा अनुभव था।

Buck opened his eyes, and his gaze burned with rage.

बक ने अपनी आँखें खोलीं और उसकी निगाहें क्रोध से जल उठीं।

This was the anger of a proud king taken from his throne.

यह एक घमंडी राजा का क्रोध था जिसे उसके सिंहासन से उतार दिया गया था।

A man reached to grab him, but Buck struck first instead.

एक आदमी उसे पकड़ने के लिए आगे बढ़ा, लेकिन बक ने पहले हमला कर दिया।

He sank his teeth into the man's hand and held tightly.

उसने उस आदमी के हाथ में अपने दांत गड़ा दिए और उसे कसकर पकड़ लिया।

He did not let go until he blacked out a second time.

उसने तब तक नहीं छोड़ा जब तक कि वह दूसरी बार बेहोश नहीं हो गया।

"Yep, has fits," the man muttered to the baggageman.

"हाँ, उसे दौरे पड़ते हैं," आदमी ने सामान वाले से कहा।

The baggageman had heard the struggle and come near.

सामान उठाने वाले ने संघर्ष की आवाज सुनी और पास आ गया।

"I'm taking him to 'Frisco for the boss," the man explained.

"मैं उसे बॉस के लिए 'फ्रिस्को' ले जा रहा हूँ," आदमी ने समझाया।

"There's a fine dog-doctor there who says he can cure them."

"वहाँ एक अच्छा कुत्ता-डॉक्टर है जो कहता है कि वह उन्हें ठीक कर सकता है।"

Later that night the man gave his own full account.

बाद में उस रात उस आदमी ने अपना पूरा ब्यौरा बताया।

He spoke from a shed behind a saloon on the docks.

उन्होंने यह बात डॉक पर स्थित एक सैलून के पीछे बने शेड से कही।

"All I was given was fifty dollars," he complained to the saloon man.

"मुझे केवल पचास डॉलर दिए गए थे," उसने सैलून वाले से शिकायत की।

"I wouldn't do it again, not even for a thousand in cold cash."

"मैं ऐसा दोबारा नहीं करूंगा, एक हजार रुपये की नकदी के लिए भी नहीं।"

His right hand was tightly wrapped in a bloody cloth.

उसका दाहिना हाथ खून से सने कपड़े में कसकर बंधा हुआ था।

His trouser leg was torn wide open from knee to foot.

उसकी पतलून का पैर घुटने से लेकर पैर तक फटा हुआ था।

"How much did the other mug get paid?" asked the saloon man.

"दूसरे मग को कितने पैसे मिले?" सैलून वाले ने पूछा।

"A hundred," the man replied, "he wouldn't take a cent less."

"सौ," आदमी ने जवाब दिया, "वह एक सेंट भी कम नहीं लेगा।"

"That comes to a hundred and fifty," the saloon man said.

"इसका मूल्य डेढ़ सौ आता है," सैलून वाले ने कहा।

"And he's worth it all, or I'm no better than a blockhead."

"और वह इस सब के लायक है, अन्यथा मैं एक मूर्ख से बेहतर कुछ नहीं हूँ।"

The man opened the wrappings to examine his hand.

उस आदमी ने अपना हाथ जांचने के लिए कागज की पट्टियाँ खोलीं।

The hand was badly torn and crusted in dried blood.

हाथ बुरी तरह से फट गया था और उस पर सूखा खून लगा हुआ था।

"If I don't get the hydrophobia…" he began to say.

"अगर मुझे हाइड्रोफोबिया नहीं हुआ तो…" उसने कहना शुरू किया।

"It'll be because you were born to hang," came a laugh.

"ऐसा इसलिए होगा क्योंकि तुम लटकने के लिए ही पैदा हुए हो," एक हंसी आई।

"Come help me out before you get going," he was asked.

उनसे कहा गया, "जाने से पहले मेरी मदद करो।"

Buck was in a daze from the pain in his tongue and throat.

बक अपनी जीभ और गले में दर्द से स्तब्ध था।

He was half-strangled, and could barely stand upright.

उसका गला आधा दबा हुआ था और वह मुश्किल से सीधा खड़ा हो पा रहा था।

Still, Buck tried to face the men who had hurt him so.

फिर भी, बक ने उन लोगों का सामना करने की कोशिश की जिन्होंने उसे चोट पहुंचाई थी।

But they threw him down and choked him once again.

लेकिन उन्होंने उसे नीचे गिरा दिया और एक बार फिर उसका गला घोंट दिया।

Only then could they saw off his heavy brass collar.

तभी वे उसके भारी पीतल के कॉलर को काट कर अलग कर सके।

They removed the rope and shoved him into a crate.

उन्होंने रस्सी हटा दी और उसे एक टोकरे में डाल दिया।

The crate was small and shaped like a rough iron cage.

टोकरा छोटा था और उसका आकार किसी खुरदरे लोहे के पिंजरे जैसा था।

Buck lay there all night, filled with wrath and wounded pride.

बक क्रोध और आहत अभिमान से भरा हुआ पूरी रात वहीं पड़ा रहा।

He could not begin to understand what was happening to him.

वह समझ ही नहीं पा रहा था कि उसके साथ क्या हो रहा है।

Why were these strange men keeping him in this small crate?

ये अजीब आदमी उसे इस छोटे से बक्से में क्यों रख रहे थे?

What did they want with him, and why this cruel captivity?

वे उससे क्या चाहते थे और उसे यह क्रूर कैद क्यों दी गयी?

He felt a dark pressure; a sense of disaster drawing closer.

उसे एक अंधकारमय दबाव महसूस हुआ; एक विपत्ति का एहसास जो उसके करीब आ रहा था।

It was a vague fear, but it settled heavily on his spirit.

यह एक अस्पष्ट भय था, लेकिन यह उसके मन पर गहरा असर कर रहा था।

Several times he jumped up when the shed door rattled.

कई बार शेड का दरवाजा खटखटाने पर वह उछल पड़ा।

He expected the Judge or the boys to appear and rescue him.

उसे उम्मीद थी कि जज या लड़के आकर उसे बचा लेंगे।

But only the saloon-keeper's fat face peeked inside each time.

लेकिन हर बार केवल सैलून-कीपर का मोटा चेहरा ही अंदर झांकता था।

The man's face was lit by the dim glow of a tallow candle.

आदमी का चेहरा मोमबत्तियों की मंद रोशनी से रोशन था।

Each time, Buck's joyful bark changed to a low, angry growl.

हर बार, बक की खुशी भरी भौंक एक धीमी, क्रोधित गुर्राहट में बदल जाती थी।

The saloon-keeper left him alone for the night in the crate
सैलून-कीपर ने उसे रात भर पिंजरे में अकेला छोड़ दिया
But when he awoke in the morning more men were coming.
लेकिन जब वह सुबह उठा तो और भी लोग आ रहे थे।
Four men came and gingerly picked up the crate without a word.
चार आदमी आये और बिना कुछ कहे, सावधानी से टोकरा उठा लिया।
Buck knew at once the situation he found himself in.
बक को तुरन्त पता चल गया कि वह किस स्थिति में है।
They were further tormentors that he had to fight and fear.
वे और भी अधिक कष्टदायक थे जिनसे उसे लड़ना और डरना पड़ा।
These men looked wicked, ragged, and very badly groomed.
ये लोग दुष्ट, फटेहाल और बहुत बुरी तरह से तैयार दिख रहे थे।
Buck snarled and lunged at them fiercely through the bars.
बक गुर्राया और सलाखों के बीच से उन पर भयंकर रूप से झपटा।
They just laughed and jabbed at him with long wooden sticks.
वे बस हंसते रहे और उस पर लंबी लकड़ी की छड़ियों से प्रहार करते रहे।
Buck bit at the sticks, then realized that was what they liked.
बक ने लाठी को चबाया, फिर उसे एहसास हुआ कि उन्हें यही पसंद है।
So he lay down quietly, sullen and burning with quiet rage.

इसलिए वह चुपचाप लेट गया, उदास और शांत क्रोध से जलता हुआ।

They lifted the crate into a wagon and drove away with him.

उन्होंने टोकरा एक गाड़ी में डाला और उसे लेकर चले गए।

The crate, with Buck locked inside, changed hands often.

बक को अंदर बंद कर देने वाला यह टोकरा अक्सर हाथों में बदलता रहता था।

Express office clerks took charge and handled him briefly.

एक्सप्रेस कार्यालय के क्लर्कों ने कार्यभार संभाला और कुछ देर तक उसे संभाला।

Then another wagon carried Buck across the noisy town.

फिर एक अन्य गाड़ी बक को शोरगुल वाले शहर से होकर ले गई।

A truck took him with boxes and parcels onto a ferry boat.

एक ट्रक उसे बक्सों और पार्सलों के साथ एक नौका पर ले गया।

After crossing, the truck unloaded him at a rail depot.

सड़क पार करने के बाद ट्रक ने उसे एक रेल डिपो पर उतार दिया।

At last, Buck was placed inside a waiting express car.

अंततः बक को प्रतीक्षारत एक्सप्रेस बोगी में बिठाया गया।

For two days and nights, trains pulled the express car away.

दो दिन और दो रात तक रेलगाड़ियाँ एक्सप्रेस डिब्बे को खींचती रहीं।

Buck neither ate nor drank during the whole painful journey.

पूरी कष्टसाध्य यात्रा के दौरान बक ने न तो कुछ खाया और न ही कुछ पिया।

When the express messengers tried to approach him, he growled.

जब एक्सप्रेस संदेशवाहक उसके पास आने की कोशिश करने लगे तो वह गुर्राने लगा।

They responded by mocking him and teasing him cruelly.

उन्होंने उसका मजाक उड़ाया और उसे क्रूरतापूर्वक चिढ़ाया।

Buck threw himself at the bars, foaming and shaking

बक ने खुद को सलाखों पर फेंक दिया, झाग उगल रहा था और कांप रहा था

they laughed loudly, and taunted him like schoolyard bullies.

वे जोर-जोर से हंसे और स्कूल के गुंडों की तरह उसका मजाक उड़ाया।

They barked like fake dogs and flapped their arms.

वे नकली कुत्तों की तरह भौंकने लगे और अपनी भुजाएं फड़फड़ाने लगे।

They even crowed like roosters just to upset him more.

वे उसे और अधिक परेशान करने के लिए मुर्गों की तरह बांग भी देने लगे।

It was foolish behavior, and Buck knew it was ridiculous.

यह मूर्खतापूर्ण व्यवहार था और बक जानता था कि यह हास्यास्पद है।

But that only deepened his sense of outrage and shame.

लेकिन इससे उनका आक्रोश और शर्म और बढ़ गई।

He was not bothered much by hunger during the trip.

यात्रा के दौरान उन्हें भूख की ज्यादा चिंता नहीं हुई।

But thirst brought sharp pain and unbearable suffering.

लेकिन प्यास के कारण तीव्र दर्द और असहनीय पीड़ा हुई।

His dry, inflamed throat and tongue burned with heat.

उसका सूखा, सूजा हुआ गला और जीभ गर्मी से जलने लगे।

This pain fed the fever rising within his proud body.

इस दर्द ने उसके गर्वित शरीर के भीतर बढ़ते बुखार को और बढ़ा दिया।

Buck was thankful for one single thing during this trial.

इस परीक्षण के दौरान बक एक बात के लिए आभारी था।

The rope had been removed from around his thick neck.

उसकी मोटी गर्दन से रस्सी हटा दी गई थी।

The rope had given those men an unfair and cruel advantage.

रस्सी ने उन लोगों को अनुचित और क्रूर लाभ दिया था।

Now the rope was gone, and Buck swore it would never return.

अब रस्सी गायब हो चुकी थी, और बक ने कसम खाई कि वह कभी वापस नहीं आएगी।

He resolved no rope would ever go around his neck again.

उसने निश्चय किया कि अब कभी भी उसकी गर्दन में रस्सी नहीं पड़ेगी।

For two long days and nights, he suffered without food.

दो दिन और दो रात तक वह बिना भोजन के कष्ट झेलता रहा।

And in those hours, he built up an enormous rage inside.

और उन घंटों में, उसके अंदर बहुत अधिक क्रोध पैदा हो गया।

His eyes turned bloodshot and wild from constant anger.

लगातार क्रोध से उसकी आंखें लाल और उग्र हो गयीं।

He was no longer Buck, but a demon with snapping jaws.

वह अब बक नहीं था, बल्कि एक तीखे जबड़े वाला राक्षस था।

Even the Judge would not have known this mad creature.

यहां तक कि जज भी इस पागल प्राणी को नहीं जानते होंगे।

The express messengers sighed in relief when they reached Seattle

एक्सप्रेस संदेशवाहकों ने सिएटल पहुंचने पर राहत की सांस ली

Four men lifted the crate and brought it to a back yard.

चार लोगों ने टोकरा उठाया और उसे पिछवाड़े में ले आये।

The yard was small, surrounded by high and solid walls.

आँगन छोटा था, जो ऊँची और ठोस दीवारों से घिरा हुआ था।

A big man stepped out in a sagging red sweater shirt.

एक बड़ा आदमी लाल रंग की ढीली स्वेटर शर्ट पहने बाहर निकला।

He signed the delivery book with a thick and bold hand.

उन्होंने डिलीवरी बुक पर मोटे और मोटे हाथ से हस्ताक्षर किये।

Buck sensed at once that this man was his next tormentor.

बक को तुरन्त ही यह आभास हो गया कि यह आदमी ही उसका अगला उत्पीड़क है।

He lunged violently at the bars, eyes red with fury.

वह हिंसक ढंग से सलाखों पर झपटा, उसकी आंखें क्रोध से लाल थीं।

The man just smiled darkly and went to fetch a hatchet.

वह आदमी बस मंद-मंद मुस्कुराया और कुल्हाड़ी लाने चला गया।

He also brought a club in his thick and strong right hand.

वह अपने मोटे और मजबूत दाहिने हाथ में एक डंडा भी लाया था।

"You going to take him out now?" the driver asked, concerned.

"अब आप उसे बाहर ले जाओगे?" ड्राइवर ने चिंतित होकर पूछा।

"Sure," said the man, jamming the hatchet into the crate as a lever.

"ज़रूर," आदमी ने कहा और कुल्हाड़ी को लीवर की तरह टोकरे में ठूंस दिया।

The four men scattered instantly, jumping up onto the yard wall.

चारों व्यक्ति तुरन्त तितर-बितर हो गए और कूदकर आँगन की दीवार पर चढ़ गए।

From their safe spots above, they waited to watch the spectacle.

वे ऊपर अपने सुरक्षित स्थानों से इस तमाशे को देखने के लिए इंतजार कर रहे थे।

Buck lunged at the splintered wood, biting and shaking fiercely.

बक ने टूटी हुई लकड़ी पर झपट्टा मारा, उसे जोर से काटने और हिलाने लगा।

Each time the hatchet hit the cage), Buck was there to attack it.

हर बार जब कुल्हाड़ी पिंजरे से टकराती, तो बक उस पर हमला करने के लिए वहां मौजूद होता।

He growled and snapped with wild rage, eager to be set free.

वह जंगली क्रोध से गुर्राया और चिल्लाया, वह आज़ाद होने के लिए उत्सुक था।

The man outside was calm and steady, intent on his task.

बाहर खड़ा आदमी शांत और स्थिर था तथा अपने काम पर ध्यान लगाए हुए था।

"Right then, you red-eyed devil," he said when the hole was large.

"ठीक है, तुम लाल आंखों वाले शैतान," उसने कहा जब छेद बड़ा था।

He dropped the hatchet and took the club in his right hand.

उसने कुल्हाड़ी गिरा दी और डंडा अपने दाहिने हाथ में ले लिया।

Buck truly looked like a devil; eyes bloodshot and blazing.

बक सचमुच शैतान जैसा दिख रहा था; उसकी आंखें लाल और धधक रही थीं।

His coat bristled, foam frothed at his mouth, eyes glinting.

उसका कोट कड़ा हो गया, उसके मुंह से झाग निकल रहा था, आंखें चमक रही थीं।

He bunched his muscles and sprang straight at the red sweater.

उसने अपनी मांसपेशियां सिकोड़ीं और सीधे लाल स्वेटर की ओर झपटा।

One hundred and forty pounds of fury flew at the calm man.

एक सौ चालीस पाउंड का क्रोध शांत आदमी पर टूट पड़ा।

Just before his jaws clamped shut, a terrible blow struck him.

इससे पहले कि उसके जबड़े बंद होते, एक भयानक प्रहार ने उसे घायल कर दिया।

His teeth snapped together on nothing but air

उसके दांत हवा के अलावा किसी और चीज पर नहीं टकराए

a jolt of pain reverberated through his body

दर्द की एक लहर उसके शरीर में गूंज उठी

He flipped midair and crashed down on his back and side.

वह हवा में उछलकर पीठ और बाजू के बल नीचे गिर पड़ा।

He had never before felt a club's blow and could not grasp it.

उसने पहले कभी डंडे की मार महसूस नहीं की थी और वह उसे पकड़ नहीं पाया था।

With a shrieking snarl, part bark, part scream, he leaped again.

एक तीखी गुर्राहट, कुछ भौंकने और कुछ चीख के साथ, वह फिर से उछला।

Another brutal strike hit him and hurled him to the ground.

एक और क्रूर प्रहार ने उसे घायल कर दिया और वह जमीन पर गिर पड़ा।

This time Buck understood—it was the man's heavy club.

इस बार बक को समझ आ गया - यह उस आदमी का भारी डंडा था।

But rage blinded him, and he had no thought of retreat.

लेकिन क्रोध ने उसे अंधा कर दिया था, और पीछे हटने का उसे कोई विचार नहीं सूझा।

Twelve times he launched himself, and twelve times he fell.

बारह बार उसने स्वयं को आगे बढ़ाया, और बारह बार वह नीचे गिरा।

The wooden club smashed him each time with ruthless, crushing force.

लकड़ी का डंडा हर बार उसे निर्दयी, कुचलने वाली ताकत से कुचल देता था।

After one fierce blow, he staggered to his feet, dazed and slow.

एक भयंकर प्रहार के बाद वह लड़खड़ाते हुए, स्तब्ध और धीमा होकर अपने पैरों पर खड़ा हुआ।

Blood ran from his mouth, his nose, and even his ears.

उसके मुंह, नाक और यहां तक कि कान से भी खून बह रहा था।

His once-beautiful coat was smeared with bloody foam.

उसका कभी सुन्दर कोट खूनी झाग से सना हुआ था।

Then the man stepped up and struck a wicked blow to the nose.

तभी वह आदमी आगे बढ़ा और उसकी नाक पर एक जोरदार वार किया।

The agony was sharper than anything Buck had ever felt.

यह पीड़ा बक ने कभी महसूस की हुई किसी भी पीड़ा से अधिक तीव्र थी।

With a roar more beast than dog, he leaped again to attack.

कुत्ते से अधिक जानवर जैसी दहाड़ के साथ, वह फिर से हमला करने के लिए उछला।

But the man caught his lower jaw and twisted it backward.

लेकिन उस आदमी ने उसका निचला जबड़ा पकड़ लिया और उसे पीछे की ओर मोड़ दिया।

Buck flipped head over heels, crashing down hard again.

बक सिर के बल पलटा और फिर से जोर से नीचे गिरा।

One final time, Buck charged at him, now barely able to stand.

एक आखिरी बार, बक ने उस पर हमला किया, अब वह मुश्किल से खड़ा हो पा रहा था।

The man struck with expert timing, delivering the final blow.

उस आदमी ने विशेषज्ञ समय पर अंतिम प्रहार किया।

Buck collapsed in a heap, unconscious and unmoving.

बक बेहोश होकर गिर पड़ा और उसकी हालत स्थिर थी।

"He's no slouch at dog-breaking, that's what I say," a man yelled.

एक आदमी चिल्लाया, "मैं तो यही कहता हूं कि वह कुत्तों को भगाने में माहिर है।"

"Druther can break the will of a hound any day of the week."

"ड्रूथर सप्ताह के किसी भी दिन शिकारी कुत्ते की इच्छाशक्ति को तोड़ सकता है।"

"And twice on a Sunday!" added the driver.

"और रविवार को दो बार!" ड्राइवर ने कहा।

He climbed into the wagon and cracked the reins to leave.

वह गाड़ी में चढ़ गया और निकलने के लिए लगाम कस ली।

Buck slowly regained control of his consciousness

बक ने धीरे-धीरे अपनी चेतना पर नियंत्रण पा लिया

but his body was still too weak and broken to move.

लेकिन उसका शरीर अभी भी इतना कमजोर और टूटा हुआ था कि वह हिल नहीं सकता था।

He lay where he had fallen, watching the red-sweatered man.

वह जहां गिरा था, वहीं पड़ा रहा और लाल स्वेटर वाले आदमी को देखता रहा।

"He answers to the name of Buck," the man said, reading aloud.

"उसका नाम बक है," उस आदमी ने ऊंची आवाज में पढ़ते हुए कहा।

He quoted from the note sent with Buck's crate and details.

उन्होंने बक के टोकरे के साथ भेजे गए नोट और विवरण का हवाला दिया।

"Well, Buck, my boy," the man continued with a friendly tone,

"ठीक है, बक, मेरे लड़के," आदमी ने दोस्ताना लहजे में कहा,

"we've had our little fight, and now it's over between us."

"हमारे बीच छोटी सी लड़ाई हुई थी और अब यह हमारे बीच ख़त्म हो गई है।"

"You've learned your place, and I've learned mine," he added.

उन्होंने कहा, "आपने अपनी जगह सीख ली है और मैंने अपनी जगह सीख ली है।"

"Be good, and all will go well, and life will be pleasant."

"अच्छे बनो, तो सब ठीक हो जाएगा और जीवन सुखद हो जाएगा।"

"But be bad, and I'll beat the stuffing out of you, understand?"

"लेकिन अगर तुम बुरे बनोगे, तो मैं तुम्हें बुरी तरह पीटूंगा, समझे?"

As he spoke, he reached out and patted Buck's sore head.

बोलते समय उसने अपना हाथ आगे बढ़ाया और बक के दुखते सिर पर थपथपाया।

Buck's hair rose at the man's touch, but he didn't resist.

उस आदमी के स्पर्श से बक के रोंगटे खड़े हो गए, लेकिन उसने प्रतिरोध नहीं किया।

The man brought him water, which Buck drank in great gulps.

वह आदमी उसके लिए पानी लाया, जिसे बक ने बड़े घूंटों से पी लिया।

Then came raw meat, which Buck devoured chunk by chunk.

फिर कच्चा मांस आया, जिसे बक ने टुकड़े-टुकड़े करके खा लिया।

He knew he was beaten, but he also knew he wasn't broken.

वह जानता था कि उसे पीटा गया है, लेकिन वह यह भी जानता था कि वह टूटा नहीं है।

He had no chance against a man armed with a club.

डंडे से लैस एक आदमी के सामने उसके पास कोई मौका नहीं था।

He had learned the truth, and he never forgot that lesson.

उसने सच्चाई सीख ली थी और वह उस सबक को कभी नहीं भूला।

That weapon was the beginning of law in Buck's new world.

वह हथियार बक की नई दुनिया में कानून की शुरुआत थी।

It was the start of a harsh, primitive order he could not deny.

यह एक कठोर, आदिम व्यवस्था की शुरुआत थी जिसे वह नकार नहीं सकते थे।

He accepted the truth; his wild instincts were now awake.

उसने सत्य स्वीकार कर लिया; उसकी जंगली प्रवृत्तियाँ अब जाग चुकी थीं।

The world had grown harsher, but Buck faced it bravely.

दुनिया कठोर होती जा रही थी, लेकिन बक ने उसका बहादुरी से सामना किया।

He met life with new caution, cunning, and quiet strength.

उन्होंने जीवन का सामना नई सावधानी, चतुराई और शांत शक्ति के साथ किया।

More dogs arrived, tied in ropes or crates like Buck had been.

और भी कुत्ते आ गए, जो बक की तरह रस्सियों या बक्सों में बंधे हुए थे।

Some dogs came calmly, others raged and fought like wild beasts.

कुछ कुत्ते शांतिपूर्वक आये, जबकि अन्य उग्र होकर जंगली जानवरों की तरह लड़ने लगे।

All of them were brought under the rule of the red-sweatered man.

उन सभी को लाल स्वेटर वाले आदमी के शासन के अधीन लाया गया।

Each time, Buck watched and saw the same lesson unfold.

हर बार बक ने देखा कि उसे वही सबक मिल रहा है।

The man with the club was law; a master to be obeyed.

डंडा लिये हुए आदमी कानून था; एक मालिक जिसका पालन किया जाना था।

He did not need to be liked, but he had to be obeyed.

उसे पसंद किये जाने की आवश्यकता नहीं थी, बल्कि उसकी आज्ञा का पालन किया जाना आवश्यक था।

Buck never fawned or wagged like the weaker dogs did.

बक कभी भी कमज़ोर कुत्तों की तरह चापलूसी या हरकत नहीं करता था।

He saw dogs that were beaten and still licked the man's hand.

उसने देखा कि कुत्ते पीटे जाने के बावजूद भी उस आदमी का हाथ चाट रहे थे।

He saw one dog who would not obey or submit at all.

उसने एक कुत्ते को देखा जो न तो आज्ञा मानता था और न ही किसी के अधीन होता था।

That dog fought until he was killed in the battle for control.

वह कुत्ता नियंत्रण की लड़ाई में तब तक लड़ता रहा जब तक कि वह मारा नहीं गया।

Strangers would sometimes come to see the red-sweatered man.

कभी-कभी अजनबी लोग लाल स्वेटर वाले उस आदमी को देखने आते थे।

They spoke in strange tones, pleading, bargaining, and laughing.

वे अजीब स्वर में बोल रहे थे, विनती कर रहे थे, मोल-तोल कर रहे थे और हंस रहे थे।

When money was exchanged, they left with one or more dogs.

जब पैसे का लेन-देन हो जाता था, तो वे एक या अधिक कुत्तों के साथ चले जाते थे।

Buck wondered where these dogs went, for none ever returned.

बक को आश्चर्य हुआ कि ये कुत्ते कहां चले गए, क्योंकि कोई भी कभी वापस नहीं आया।

fear of the unknown filled Buck every time a strange man came

हर बार जब कोई अनजान आदमी सामने आता तो बक के मन में अज्ञात भय भर जाता

he was glad each time another dog was taken, rather than himself.

वह हर बार खुश होता था जब कोई दूसरा कुत्ता ले जाया जाता था, न कि खुद को।

But finally, Buck's turn came with the arrival of a strange man.

लेकिन अंततः एक अजीब आदमी के आगमन के साथ बक की बारी आई।

He was small, wiry, and spoke in broken English and curses.

वह छोटा, दुबला-पतला था और टूटी-फूटी अंग्रेजी बोलता था तथा गालियां देता था।

"Sacredam!" he yelled when he laid eyes on Buck's frame.

"पवित्र!" वह चिल्लाया जब उसने बक के शरीर पर नजर डाली।

"That's one damn bully dog! Eh? How much?" he asked aloud.

"यह तो बहुत ही बदमाश कुत्ता है! है न? कितना?" उसने ऊंची आवाज में पूछा।

"Three hundred, and he's a present at that price,"

"तीन सौ, और वह उस कीमत पर एक उपहार है,"

"Since it's government money, you shouldn't complain, Perrault."

"चूंकि यह सरकारी पैसा है, इसलिए आपको शिकायत नहीं करनी चाहिए, पेरौल्ट।"

Perrault grinned at the deal he had just made with the man.

पेरौल्ट ने उस आदमी के साथ जो सौदा किया था, उसे देखकर मुस्कुराया।

The price of dogs had soared due to the sudden demand.

अचानक मांग बढ़ने के कारण कुत्तों की कीमत आसमान छू रही थी।

Three hundred dollars wasn't unfair for such a fine beast.

इतने अच्छे जानवर के लिए तीन सौ डॉलर अनुचित नहीं था।

The Canadian Government would not lose anything in the deal

इस सौदे में कनाडा सरकार को कुछ भी नुकसान नहीं होगा

Nor would their official dispatches be delayed in transit.

न ही उनके आधिकारिक प्रेषण में देरी होगी।

Perrault knew dogs well, and could see Buck was something rare.

पेरौल्ट कुत्तों को अच्छी तरह से जानते थे, और जानते थे कि बक एक दुर्लभ प्राणी है।

"One in ten ten-thousand," he thought, as he studied Buck's build.

बक की काया का अध्ययन करते हुए उसने सोचा, "दस हजार में से एक।"

Buck saw the money change hands, but showed no surprise.

बक ने पैसे को हाथों में बदलते देखा, लेकिन कोई आश्चर्य नहीं जताया।

Soon he and Curly, a gentle Newfoundland, were led away.

जल्द ही उसे और घुँघराले नामक एक सौम्य न्यूफाउंडलैंड को वहां से ले जाया गया।

They followed the little man from the red sweater's yard.

वे लाल स्वेटर वाले के आँगन से उस छोटे आदमी का पीछा करने लगे।

That was the last Buck ever saw of the man with the wooden club.

वह आखिरी बार था जब बक ने लकड़ी के डंडे के साथ उस आदमी को देखा था।

From the Narwhal's deck he watched Seattle fade into the distance.

नारव्हेल के डेक से उसने सिएटल को दूर तक लुप्त होते देखा।

It was also the last time he ever saw the warm Southland.

यह आखिरी बार था जब उन्होंने गर्म साउथलैंड को देखा था।

Perrault took them below deck, and left them with François.

पेरौल्ट उन्हें डेक के नीचे ले गया और फ़्राँस्वा के पास छोड़ दिया।

François was a black-faced giant with rough, calloused hands.

फ़्राँस्वा एक काले चेहरे वाला विशालकाय व्यक्ति था जिसके हाथ खुरदरे और कठोर थे।

He was dark and swarthy; a half-breed French-Canadian.

वह सांवला और काला था; एक अर्ध-नस्ल फ्रांसीसी-कनाडाई।

To Buck, these men were of a kind he had never seen before.

बक के लिए ये लोग ऐसे थे जिन्हें उसने पहले कभी नहीं देखा था।

He would come to know many such men in the days ahead.

आने वाले दिनों में उसे ऐसे कई लोगों से परिचय होगा।

He did not grow fond of them, but he came to respect them.

वह उनसे प्रेम तो नहीं करने लगा, परन्तु उनका आदर करने लगा।

They were fair and wise, and not easily fooled by any dog.

वे निष्पक्ष और बुद्धिमान थे, और किसी भी कुत्ते द्वारा आसानी से मूर्ख नहीं बनाये जा सकते थे।

They judged dogs calmly, and punished only when deserved.

वे कुत्तों का शांतिपूर्वक मूल्यांकन करते थे, तथा केवल तभी दण्ड देते थे जब वह दण्ड योग्य होता था।

In the Narwhal's lower deck, Buck and Curly met two dogs.

नरव्हेल के निचले डेक पर बक और घुँघराले की मुलाकात दो
कुत्तों से हुई।

One was a large white dog from far-off, icy Spitzbergen.
उनमें से एक बड़ा सफेद कुत्ता था जो दूर स्थित बर्फीले
स्पित्स्बर्गेन से आया था।

He'd once sailed with a whaler and joined a survey group.
वह एक बार एक व्हेलर के साथ यात्रा कर चुके थे और एक
सर्वेक्षण समूह में शामिल हो गए थे।

He was friendly in a sly, underhanded and crafty fashion.
वह धूर्त, छलपूर्ण और चालाक ढंग से मित्रतापूर्ण व्यवहार
करता था।

At their first meal, he stole a piece of meat from Buck's pan.
अपने पहले भोजन के समय, उसने बक के पैन से मांस का
एक टुकड़ा चुरा लिया।

Buck jumped to punish him, but François's whip struck
first.
बक उसे दण्ड देने के लिए कूदा, लेकिन फ्रांकोइस का चाबुक
पहले ही लग गया।

The white thief yelped, and Buck reclaimed the stolen bone.
सफेद चोर चिल्लाया और बक ने चुराई हुई हड्डी वापस ले
ली।

That fairness impressed Buck, and François earned his
respect.
इस निष्पक्षता ने बक को प्रभावित किया और फ्रांकोइस ने
उनका सम्मान अर्जित किया।

The other dog gave no greeting, and wanted none in return.
दूसरे कुत्ते ने कोई अभिवादन नहीं किया, तथा बदले में कुछ
भी नहीं चाहा।

He didn't steal food, nor sniff at the new arrivals with
interest.

वह न तो भोजन चुराता था, न ही नए आने वालों पर दिलचस्पी से नज़र डालता था।

This dog was grim and quiet, gloomy and slow-moving.
यह कुत्ता गंभीर और शांत, उदास और धीमी गति से चलने वाला था।

He warned Curly to stay away by simply glaring at her.
उसने घुँघराले को घूरकर दूर रहने की चेतावनी दी।

His message was clear; leave me alone or there'll be trouble.
उनका संदेश स्पष्ट था; मुझे अकेला छोड़ दो, नहीं तो मुसीबत हो जायेगी।

He was called Dave, and he barely noticed his surroundings.
उसका नाम डेव था और वह अपने आस-पास की चीज़ों पर ध्यान ही नहीं देता था।

He slept often, ate quietly, and yawned now and again.
वह अक्सर सोता था, चुपचाप खाता था, और कभी-कभी जम्हाई लेता था।


The ship hummed constantly with the beating propeller below.
जहाज नीचे धड़कते प्रोपेलर के साथ लगातार गुनगुना रहा था।

Days passed with little change, but the weather got colder.
दिन तो थोड़े परिवर्तन के साथ बीत गए, लेकिन मौसम ठंडा हो गया।

Buck could feel it in his bones, and noticed the others did too.
बक इसे अपनी हड्डियों में महसूस कर सकता था, और उसने देखा कि अन्य लोग भी इसे महसूस कर रहे थे।

Then one morning, the propeller stopped and all was still.
फिर एक सुबह, प्रोपेलर बंद हो गया और सब कुछ शांत हो गया।

**An energy swept through the ship; something had changed.**

जहाज में एक ऊर्जा का संचार हुआ; कुछ बदल गया था।

**François came down, clipped them on leashes, and brought them up.**

फ़्राँस्वा नीचे आया, उन्हें पट्टे पर बाँधा और ऊपर ले आया।

**Buck stepped out and found the ground soft, white, and cold.**

बक ने बाहर कदम रखा और पाया कि ज़मीन नरम, सफ़ेद और ठंडी थी।

**He jumped back in alarm and snorted in total confusion.**

वह घबराकर पीछे हट गया और पूरी तरह से असमंजस में पड़कर खर्राटे लेने लगा।

**Strange white stuff was falling from the gray sky.**

भूरे आकाश से अजीब सफेद चीज गिर रही थी।

**He shook himself, but the white flakes kept landing on him.**

उसने अपने आप को हिलाया, लेकिन सफेद परतें उस पर गिरती रहीं।

**He sniffed the white stuff carefully and licked at a few icy bits.**

उसने उस सफ़ेद चीज़ को ध्यान से सूँघा और कुछ बर्फीले टुकड़े चाटे।

**The powder burned like fire, then vanished right off his tongue.**

पाउडर आग की तरह जलने लगा, फिर उसकी जीभ से गायब हो गया।

**Buck tried again, puzzled by the odd vanishing coldness.**

बक ने पुनः प्रयास किया, वह उस अजीब सी लुप्त होती ठंडक से हैरान था।

**The men around him laughed, and Buck felt embarrassed.**

उसके आस-पास खड़े लोग हंसने लगे और बक को शर्मिंदगी महसूस हुई।

He didn't know why, but he was ashamed of his reaction.
उसे पता नहीं था कि ऐसा क्यों हुआ, लेकिन उसे अपनी प्रतिक्रिया पर शर्म आ रही थी।

It was his first experience with snow, and it confused him.
बर्फ के साथ यह उसका पहला अनुभव था और इससे वह उलझन में पड़ गया।

# The Law of Club and Fang
## क्लब और फैंग का नियम

Buck's first day on the Dyea beach felt like a terrible nightmare.

डाईया समुद्र तट पर बक का पहला दिन एक भयानक दुःस्वप्न जैसा लगा।

Each hour brought new shocks and unexpected changes for Buck.

प्रत्येक घंटा बक के लिए नये झटके और अप्रत्याशित परिवर्तन लेकर आया।

He had been pulled from civilization and thrown into wild chaos.

उसे सभ्यता से खींचकर जंगली अराजकता में फेंक दिया गया था।

This was no sunny, lazy life with boredom and rest.

यह कोई धूप-भरी, ऊबाऊ और आराम वाली आलसी जिंदगी नहीं थी।

There was no peace, no rest, and no moment without danger.

वहाँ न शांति थी, न विश्राम, और न ही कोई क्षण खतरे से मुक्त था।

Confusion ruled everything, and danger was always close.

हर जगह भ्रम की स्थिति थी और खतरा हमेशा करीब था।

Buck had to stay alert because these men and dogs were different.

बक को सतर्क रहना पड़ा क्योंकि ये आदमी और कुत्ते अलग-अलग थे।

They were not from towns; they were wild and without mercy.

वे नगरों से नहीं थे; वे जंगली और निर्दयी थे।

These men and dogs only knew the law of club and fang.

ये लोग और कुत्ते केवल डंडे और नुकीले दांतों का कानून ही जानते थे।

Buck had never seen dogs fight like these savage huskies.

बक ने कभी भी इन क्रूर हस्की कुत्तों की तरह लड़ते नहीं देखा था।

His first experience taught him a lesson he would never forget.

उनके पहले अनुभव ने उन्हें एक ऐसा सबक सिखाया जिसे वे कभी नहीं भूलेंगे।

He was lucky it was not him, or he would have died too.

वह भाग्यशाली था कि वह नहीं था, अन्यथा वह भी मर जाता।

Curly was the one who suffered while Buck watched and learned.

घुँघराले को कष्ट सहना पड़ा, जबकि बक देखता रहा और सीखता रहा।

They had made camp near a store built from logs.

उन्होंने लकड़ियों से बने एक स्टोर के पास शिविर बनाया था।

Curly tried to be friendly to a large, wolf-like husky.

घुँघराले ने एक बड़े, भेड़िये जैसे हस्की कुत्ते के साथ मित्रतापूर्ण व्यवहार करने की कोशिश की।

The husky was smaller than Curly, but looked wild and mean.

हस्की घुँघराले से छोटा था, लेकिन जंगली और क्रूर लग रहा था।

Without warning, he jumped and slashed her face open.

बिना किसी चेतावनी के, वह कूदा और उसके चेहरे पर वार कर दिया।

His teeth cut from her eye down to her jaw in one move.

उसके दांतों ने एक ही झटके में उसकी आंख से लेकर जबड़े तक काट दिया।

This was how wolves fought—hit fast and jump away.

भेड़िये इसी तरह लड़ते थे - तेजी से हमला करते और दूर कूद जाते।

But there was more to learn than from that one attack.

लेकिन उस एक हमले से सीखने के लिए और भी बहुत कुछ था।

Dozens of huskies rushed in and made a silent circle.

दर्जनों हस्की पक्षी दौड़कर आए और एक खामोश घेरा बना लिया।

They watched closely and licked their lips with hunger.

उन्होंने ध्यान से देखा और भूख से अपने होंठ चाटने लगे।

Buck didn't understand their silence or their eager eyes.

बक को उनकी चुप्पी या उनकी उत्सुक आँखें समझ में नहीं आईं।

Curly rushed to attack the husky a second time.

घुँघराले दूसरी बार हस्की पर हमला करने के लिए दौड़ा।

He used his chest to knock her over with a strong move.

उसने अपनी छाती का इस्तेमाल करके उसे जोर से गिरा दिया।

She fell on her side and could not get back up.

वह एक ओर गिर पड़ी और फिर उठ न सकी।

That was what the others had been waiting for all along.

यह वही था जिसका अन्य लोग लंबे समय से इंतजार कर रहे थे।

The huskies jumped on her, yelping and snarling in a frenzy.

कर्कश पक्षी उस पर कूद पड़े, और उन्माद में चिल्लाने और गुर्राने लगे।

She screamed as they buried her under a pile of dogs.

जब उसे कुत्तों के ढेर के नीचे दफनाया गया तो वह चीखने लगी।

The attack was so fast that Buck froze in place with shock.

हमला इतना तेज था कि बक सदमे से वहीं जम गया।

He saw Spitz stick out his tongue in a way that looked like a laugh.

उसने देखा कि स्पिट्ज़ अपनी जीभ इस तरह बाहर निकाल रहा था जैसे वह हंस रहा हो।

François grabbed an axe and ran straight into the group of dogs.

फ्राँस्वा ने एक कुल्हाड़ी पकड़ी और सीधे कुत्तों के समूह में भाग गया।

Three other men used clubs to help beat the huskies away.

तीन अन्य लोगों ने हस्की को भगाने के लिए डंडों का प्रयोग किया।

In just two minutes, the fight was over and the dogs were gone.

मात्र दो मिनट में ही लड़ाई ख़त्म हो गई और कुत्ते चले गए।

Curly lay dead in the red, trampled snow, her body torn apart.

घुँघराले लाल, कुचली हुई बर्फ में मृत पड़ी थी, उसका शरीर टुकड़े-टुकड़े हो गया था।

A dark-skinned man stood over her, cursing the brutal scene.

एक काले रंग का आदमी उसके ऊपर खड़ा होकर उस क्रूर दृश्य को कोस रहा था।

The memory stayed with Buck and haunted his dreams at night.

यह स्मृति बक के साथ बनी रही और रात में उसके सपनों में आती रही।

That was the way here; no fairness, no second chance.
यहीं तो तरीका था; न कोई निष्पक्षता, न कोई दूसरा मौका।
Once a dog fell, the others would kill without mercy.
एक बार कोई कुत्ता गिर जाता तो बाकी कुत्ते उसे बिना किसी दया के मार देते।
Buck decided then that he would never allow himself to fall.
बक ने तब निर्णय लिया कि वह स्वयं को कभी गिरने नहीं देगा।
Spitz stuck out his tongue again and laughed at the blood.
स्पिट्ज़ ने फिर से अपनी जीभ बाहर निकाली और खून को देखकर हँसा।
From that moment on, Buck hated Spitz with all his heart.
उस क्षण से, बक स्पिट्ज से पूरे दिल से नफरत करने लगा।

Before Buck could recover from Curly's death, something new happened.
इससे पहले कि बक घुँघराले की मौत से उबर पाता, कुछ नया घटित हुआ।
François came over and strapped something around Buck's body.
फ्रॉँस्वा आया और उसने बक के शरीर के चारों ओर कुछ बाँध दिया।
It was a harness like the ones used on horses at the ranch.
यह एक प्रकार का पट्टा था, जैसा कि फार्म में घोड़ों पर लगाया जाता है।
As Buck had seen horses work, now he was made to work too.
चूँकि बक ने घोड़ों को काम करते देखा था, इसलिए अब उसे भी काम करना पड़ा।
He had to pull François on a sled into the forest nearby.

उसे फ्रांकोइस को स्लेज पर खींचकर पास के जंगल में ले जाना पड़ा।

**Then he had to pull back a load of heavy firewood.**

फिर उसे भारी मात्रा में लकड़ियाँ खींचकर ले जाना पड़ा।

**Buck was proud, so it hurt him to be treated like a work animal.**

बक घमंडी था, इसलिए उसे यह देखकर दुख होता था कि उसके साथ एक कामकाजी जानवर जैसा व्यवहार किया जा रहा है।

**But he was wise and didn't try to fight the new situation.**

लेकिन वह बुद्धिमान था और उसने नई परिस्थिति से लड़ने की कोशिश नहीं की।

**He accepted his new life and gave his best in every task.**

उन्होंने अपना नया जीवन स्वीकार किया और हर कार्य में अपना सर्वश्रेष्ठ दिया।

**Everything about the work was strange and unfamiliar to him.**

काम से जुड़ी हर चीज़ उसके लिए अजीब और अपरिचित थी।

**François was strict and demanded obedience without delay.**

फ़्राँस्वा सख्त थे और बिना देरी के आज्ञाकारिता की मांग करते थे।

**His whip made sure that every command was followed at once.**

उनके चाबुक से यह सुनिश्चित होता था कि प्रत्येक आदेश का तुरंत पालन किया जाए।

**Dave was the wheeler, the dog nearest the sled behind Buck.**

डेव व्हीलर था, बक के पीछे स्लेज के सबसे निकट वाला कुत्ता।

**Dave bit Buck on the back legs if he made a mistake.**

यदि बक कोई गलती करता तो डेव उसके पिछले पैरों पर काट लेता था।

**Spitz was the lead dog, skilled and experienced in the role.**

स्पिट्ज़ प्रमुख कुत्ता था, जो इस भूमिका में कुशल और अनुभवी था।

**Spitz could not reach Buck easily, but still corrected him.**

स्पिट्ज़ आसानी से बक तक नहीं पहुंच सका, लेकिन फिर भी उसने उसे सुधार दिया।

**He growled harshly or pulled the sled in ways that taught Buck.**

वह कठोरता से गुर्राता था या स्लेज को ऐसे खींचता था जो बक को सिखाया गया था।

**Under this training, Buck learned faster than any of them expected.**

इस प्रशिक्षण के तहत, बक ने किसी की भी अपेक्षा से अधिक तेजी से सीखा।

**He worked hard and learned from both François and the other dogs.**

उन्होंने कड़ी मेहनत की और फ्रांकोइस तथा अन्य कुत्तों से सीखा।

**By the time they returned, Buck already knew the key commands.**

जब वे वापस लौटे, बक को पहले से ही प्रमुख आदेश पता थे।

**He learned to stop at the sound of "ho" from François.**

उन्होंने फ़्राँस्वा से "हो" की ध्वनि पर रुकना सीखा।

**He learned when he had to pull the sled and run.**

उन्होंने यह सीख लिया कि कब उन्हें स्लेज खींचकर भागना है।

**He learned to turn wide at bends in the trail without trouble.**

उन्होंने बिना किसी परेशानी के रास्ते में मोड़ पर चौड़ा मोड़ लेना सीख लिया।

He also learned to avoid Dave when the sled went downhill fast.

उन्होंने यह भी सीख लिया कि जब स्लेज तेजी से नीचे की ओर जाए तो डेव से बचना चाहिए।

"They're very good dogs," François proudly told Perrault.

"वे बहुत अच्छे कुत्ते हैं," फ्राँस्वा ने गर्व से पेरौल्ट से कहा।

"That Buck pulls like hell—I teach him quick as anything."

"वह बक बहुत तेज़ खींचतान करता है - मैं उसे बहुत जल्दी सिखा देता हूँ।"

Later that day, Perrault came back with two more husky dogs.

उस दिन बाद में, पेरौल्ट दो और कर्कश कुत्तों के साथ वापस आया।

Their names were Billee and Joe, and they were brothers.

उनके नाम बिली और जो थे और वे भाई थे।

They came from the same mother, but were not alike at all.

वे एक ही मां से थे, लेकिन बिल्कुल एक जैसे नहीं थे।

Billee was sweet-natured and too friendly with everyone.

बिली बहुत ही मधुर स्वभाव की थी और सभी के साथ बहुत ही मित्रवत व्यवहार करती थी।

Joe was the opposite—quiet, angry, and always snarling.

जो इसके विपरीत था - शांत, क्रोधित और हमेशा गुर्राता हुआ।

Buck greeted them in a friendly way and was calm with both.

बक ने उनका मित्रतापूर्ण तरीके से स्वागत किया और दोनों के साथ शांत व्यवहार किया।

Dave paid no attention to them and stayed silent as usual.

डेव ने उन पर कोई ध्यान नहीं दिया और हमेशा की तरह चुप रहा।

Spitz attacked first Billee, then Joe, to show his dominance.

स्पिट्ज़ ने अपना प्रभुत्व दिखाने के लिए पहले बिली पर और फिर जो पर हमला किया।

Billee wagged his tail and tried to be friendly to Spitz.

बिली ने अपनी पूँछ हिलाई और स्पिट्ज़ के साथ मित्रतापूर्ण व्यवहार करने की कोशिश की।

When that didn't work, he tried to run away instead.

जब वह सफल नहीं हुआ तो उसने भागने की कोशिश की।

He cried sadly when Spitz bit him hard on the side.

जब स्पिट्ज़ ने उसे जोर से काटा तो वह दुखी होकर रोने लगा।

But Joe was very different and refused to be bullied.

लेकिन जो बहुत अलग था और उसने धमकाए जाने से इनकार कर दिया।

Every time Spitz came near, Joe spun to face him fast.

जब भी स्पिट्ज़ पास आता, जो तेजी से घूमकर उसका सामना करता।

His fur bristled, his lips curled, and his teeth snapped wildly.

उसका फर खड़ा हो गया, उसके होठ मुड़ गए, और उसके दांत बेतहाशा चटकने लगे।

Joe's eyes gleamed with fear and rage, daring Spitz to strike.

जो की आंखें भय और क्रोध से चमक उठीं और उसने स्पिट्ज को हमला करने के लिए ललकारा।

Spitz gave up the fight and turned away, humiliated and angry.

स्पिट्ज़ ने लड़ाई छोड़ दी और अपमानित और क्रोधित होकर वापस चला गया।

He took out his frustration on poor Billee and chased him away.

उसने बेचारे बिली पर अपनी भड़ास निकाली और उसे भगा दिया।

That evening, Perrault added one more dog to the team.

उस शाम, पेरौल्ट ने टीम में एक और कुत्ता शामिल कर लिया।

This dog was old, lean, and covered in battle scars.

यह कुत्ता बूढ़ा, दुबला-पतला और युद्ध के जख्मों से भरा हुआ था।

One of his eyes was missing, but the other flashed with power.

उसकी एक आँख गायब थी, लेकिन दूसरी आँख में शक्ति चमक रही थी।

The new dog's name was Solleks, which meant the Angry One.

नए कुत्ते का नाम सोलेक्स था, जिसका अर्थ था गुस्सैल।

Like Dave, Solleks asked nothing from others, and gave nothing back.

डेव की तरह सोलेक्स ने भी दूसरों से कुछ नहीं मांगा और बदले में कुछ नहीं दिया।

When Solleks walked slowly into camp, even Spitz stayed away.

जब सोलेक्स धीरे-धीरे शिविर में चला गया, तो स्पिट्ज़ भी दूर ही रहा।

He had a strange habit that Buck was unlucky to discover.

उसकी एक अजीब आदत थी जिसका पता बक को दुर्भाग्यवश चल गया।

Solleks hated being approached on the side where he was blind.

सोलेक्स को उस तरफ से संपर्क किया जाना नापसंद था जहां वह अंधा था।

Buck did not know this and made that mistake by accident.

बक को यह बात पता नहीं थी और उसने गलती से यह गलती कर दी।

Solleks spun around and slashed Buck's shoulder deep and fast.

सोलेक्स ने घूमकर बक के कंधे पर गहरा और तेज वार किया।

From that moment on, Buck never came near Solleks' blind side.

उस क्षण के बाद से, बक कभी भी सोलेक्स के अंधे पक्ष के पास नहीं आया।

They never had trouble again for the rest of their time together.

उनके साथ रहने के शेष समय में उन्हें फिर कभी कोई परेशानी नहीं हुई।

Solleks wanted only to be left alone, like quiet Dave.

सोलेक्स भी शांत डेव की तरह अकेला रहना चाहता था।

But Buck would later learn they each had another secret goal.

लेकिन बाद में बक को पता चला कि उन दोनों का एक और गुप्त लक्ष्य था।

That night Buck faced a new and troubling challenge — how to sleep.

उस रात बक को एक नई और परेशान करने वाली चुनौती का सामना करना पड़ा - कैसे सोये।

The tent glowed warmly with candlelight in the snowy field.

बर्फीले मैदान में मोमबत्ती की रोशनी से तम्बू गर्म होकर चमक रहा था।

Buck walked inside, thinking he could rest there like before.

बक अंदर चला गया, यह सोचते हुए कि वह पहले की तरह वहां आराम कर सकेगा।

**But Perrault and François yelled at him and threw pans.**
लेकिन पेरौल्ट और फ़्राँस्वा उस पर चिल्लाये और पैन फेंके।
**Shocked and confused, Buck ran out into the freezing cold.**
हैरान और भ्रमित होकर बक बर्फीली ठंड में बाहर भाग गया।
**A bitter wind stung his wounded shoulder and froze his paws.**
एक कड़क हवा ने उसके घायल कंधे को डंक मारा और उसके पंजे जम गये।
**He lay down in the snow and tried to sleep out in the open.**
वह बर्फ में लेट गया और खुले में सोने की कोशिश करने लगा।
**But the cold soon forced him to get back up, shaking badly.**
लेकिन ठंड के कारण उन्हें जल्द ही उठना पड़ा, वे बुरी तरह कांप रहे थे।
**He wandered through the camp, trying to find a warmer spot.**
वह शिविर में घूमता रहा और गर्म स्थान ढूंढने की कोशिश करता रहा।
**But every corner was just as cold as the one before.**
लेकिन हर कोना पहले की तरह ही ठंडा था।
**Sometimes savage dogs jumped at him from the darkness.**
कभी-कभी अंधेरे में से जंगली कुत्ते उस पर झपट पड़ते।
**Buck bristled his fur, bared his teeth, and snarled with warning.**
बक ने अपने रोएं खड़े कर लिए, दांत दिखाए और चेतावनी देते हुए गुर्राया।
**He was learning fast, and the other dogs backed off quickly.**
वह तेजी से सीख रहा था, और अन्य कुत्ते तुरंत पीछे हट गये।
**Still, he had no place to sleep, and no idea what to do.**
फिर भी, उसके पास सोने के लिए कोई जगह नहीं थी और उसे यह भी नहीं पता था कि क्या करे।

At last, a thought came to him—check on his team-mates.

अंततः उसके मन में एक विचार आया - अपने साथियों की जांच करनी चाहिए।

He returned to their area and was surprised to find them gone.

वह उनके क्षेत्र में वापस आया और उन्हें गायब देखकर आश्चर्यचकित हुआ।

Again he searched the camp, but still could not find them.

उसने फिर शिविर की तलाश की, लेकिन फिर भी उन्हें नहीं ढूंढ सका।

He knew they could not be in the tent, or he would be too.

वह जानता था कि वे तम्बू में नहीं हो सकते, अन्यथा वह भी वहाँ होता।

So where had all the dogs gone in this frozen camp?

तो फिर इस बर्फीले शिविर में सारे कुत्ते कहां चले गए?

Buck, cold and miserable, slowly circled around the tent.

बक, ठण्ड और दुःख से व्याकुल, धीरे-धीरे तम्बू के चारों ओर चक्कर लगाने लगा।

Suddenly, his front legs sank into soft snow and startled him.

अचानक, उसके अगले पैर नरम बर्फ में धंस गए और वह चौंक गया।

Something wriggled under his feet, and he jumped back in fear.

उसके पैरों के नीचे कुछ सरसराया और वह डर के मारे पीछे हट गया।

He growled and snarled, not knowing what lay beneath the snow.

वह गुर्राया और गुर्राया, उसे नहीं मालूम था कि बर्फ के नीचे क्या छिपा है।

Then he heard a friendly little bark that eased his fear.

तभी उसने एक दोस्ताना हल्की सी भौंकने की आवाज सुनी जिससे उसका डर कम हो गया।

He sniffed the air and came closer to see what was hidden.

उसने हवा सूँघी और यह देखने के लिए पास आया कि क्या छिपा हुआ है।

Under the snow, curled into a warm ball, was little Billee.

बर्फ के नीचे, एक गर्म गेंद की तरह मुड़ी हुई, छोटी सी बिली थी।

Billee wagged his tail and licked Buck's face to greet him.

बिली ने अपनी पूँछ हिलाई और बक का चेहरा चाटकर उसका स्वागत किया।

Buck saw how Billee had made a sleeping place in the snow.

बक ने देखा कि बिली ने बर्फ में सोने की जगह बना ली थी।

He had dug down and used his own heat to stay warm.

उसने नीचे खुदाई की और गर्म रहने के लिए अपनी ही गर्मी का इस्तेमाल किया।

Buck had learned another lesson—this was how the dogs slept.

बक ने एक और सबक सीखा था - कुत्ते ऐसे सोते हैं।

He picked a spot and started digging his own hole in the snow.

उसने एक स्थान चुना और बर्फ में अपना गड्ढा खोदना शुरू कर दिया।

At first, he moved around too much and wasted energy.

पहले तो वह बहुत ज्यादा घूमता था और अपनी ऊर्जा बर्बाद करता था।

But soon his body warmed the space, and he felt safe.

लेकिन जल्द ही उसके शरीर ने जगह को गर्म कर दिया, और वह सुरक्षित महसूस करने लगा।

He curled up tightly, and before long he was fast asleep.

वह कसकर लिपट गया और कुछ ही देर में गहरी नींद में सो गया।

The day had been long and hard, and Buck was exhausted.
दिन काफी लम्बा और कठिन था और बक थक चुका था।

He slept deeply and comfortably, though his dreams were wild.
वह गहरी और आरामदायक नींद सो गया, यद्यपि उसके सपने विचित्र थे।

He growled and barked in his sleep, twisting as he dreamed.
वह नींद में गुर्राता और भौंकता था, सपने में करवटें बदलता रहता था।


Buck didn't wake up until the camp was already coming to life.
बक तब तक नहीं जागा जब तक शिविर में जान नहीं आ गई।

At first, he didn't know where he was or what had happened.
पहले तो उसे पता ही नहीं चला कि वह कहां है और क्या हुआ है।

Snow had fallen overnight and completely buried his body.
रात भर हुई बर्फबारी ने उसके शरीर को पूरी तरह से दफन कर दिया था।

The snow pressed in around him, tight on all sides.
बर्फ उसके चारों ओर, चारों ओर से दबाव डाल रही थी।

Suddenly a wave of fear rushed through Buck's entire body.
अचानक बक के पूरे शरीर में भय की लहर दौड़ गयी।

It was the fear of being trapped, a fear from deep instincts.
यह फँस जाने का भय था, गहरी अन्तर्ज्ञान से उत्पन्न भय था।

Though he had never seen a trap, the fear lived inside him.

हालाँकि उसने कभी जाल नहीं देखा था, फिर भी डर उसके अंदर रहता था।

He was a tame dog, but now his old wild instincts were waking.

वह एक पालतू कुत्ता था, लेकिन अब उसकी पुरानी जंगली प्रवृत्तियाँ जाग रही थीं।

Buck's muscles tensed, and his fur stood up all over his back.

बक की मांसपेशियां तनावग्रस्त हो गईं और उसकी पीठ पर बाल खड़े हो गए।

He snarled fiercely and sprang straight up through the snow.

वह जोर से गुर्राया और बर्फ में सीधा ऊपर उछला।

Snow flew in every direction as he burst into the daylight.

जैसे ही वह दिन के उजाले में आया, बर्फ हर दिशा में उड़ने लगी।

Even before landing, Buck saw the camp spread out before him.

उतरने से पहले ही बक ने अपने सामने फैला हुआ शिविर देखा।

He remembered everything from the day before, all at once.

उसे एकाएक पिछले दिन की सारी बातें याद आ गईं।

He remembered strolling with Manuel and ending up in this place.

उसे याद आया कि वह मैनुअल के साथ घूम रहा था और इसी स्थान पर पहुंचा था।

He remembered digging the hole and falling asleep in the cold.

उसे याद आया कि कैसे उसने गड्ढा खोदा था और ठंड में सो गया था।

Now he was awake, and the wild world around him was clear.

अब वह जाग चुका था और उसके चारों ओर की जंगली दुनिया साफ़ दिखाई दे रही थी।

A shout from François hailed Buck's sudden appearance.

बक के अचानक प्रकट होने पर फ्रॉस्वा ने चिल्लाकर उसका स्वागत किया।

"What did I say?" the dog-driver cried loudly to Perrault.

"मैंने क्या कहा?" कुत्ते-चालक ने पेरौल्ट से ऊंची आवाज में पूछा।

"That Buck for sure learns quick as anything," François added.

"वह बक निश्चित रूप से बहुत जल्दी सीखता है," फ्रांकोइस ने कहा।

Perrault nodded gravely, clearly pleased with the result.

पेरौल्ट ने गंभीरता से सिर हिलाया, वह परिणाम से स्पष्टतः प्रसन्न थे।

As a courier for the Canadian Government, he carried dispatches.

कनाडा सरकार के लिए कूरियर के रूप में वह संदेश ले जाते थे।

He was eager to find the best dogs for his important mission.

वह अपने महत्वपूर्ण मिशन के लिए सर्वोत्तम कुत्तों को खोजने के लिए उत्सुक थे।

He felt especially pleased now that Buck was part of the team.

अब उन्हें विशेष रूप से खुशी महसूस हुई कि बक टीम का हिस्सा था।

Three more huskies were added to the team within an hour.

एक घंटे के भीतर टीम में तीन और हस्की शामिल कर लिए
गए।

That brought the total number of dogs on the team to nine.

इससे टीम में कुत्तों की कुल संख्या नौ हो गई।

Within fifteen minutes all the dogs were in their harnesses.

पंद्रह मिनट के भीतर सभी कुत्ते अपने-अपने बंधनों में थे।

The sled team was swinging up the trail toward Dyea
Cañon.

स्लेज टीम डाइया कैनन की ओर जाने वाले रास्ते पर आगे
बढ़ रही थी।

Buck felt glad to be leaving, even if the work ahead was
hard.

बक को जाने में खुशी महसूस हुई, भले ही आगे का काम
कठिन था।

He found he did not particularly despise the labor or the
cold.

उसने पाया कि उसे श्रम या ठण्ड से कोई विशेष घृणा नहीं
थी।

He was surprised by the eagerness that filled the whole
team.

वह पूरी टीम में व्याप्त उत्सुकता देखकर आश्चर्यचकित थे।

Even more surprising was the change that had come over
Dave and Solleks.

इससे भी अधिक आश्चर्यजनक बात यह थी कि डेव और
सोलेक्स में परिवर्तन आ गया था।

These two dogs were entirely different when they were
harnessed.

जब इन दोनों कुत्तों को बांधा गया तो वे पूरी तरह से अलग
थे।

Their passiveness and lack of concern had completely
disappeared.

उनकी निष्क्रियता और चिंता की कमी पूरी तरह से गायब हो गई थी।

They were alert and active, and eager to do their work well.

वे सतर्क और सक्रिय थे तथा अपना काम अच्छी तरह से करने के लिए उत्सुक थे।

They grew fiercely irritated at anything that caused delay or confusion.

वे किसी भी ऐसी बात पर बुरी तरह चिढ़ जाते थे जिससे देरी या भ्रम पैदा होता था।

The hard work on the reins was the center of their entire being.

लगाम पर किया गया कठोर परिश्रम ही उनके सम्पूर्ण अस्तित्व का केन्द्र था।

Sled pulling seemed to be the only thing they truly enjoyed.

स्लेज खींचना ही एकमात्र ऐसी चीज थी जिसका उन्हें सचमुच आनंद आता था।

Dave was at the back of the group, closest to the sled itself.

डेव समूह के पीछे था, स्लेज के सबसे निकट।

Buck was placed in front of Dave, and Solleks pulled ahead of Buck.

बक को डेव के सामने रखा गया और सोलेक्स बक से आगे निकल गया।

The rest of the dogs were strung out ahead in a single file.

बाकी कुत्ते एक पंक्ति में आगे की ओर बढ़ गए।

The lead position at the front was filled by Spitz.

आगे का प्रमुख स्थान स्पिट्ज़ ने भरा।

Buck had been placed between Dave and Solleks for instruction.

बक को निर्देश के लिए डेव और सोलेक्स के बीच रखा गया था।

He was a quick learner, and they were firm and capable teachers.

वह शीघ्र सीखने वाले थे और वे दृढ़ एवं योग्य शिक्षक थे।

They never allowed Buck to remain in error for long.

उन्होंने बक को लंबे समय तक गलती करने की इजाजत नहीं दी।

They taught their lessons with sharp teeth when needed.

जब जरूरत पड़ी तो उन्होंने अपनी शिक्षा तीखे दांतों से दी।

Dave was fair and showed a quiet, serious kind of wisdom.

डेव निष्पक्ष थे और उन्होंने शांत, गंभीर प्रकार की बुद्धिमत्ता दिखाई।

He never bit Buck without a good reason to do so.

वह कभी भी बिना किसी अच्छे कारण के बक को नहीं काटता था।

But he never failed to bite when Buck needed correction.

लेकिन जब भी बक को सुधार की आवश्यकता होती थी, तो वह उसे सुधारने में कभी असफल नहीं होते थे।

François's whip was always ready and backed up their authority.

फ्राँस्वा का चाबुक हमेशा तैयार रहता था और उनके अधिकार को समर्थन देता था।

Buck soon found it was better to obey than to fight back.

बक को जल्द ही यह समझ आ गया कि जवाबी हमले की अपेक्षा आज्ञा का पालन करना बेहतर है।

Once, during a short rest, Buck got tangled in the reins.

एक बार, थोड़े समय के विश्राम के दौरान, बक लगाम में उलझ गया।

He delayed the start and confused the team's movement.

उन्होंने शुरुआत में देरी की और टीम की चाल को भ्रमित कर दिया।

**Dave and Solleks flew at him and gave him a rough beating.**

डेव और सोलेक्स उस पर टूट पड़े और उसकी बुरी तरह पिटाई कर दी।

**The tangle only got worse, but Buck learned his lesson well.**

उलझन और भी बदतर हो गई, लेकिन बक ने अपना सबक अच्छी तरह सीख लिया।

**From then on, he kept the reins taut, and worked carefully.**

तब से उन्होंने लगाम कसी रखी और सावधानी से काम किया।

**Before the day ended, Buck had mastered much of his task.**

दिन समाप्त होने से पहले बक ने अपने अधिकांश कार्य पूरे कर लिये थे।

**His teammates almost stopped correcting or biting him.**

उसके साथियों ने उसे सुधारना या डांटना लगभग बंद कर दिया।

**François's whip cracked through the air less and less often.**

फ़्रॉँस्वा का कोड़ा हवा में कम ही फटता था।

**Perrault even lifted Buck's feet and carefully examined each paw.**

पेरौल्ट ने तो बक के पैर भी उठाए और उनके प्रत्येक पंजे की सावधानीपूर्वक जांच की।

**It had been a hard day's run, long and exhausting for them all.**

यह एक कठिन दिन था, उन सभी के लिए लम्बा और थका देने वाला।

**They travelled up the Cañon, through Sheep Camp, and past the Scales.**

वे कैनोन से होते हुए, भेड़ शिविर से होते हुए, और स्केल्स तक पहुंचे।

**They crossed the timber line, then glaciers and snowdrifts many feet deep.**

उन्होंने लकड़ी की रेखा को पार किया, फिर ग्लेशियरों और कई फीट गहरे बर्फ के ढेरों को पार किया।

They climbed the great cold and forbidding Chilkoot Divide.

वे महान ठण्डे और दुर्गम चिलकूट डिवाइड पर चढ़ गए।

That high ridge stood between salt water and the frozen interior.

वह ऊंची चोटी खारे पानी और जमे हुए अंदरूनी भाग के बीच स्थित थी।

The mountains guarded the sad and lonely North with ice and steep climbs.

पहाड़ बर्फ और खड़ी चढ़ाई के साथ उदास और एकाकी उत्तर की रक्षा करते थे।

They made good time down a long chain of lakes below the divide.

उन्होंने विभाजन रेखा के नीचे झीलों की एक लम्बी श्रृंखला को पार करने में अच्छा समय बिताया।

Those lakes filled the ancient craters of extinct volcanoes.

ये झीलें विलुप्त ज्वालामुखियों के प्राचीन गड्ढों को भर देती थीं।

Late that night, they reached a large camp at Lake Bennett.

उस रात देर से वे बेनेट झील के पास एक बड़े शिविर में पहुंचे।

Thousands of gold seekers were there, building boats for spring.

हजारों की संख्या में सोना खोजने वाले लोग वहां मौजूद थे, जो वसंत के लिए नावें बना रहे थे।

The ice was going break up soon, and they had to be ready.

बर्फ जल्द ही पिघलने वाली थी और उन्हें तैयार रहना था।

Buck dug his hole in the snow and fell into a deep sleep.

बक ने बर्फ में अपना गड्ढा खोदा और गहरी नींद में सो गया।

He slept like a working man, exhausted from the harsh day of toil.

वह दिन भर की कठोर मेहनत से थककर एक कामकाजी व्यक्ति की तरह सो गया।

But too early in the darkness, he was dragged from sleep.

लेकिन बहुत जल्दी ही अँधेरे में उसे नींद से खींच लिया गया।

He was harnessed with his mates again and attached to the sled.

उसे फिर से उसके साथियों के साथ जोतकर स्लेज से जोड़ दिया गया।

That day they made forty miles, because the snow was well trodden.

उस दिन वे चालीस मील चले, क्योंकि बर्फ अच्छी तरह जमी हुई थी।

The next day, and for many days after, the snow was soft.

अगले दिन और उसके बाद कई दिनों तक बर्फ नरम रही।

They had to make the path themselves, working harder and moving slower.

उन्हें स्वयं ही रास्ता बनाना पड़ा, कड़ी मेहनत करनी पड़ी और धीमी गति से चलना पड़ा।

Usually, Perrault walked ahead of the team with webbed snowshoes.

आमतौर पर, पेरौल्ट जालदार स्नोशूज़ पहनकर टीम के आगे चलते थे।

His steps packed the snow, making it easier for the sled to move.

उसके कदमों ने बर्फ को ढक दिया, जिससे स्लेज का चलना आसान हो गया।

François, who steered from the gee-pole, sometimes took over.

फ्रांकोइस, जो जी-पोल से संचालन करते थे, कभी-कभी कमान संभाल लेते थे।

But it was rare that François took the lead

लेकिन यह दुर्लभ था कि फ्रांकोइस ने नेतृत्व संभाला

because Perrault was in a rush to deliver the letters and parcels.

क्योंकि पेरौल्ट को पत्र और पार्सल पहुंचाने की जल्दी थी।

Perrault was proud of his knowledge of snow, and especially ice.

पेरौल्ट को बर्फ़, विशेषकर बर्फ़ के बारे में अपने ज्ञान पर गर्व था।

That knowledge was essential, because fall ice was dangerously thin.

यह जानकारी आवश्यक थी, क्योंकि गिरने वाली बर्फ खतरनाक रूप से पतली थी।

Where water flowed fast beneath the surface, there was no ice at all.

जहां सतह के नीचे पानी तेजी से बहता था, वहां बर्फ बिल्कुल नहीं थी।


Day after day, the same routine repeated without end.

दिन-प्रतिदिन, बिना अंत के वही दिनचर्या दोहराई जाती रही।

Buck toiled endlessly in the reins from dawn until night.

बक ने सुबह से लेकर रात तक लगाम संभाले रखने में अथक परिश्रम किया।

They left camp in the dark, long before the sun had risen.

वे सूरज उगने से बहुत पहले ही अंधेरे में शिविर छोड़कर चले गए।

By the time daylight came, many miles were already behind them.

जब दिन का उजाला हुआ तो कई मील की दूरी उनसे पीछे छूट चुकी थी।

They pitched camp after dark, eating fish and burrowing into snow.

वे अंधेरा होने के बाद शिविर लगाते, मछलियाँ खाते और बर्फ में बिल बनाते।

Buck was always hungry and never truly satisfied with his ration.

बक हमेशा भूखा रहता था और अपने भोजन से कभी संतुष्ट नहीं होता था।

He received a pound and a half of dried salmon each day.

उन्हें प्रतिदिन डेढ़ पाउंड सूखा सामन मिलता था।

But the food seemed to vanish inside him, leaving hunger behind.

लेकिन ऐसा लग रहा था जैसे कि भोजन उसके अंदर से गायब हो गया हो और पीछे भूख रह गई हो।

He suffered from constant pangs of hunger, and dreamed of more food.

वह लगातार भूख से पीड़ित रहता था और अधिक भोजन के सपने देखता था।

The other dogs got only one pound of food, but they stayed strong.

अन्य कुत्तों को केवल एक पाउंड भोजन मिला, लेकिन वे मजबूत बने रहे।

They were smaller, and had been born into the northern life.

वे छोटे थे और उत्तरी जीवनशैली में पैदा हुए थे।

He swiftly lost the fastidiousness which had marked his old life.

उसने शीघ्र ही वह मितव्ययिता त्याग दी जो उसके पुराने जीवन की पहचान थी।

He had been a dainty eater, but now that was no longer possible.

वह बहुत स्वादिष्ट भोजन करता था, लेकिन अब ऐसा करना संभव नहीं था।

His mates finished first and robbed him of his unfinished ration.

उसके साथियों ने पहले खाना ख़त्म कर दिया और उसका अधूरा राशन लूट लिया।

Once they began there was no way to defend his food from them.

एक बार जब वे शुरू हो गए तो उनसे भोजन बचाने का कोई रास्ता नहीं था।

While he fought off two or three dogs, the others stole the rest.

जब वह दो या तीन कुत्तों से लड़ने लगा तो बाकी कुत्तों ने बाकी कुत्तों को चुरा लिया।

To fix this, he began eating as fast as the others ate.

इसे ठीक करने के लिए, उसने भी उतनी ही तेजी से खाना शुरू कर दिया, जितनी तेजी से अन्य लोग खाते थे।

Hunger pushed him so hard that he even took food not his own.

भूख ने उसे इतना परेशान कर दिया कि उसने अपना भोजन भी नहीं खाया।

He watched the others and learned quickly from their actions.

उसने दूसरों को देखा और उनके कार्यों से शीघ्र ही सीख लिया।

He saw Pike, a new dog, steal a slice of bacon from Perrault.

उसने देखा कि पाइक नामक नया कुत्ता, पेरौल्ट से बेकन का एक टुकड़ा चुरा रहा है।

Pike had waited until Perrault's back was turned to steal the bacon.

पाइक ने बेकन चुराने के लिए पेरौल्ट की पीठ मुड़ने तक इंतजार किया था।

The next day, Buck copied Pike and stole the whole chunk.

अगले दिन, बक ने पाइक की नकल की और पूरा टुकड़ा चुरा लिया।

A great uproar followed, but Buck was not suspected.

इसके बाद बहुत हंगामा हुआ, लेकिन बक को संदेह नहीं हुआ।

Dub, a clumsy dog who always got caught, was punished instead.

डब नामक अनाड़ी कुत्ते को, जो हमेशा पकड़ा जाता था, दण्ड दिया गया।

That first theft marked Buck as a dog fit to survive the North.

उस पहली चोरी ने बक को उत्तर में जीवित रहने के लिए उपयुक्त कुत्ते के रूप में चिह्नित कर दिया।

He showed he could adapt to new conditions and learn quickly.

उन्होंने दिखाया कि वे नई परिस्थितियों के अनुकूल ढल सकते हैं और शीघ्रता से सीख सकते हैं।

Without such adaptability, he would have died swiftly and badly.

ऐसी अनुकूलनशीलता के बिना, उनकी मृत्यु शीघ्र और बुरी तरह हो जाती।

It also marked the breakdown of his moral nature and past values.

इससे उनकी नैतिक प्रकृति और पिछले मूल्यों का भी पतन हो गया।

In the Southland, he had lived under the law of love and kindness.

साउथलैंड में वह प्रेम और दया के नियम के अधीन रहता था।
There it made sense to respect property and other dogs' feelings.
वहां संपत्ति और अन्य कुत्तों की भावनाओं का सम्मान करना समझदारी थी।
But the Northland followed the law of club and the law of fang.
लेकिन नॉर्थलैंड ने क्लब के कानून और फैंग के कानून का पालन किया।
Whoever respected old values here was foolish and would fail.
जो भी यहां पुराने मूल्यों का सम्मान करेगा वह मूर्ख होगा और असफल होगा।
Buck did not reason all this out in his mind.
बक ने अपने मन में यह सब तर्क नहीं किया।
He was fit, and so he adjusted without needing to think.
वह स्वस्थ था, इसलिए उसने बिना सोचे-समझे ही अपने आपको समायोजित कर लिया।
All his life, he had never run away from a fight.
अपने पूरे जीवन में, वह कभी भी किसी लड़ाई से भागे नहीं थे।
But the wooden club of the man in the red sweater changed that rule.
लेकिन लाल स्वेटर वाले आदमी के लकड़ी के डंडे ने उस नियम को बदल दिया।
Now he followed a deeper, older code written into his being.
अब वह अपने अस्तित्व में लिखे एक गहरे, पुराने कोड का अनुसरण करने लगा।
He did not steal out of pleasure, but from the pain of hunger.
वह खुशी से नहीं, बल्कि भूख की पीड़ा से चोरी करता था।

He never robbed openly, but stole with cunning and care.

वह कभी भी खुलेआम लूट नहीं करता था, बल्कि चालाकी और सावधानी से चोरी करता था।

He acted out of respect for the wooden club and fear of the fang.

उसने लकड़ी के डंडे के प्रति सम्मान और नुकीले दांत के डर से ऐसा किया।

In short, he did what was easier and safer than not doing it.

संक्षेप में, उन्होंने वही किया जो न करने की अपेक्षा अधिक आसान और सुरक्षित था।

His development—or perhaps his return to old instincts—was fast.

उनका विकास - या शायद पुरानी प्रवृत्ति की ओर उनकी वापसी - तेजी से हुई।

His muscles hardened until they felt as strong as iron.

उसकी मांसपेशियाँ इतनी सख्त हो गईं कि वे लोहे की तरह मजबूत लगने लगीं।

He no longer cared about pain, unless it was serious.

अब उसे दर्द की परवाह नहीं थी, जब तक कि वह गंभीर न हो।

He became efficient inside and out, wasting nothing at all.

वह अंदर और बाहर से कुशल बन गया, और उसने कुछ भी बर्बाद नहीं किया।

He could eat things that were vile, rotten, or hard to digest.

वह ऐसी चीज़ें खा सकता था जो ख़राब, सड़ी हुई या पचाने में कठिन होती थीं।

Whatever he ate, his stomach used every last bit of value.

वह जो कुछ भी खाता था, उसका पेट उसका पूरा-पूरा उपयोग कर लेता था।

His blood carried the nutrients far through his powerful body.

उसका रक्त पोषक तत्वों को उसके शक्तिशाली शरीर से दूर तक ले जाता था।

This built strong tissues that gave him incredible endurance.

इससे उनके ऊतक मजबूत हुए, जिससे उन्हें अविश्वसनीय सहनशक्ति प्राप्त हुई।

His sight and smell became much more sensitive than before.

उसकी दृष्टि और गंध पहले की तुलना में बहुत अधिक संवेदनशील हो गयी।

His hearing grew so sharp he could detect faint sounds in sleep.

उसकी सुनने की शक्ति इतनी तेज हो गई कि वह नींद में भी धीमी आवाजें सुन सकता था।

He knew in his dreams whether the sounds meant safety or danger.

वह अपने सपनों में जानता था कि ये ध्वनियाँ सुरक्षा या खतरे का संकेत हैं।

He learned to bite the ice between his toes with his teeth.

उसने अपने पैरों की उंगलियों के बीच की बर्फ को दांतों से काटना सीखा।

If a water hole froze over, he would break the ice with his legs.

यदि कोई पानी का गड्ढा जम जाता तो वह अपने पैरों से बर्फ तोड़ता।

He reared up and struck the ice hard with stiff front limbs.

वह पीछे की ओर उठा और अपने अगले कड़े पैरों से बर्फ पर जोरदार प्रहार किया।

His most striking ability was predicting wind changes overnight.

उनकी सबसे उल्लेखनीय क्षमता रात में हवा में होने वाले परिवर्तन की भविष्यवाणी करना थी।

Even when the air was still, he chose spots sheltered from wind.

यहां तक कि जब हवा शांत होती थी, तब भी वह हवा से सुरक्षित स्थानों को चुनता था।

Wherever he dug his nest, the next day's wind passed him by.

जहां भी वह अपना घोंसला खोदता, अगले दिन की हवा उसके पास से गुजर जाती।

He always ended up snug and protected, to leeward of the breeze.

वह हमेशा आरामदायक और सुरक्षित स्थान पर, हवा की दिशा में रहता था।

Buck not only learned by experience—his instincts returned too.

बक ने न केवल अनुभव से सीखा - उसकी सहज प्रवृत्ति भी लौट आई।

The habits of domesticated generations began to fall away.

घरेलू पीढ़ियों की आदतें खत्म होने लगीं।

In vague ways, he remembered the ancient times of his breed.

अस्पष्ट रूप से, उसे अपनी नस्ल के प्राचीन समय की याद आ गई।

He thought back to when wild dogs ran in packs through forests.

उसे वह समय याद आया जब जंगली कुत्ते झुंड में जंगल में दौड़ते थे।

They had chased and killed their prey while running it down.

उन्होंने अपने शिकार का पीछा किया और उसे मार डाला।

It was easy for Buck to learn how to fight with tooth and speed.

बक के लिए यह सीखना आसान था कि दांत और गति के साथ कैसे लड़ना है।

He used cuts, slashes, and quick snaps just like his ancestors.

वह अपने पूर्वजों की तरह ही कट, स्लैश और त्वरित स्नैप का प्रयोग करता था।

Those ancestors stirred within him and awoke his wild nature.

उन पूर्वजों ने उसके भीतर हलचल मचा दी और उसकी जंगली प्रकृति को जगा दिया।

Their old skills had passed into him through the bloodline.

उनके पुराने कौशल रक्त-परंपरा के माध्यम से उनमें चले आये थे।

Their tricks were his now, with no need for practice or effort.

अब उनकी चालें उनकी थीं, अभ्यास या प्रयास की कोई आवश्यकता नहीं थी।


On still, cold nights, Buck lifted his nose and howled.

शांत, ठंडी रातों में, बक अपनी नाक उठाकर चिल्लाता था।

He howled long and deep, the way wolves had done long ago.

वह बहुत देर तक और गहरी आवाज में चिल्लाया, जिस तरह भेड़िये बहुत पहले चिल्लाया करते थे।

Through him, his dead ancestors pointed their noses and howled.

उसके माध्यम से, उसके मृत पूर्वजों ने अपनी नाक उठाई और चिल्लाया।

They howled down through the centuries in his voice and shape.

वे उसकी आवाज़ और आकार में सदियों से गूँज रहे हैं।

His cadences were theirs, old cries that told of grief and cold.

उसकी लय उनकी थी, पुरानी चीखें जो दुख और ठंड की कहानी बयां करती थीं।

They sang of darkness, of hunger, and the meaning of winter.

उन्होंने अंधकार, भूख और सर्दी के अर्थ के बारे में गीत गाये।

Buck proved of how life is shaped by forces beyond oneself,

बक ने यह सिद्ध किया कि किस प्रकार जीवन स्वयं से परे शक्तियों द्वारा आकार लेता है।

the ancient song rose through Buck and took hold of his soul.

वह प्राचीन गीत बक के मन में गूंज उठा और उसकी आत्मा पर छा गया।

He found himself because men had found gold in the North.

उसने स्वयं को इसलिए पाया क्योंकि लोगों को उत्तर में सोना मिल गया था।

And he found himself because Manuel, the gardener's helper, needed money.

और वह वहां इसलिए पहुंचा क्योंकि माली के सहायक मैनुअल को पैसों की जरूरत थी।

## The Dominant Primordial Beast
## प्रमुख आदिम जानवर

The dominant primordial beast was as strong as ever in Buck.

बक में प्रमुख आदिम जानवर पहले की तरह ही शक्तिशाली था।

But the dominant primordial beast had lain dormant in him.

लेकिन प्रमुख आदिम जानवर उसके अंदर निष्क्रिय पड़ा था।

Trail life was harsh, but it strengthened beast inside Buck.

ट्रेल जीवन कठोर था, लेकिन इसने बक के अंदर के जानवर को मजबूत कर दिया।

Secretly the beast grew stronger and stronger every day.

गुप्त रूप से वह जानवर हर दिन अधिक शक्तिशाली होता जा रहा था।

But that inner growth stayed hidden to the outside world.

लेकिन वह आंतरिक विकास बाहरी दुनिया से छिपा रहा।

A quiet and calm primordial force was building inside Buck.

बक के अंदर एक शांत और स्थिर आदिम शक्ति का निर्माण हो रहा था।

New cunning gave Buck balance, calm control, and poise.

नई चालाकी ने बक को संतुलन, शांत नियंत्रण और संतुलन दिया।

Buck focused hard on adapting, never feeling fully relaxed.

बक ने अनुकूलन पर पूरा ध्यान केन्द्रित किया, कभी भी पूरी तरह से आराम महसूस नहीं किया।

He avoided conflict, never starting fights, nor seeking trouble.

वह संघर्ष से बचते थे, कभी झगड़ा नहीं करते थे, न ही कभी परेशानी मोल लेते थे।

A slow, steady thoughtfulness shaped Buck's every move.

धीमी, स्थिर विचारशीलता ने बक के हर कदम को आकार दिया।

He avoided rash choices and sudden, reckless decisions.

उन्होंने जल्दबाजी में लिए गए निर्णयों और अचानक, लापरवाही भरे फैसलों से परहेज किया।

Though Buck hated Spitz deeply, he showed him no aggression.

हालाँकि बक स्पिट्ज़ से बहुत नफरत करता था, फिर भी उसने उसके प्रति कोई आक्रामकता नहीं दिखाई।

Buck never provoked Spitz, and kept his actions restrained.

बक ने कभी भी स्पिट्ज़ को उकसाया नहीं, तथा अपने कार्यों को संयमित रखा।

Spitz, on the other hand, sensed the growing danger in Buck.

दूसरी ओर, स्पिट्ज़ को बक में बढ़ते खतरे का आभास हो गया था।

He saw Buck as a threat and a serious challenge to his power.

उन्होंने बक को अपनी सत्ता के लिए एक खतरा और गंभीर चुनौती के रूप में देखा।

He used every chance to snarl and show his sharp teeth.

वह गुर्राने और अपने तीखे दांत दिखाने के हर मौके का फायदा उठाता था।

He was trying to start the deadly fight that had to come.

वह उस घातक लड़ाई को शुरू करने की कोशिश कर रहा था जो होनी ही थी।

Early in the trip, a fight nearly broke out between them.

यात्रा के आरंभ में ही उनके बीच झगड़ा होने की नौबत आ गई।

But an unexpected accident stopped the fight from happening.

लेकिन एक अप्रत्याशित दुर्घटना के कारण लड़ाई रुक गई।

That evening they set up camp on the bitterly cold Lake Le Barge.

उस शाम उन्होंने कड़ाके की ठण्डी लेक ले बार्ज पर शिविर स्थापित किया।

The snow was falling hard, and the wind cut like a knife.

बर्फ़ तेज़ी से गिर रही थी और हवा चाकू की तरह काट रही थी।

The night had come too fast, and darkness surrounded them.

रात बहुत जल्दी आ गयी थी और अँधेरे ने उन्हें घेर लिया था।

They could hardly have chosen a worse place for rest.

उन्होंने आराम करने के लिए इससे ख़राब जगह शायद ही चुनी होगी।

The dogs searched desperately for a place to lie down.

कुत्ते बेचैनी से लेटने के लिए जगह खोज रहे थे।

A tall rock wall rose steeply behind the small group.

छोटे समूह के पीछे एक ऊंची चट्टान की दीवार खड़ी थी।

The tent had been left behind in Dyea to lighten the load.

बोझ हल्का करने के लिए तम्बू को डाया में ही छोड़ दिया गया था।

They had no choice but to make the fire on the ice itself.

उनके पास बर्फ पर ही आग जलाने के अलावा कोई विकल्प नहीं था।

They spread their sleeping robes directly on the frozen lake.

उन्होंने अपने शयन वस्त्र सीधे जमी हुई झील पर बिछा दिये।

A few sticks of driftwood gave them a little bit of fire.

कुछ लकड़ियों से उन्हें थोड़ी सी आग मिल गई।

But the fire was built on the ice, and thawed through it.

लेकिन आग बर्फ पर जलाई गई थी, और उसे पिघलाया गया।

Eventually they were eating their supper in darkness.

अंततः वे अंधेरे में अपना खाना खा रहे थे।

Buck curled up beside the rock, sheltered from the cold wind.

बक ठंडी हवा से बचने के लिए चट्टान के पास लेट गया।

The spot was so warm and safe that Buck hated to move away.

वह स्थान इतना गर्म और सुरक्षित था कि बक को वहां से जाने में नफरत हो रही थी।

But François had warmed the fish and was handing out rations.

लेकिन फ्राँस्वा ने मछली गर्म कर ली थी और राशन बाँट रहा था।

Buck finished eating quickly, and returned to his bed.

बक ने जल्दी से खाना ख़त्म किया और अपने बिस्तर पर वापस आ गया।

But Spitz was now laying where Buck had made his bed.

लेकिन स्पिट्ज़ अब वहीं लेटा था जहाँ बक ने उसका बिस्तर बनाया था।

A low snarl warned Buck that Spitz refused to move.

एक धीमी गुर्राहट ने बक को चेतावनी दी कि स्पिट्ज हिलने से इनकार कर रहा है।

Until now, Buck had avoided this fight with Spitz.

अब तक बक स्पिट्ज़ के साथ इस लड़ाई से बचते रहे थे।

But deep inside Buck the beast finally broke loose.

लेकिन बक के अंदर गहरे में वह राक्षस अंततः मुक्त हो गया।

The theft of his sleeping place was too much to tolerate.

उसके सोने के स्थान की चोरी बर्दाश्त से बाहर थी।

Buck launched himself at Spitz, full of anger and rage.

बक क्रोध और गुस्से से भरकर स्पिट्ज पर झपटा।

Up until not Spitz had thought Buck was just a big dog.

अब तक स्पिट्ज ने यह नहीं सोचा था कि बक एक बड़ा कुत्ता है।

He didn't think Buck had survived through his spirit.

उन्होंने यह नहीं सोचा था कि बक उनकी आत्मा के माध्यम से जीवित बच गया था।

He was expecting fear and cowardice, not fury and revenge.

वह भय और कायरता की अपेक्षा कर रहा था, क्रोध और बदले की नहीं।

François stared as both dogs burst from the ruined nest.

फ्राँस्वा दोनों कुत्तों को उजड़े हुए घोंसले से बाहर निकलते देख रहा था।

He understood at once what had started the wild struggle.

वह तुरन्त समझ गया कि यह भयंकर संघर्ष किस बात से शुरू हुआ था।

"A-a-ah!" François cried out in support of the brown dog.

"आ-आह!" फ्राँस्वा भूरे कुत्ते के समर्थन में चिल्लाया।

"Give him a beating! By God, punish that sneaky thief!"

"उसे खूब पीटा! भगवान की कसम, उस धूर्त चोर को सज़ा दो!"

Spitz showed equal readiness and wild eagerness to fight.

स्पिट्ज़ ने भी लड़ने के लिए समान तत्परता और जंगली उत्सुकता दिखाई।

He cried out in rage while circling fast, seeking an opening.

वह तेजी से चक्कर लगाते हुए, मौका तलाशते हुए गुस्से में चिल्लाया।

Buck showed the same hunger to fight, and the same caution.

बक ने लड़ने की वही भूख और वही सावधानी दिखाई।

He circled his opponent as well, trying to gain the upper hand in battle.

उसने अपने प्रतिद्वंद्वी की भी परिक्रमा की, तथा युद्ध में बढ़त हासिल करने का प्रयास किया।

Then something unexpected happened and changed everything.

तभी कुछ अप्रत्याशित हुआ और सब कुछ बदल गया।

That moment delayed the eventual fight for the leadership.

उस क्षण ने अंततः नेतृत्व के लिए लड़ाई को विलंबित कर दिया।

Many miles of trail and struggle still waited before the end.

अंत से पहले अभी भी कई मील की यात्रा और संघर्ष बाकी था।

Perrault shouted an oath as a club smacked against bone.

जैसे ही एक डंडा हड्डी पर मारा गया, पेरौल्ट ने शपथ ली।

A sharp yelp of pain followed, then chaos exploded all around.

इसके बाद दर्द की तीव्र चीख निकली और फिर चारों ओर अफरा-तफरी मच गई।

Dark shapes moved in camp; wild huskies, starved and fierce.

शिविर में काले रंग की आकृतियाँ घूम रही थीं; जंगली हस्की, भूखे और खूंखार।

Four or five dozen huskies had sniffed the camp from far away.

चार-पांच दर्जन हस्की पक्षी दूर से ही शिविर को सूंघ रहे थे।

They had crept in quietly while the two dogs fought nearby.

वे चुपचाप अंदर घुस आए थे, जबकि पास में दो कुत्ते लड़ रहे थे।

François and Perrault charged, swinging clubs at the invaders.

फ़ाँस्वा और पेरौल्ट ने आक्रमणकारियों पर लाठियाँ भांजते हुए हमला किया।

**The starving huskies showed teeth and fought back in frenzy.**

भूखे-प्यासे हस्की ने अपने दांत दिखाए और उन्मत्त होकर लड़ने लगे।

**The smell of meat and bread had driven them past all fear.**

मांस और रोटी की गंध ने उनका सारा भय दूर कर दिया था।

**Perrault beat a dog that had buried its head in the grub-box.**

पेरौल्ट ने एक कुत्ते को पीटा जिसने अपना सिर भोजन-पेटी में दबा रखा था।

**The blow hit hard, and the box flipped, food spilling out.**

झटका जोर से लगा और बक्सा पलट गया तथा भोजन बाहर गिर गया।

**In seconds, a score of wild beasts tore into the bread and meat.**

कुछ ही सेकंड में दर्जनों जंगली जानवरों ने रोटी और मांस को नोच डाला।

**The men's clubs landed blow after blow, but no dog turned away.**

पुरुषों के क्लबों ने एक के बाद एक कई वार किए, लेकिन कोई भी कुत्ता पीछे नहीं हटा।

**They howled in pain, but fought until no food remained.**

वे दर्द से चिल्लाते रहे, लेकिन तब तक लड़ते रहे जब तक कि भोजन नहीं बचा।

**Meanwhile, the sled-dogs had jumped from their snowy beds.**

इस बीच, स्लेज-कुत्ते अपने बर्फीले बिस्तरों से कूद पड़े थे।

**They were instantly attacked by the vicious hungry huskies.**

उन पर तुरंत ही भूखे खूंखार पक्षियों ने हमला कर दिया।

**Buck had never seen such wild and starved creatures before.**

बक ने पहले कभी ऐसे जंगली और भूखे जीव नहीं देखे थे।

Their skin hung loose, barely hiding their skeletons.

उनकी त्वचा ढीली होकर लटक रही थी, जिससे उनका कंकाल मुश्किल से छिप रहा था।

There was a fire in their eyes, from hunger and madness

उनकी आँखों में भूख और पागलपन की आग थी

There was no stopping them; no resisting their savage rush.

उन्हें रोकना संभव नहीं था; उनकी क्रूर दौड़ का प्रतिरोध करना भी संभव नहीं था।

The sled-dogs were shoved back, pressed against the cliff wall.

स्लेज-कुत्तों को पीछे धकेल दिया गया और उन्हें चट्टान की दीवार से दबा दिया गया।

Three huskies attacked Buck at once, tearing into his flesh.

तीन हस्की ने एक साथ बक पर हमला किया और उसके मांस को नोच डाला।

Blood poured from his head and shoulders, where he'd been cut.

उसके सिर और कंधों से खून बह रहा था, जहां उसे काटा गया था।

The noise filled the camp; growling, yelps, and cries of pain.

शिविर में शोर भर गया; गुर्राहट, चीखें और दर्द भरी चीखें।

Billee cried loudly, as usual, caught in the fray and panic.

हमेशा की तरह, झगड़े और घबराहट में फंसकर बिली जोर-जोर से रोने लगी।

Dave and Solleks stood side by side, bleeding but defiant.

डेव और सोलेक्स एक दूसरे के बगल में खड़े थे, खून बह रहा था लेकिन उनका मनोबल डगमगा रहा था।

Joe fought like a demon, biting anything that came close.

जो एक राक्षस की तरह लड़ रहा था, जो भी उसके करीब आता उसे काट लेता था।

**He crushed a husky's leg with one brutal snap of his jaws.**

उसने अपने जबड़े के एक क्रूर प्रहार से एक हस्की का पैर कुचल दिया।

**Pike jumped on the wounded husky and broke its neck instantly.**

पाइक घायल हस्की पर कूद पड़ा और तुरन्त उसकी गर्दन तोड़ दी।

**Buck caught a husky by the throat and ripped through the vein.**

बक ने एक हस्की का गला पकड़ लिया और उसकी नस फाड़ दी।

**Blood sprayed, and the warm taste drove Buck into a frenzy.**

खून छिड़का, और गर्म स्वाद ने बक को उन्माद में डाल दिया।

**He hurled himself at another attacker without hesitation.**

उसने बिना किसी हिचकिचाहट के दूसरे हमलावर पर हमला कर दिया।

**At the same moment, sharp teeth dug into Buck's own throat.**

उसी क्षण, बक के गले में उसके तीखे दांत गड़ गये।

**Spitz had struck from the side, attacking without warning.**

स्पिट्ज़ ने बिना किसी चेतावनी के, बगल से हमला कर दिया था।

**Perrault and François had defeated the dogs stealing the food.**

पेरौल्ट और फ़्राँस्वा ने भोजन चुराने वाले कुत्तों को हरा दिया था।

**Now they rushed to help their dogs fight back the attackers.**

अब वे हमलावरों से लड़ने के लिए अपने कुत्तों की मदद करने के लिए दौड़े।

The starving dogs retreated as the men swung their clubs.

जब पुरुषों ने अपनी लाठियां घुमानी शुरू कीं तो भूखे कुत्ते पीछे हट गए।

Buck broke free from the attack, but the escape was brief.

बक हमले से बच निकला, लेकिन वह बचकर नहीं निकल सका।

The men ran to save their dogs, and the huskies swarmed again.

लोग अपने कुत्तों को बचाने के लिए भागे, और हस्की फिर से झुंड में आ गए।

Billee, frightened into bravery, leapt into the pack of dogs.

डर के मारे बिली ने हिम्मत जुटाई और कुत्तों के झुंड में कूद पड़ी।

But then he fled across the ice, in raw terror and panic.

लेकिन फिर वह भय और घबराहट में बर्फ के पार भाग गया।

Pike and Dub followed close behind, running for their lives.

पाइक और डब भी अपनी जान बचाने के लिए पीछे-पीछे भागे।

The rest of the team broke and scattered, following after them.

टीम के बाकी सदस्य भी टूटकर बिखर गए और उनके पीछे चले गए।

Buck gathered his strength to run, but then saw a flash.

बक ने भागने के लिए अपनी ताकत जुटाई, लेकिन तभी उसे एक चमक दिखाई दी।

Spitz lunged at Buck's side, trying to knock him to the ground.

स्पिट्ज़ ने बक की ओर झपट्टा मारा और उसे ज़मीन पर गिराने की कोशिश की।

Under that mob of huskies, Buck would have had no escape.

हस्कीज़ की उस भीड़ के नीचे, बक के पास बचने का कोई रास्ता नहीं था।

But Buck stood firm and braced for the blow from Spitz.

लेकिन बक दृढ़ रहे और स्पिट्ज़ के प्रहार का सामना करने के लिए तैयार रहे।

Then he turned and ran out onto the ice with the fleeing team.

फिर वह मुड़ा और भागती हुई टीम के साथ बर्फ पर भाग गया।


Later, the nine sled-dogs gathered in the shelter of the woods.

बाद में, नौ स्लेज-कुत्ते जंगल की शरण में एकत्र हुए।

No one chased them anymore, but they were battered and wounded.

अब किसी ने उनका पीछा नहीं किया, लेकिन वे बुरी तरह घायल हो गये।

Each dog had wounds; four or five deep cuts on every body.

प्रत्येक कुत्ते के शरीर पर चार या पांच गहरे घाव थे।

Dub had an injured hind leg and struggled to walk now.

डब का पिछला पैर घायल हो गया था और अब उसे चलने में कठिनाई हो रही थी।

Dolly, the newest dog from Dyea, had a slashed throat.

डाया की सबसे नई कुतिया डॉली का गला कटा हुआ था।

Joe had lost an eye, and Billee's ear was cut to pieces

जो की एक आंख चली गई थी और बिली का कान टुकड़ों में कट गया था

All the dogs cried in pain and defeat through the night.

सभी कुत्ते रात भर दर्द और हार से रोते रहे।

At dawn they crept back to camp, sore and broken.

भोर होते ही वे थके हुए और टूटे हुए, धीरे-धीरे शिविर की ओर लौट आए।

The huskies had vanished, but the damage had been done.

हस्कीज़ गायब हो गए थे, लेकिन नुकसान हो चुका था।

Perrault and François stood in foul moods over the ruin.

पेराल्ट और फ़्राँस्वा खंडहर को देखकर दुखी हो गए।

Half of the food was gone, snatched by the hungry thieves.

आधा खाना भूखे चोरों ने छीन लिया।

The huskies had torn through sled bindings and canvas.

हस्कीज़ ने स्लेज की बाइंडिंग और कैनवास को फाड़ दिया था।

Anything with a smell of food had been devoured completely.

भोजन की गंध वाली हर चीज को पूरी तरह खा लिया गया था।

They ate a pair of Perrault's moose-hide traveling boots.

उन्होंने पेरौल्ट के मूस-चमड़े से बने यात्रा के जूतों की एक जोड़ी खा ली।

They chewed leather reis and ruined straps beyond use.

वे चमड़े की रीस चबाते थे और पट्टियों को इतना खराब कर देते थे कि उनका कोई उपयोग नहीं रह जाता था।

François stopped staring at the torn lash to check the dogs.

फ़्राँस्वा ने कुत्तों की जाँच करने के लिए फटे हुए कोड़े को देखना बंद कर दिया।

"Ah, my friends," he said, his voice low and filled with worry.

"आह, मेरे दोस्तों," उसने कहा, उसकी आवाज़ धीमी और चिंता से भरी हुई थी।

"Maybe all these bites will turn you into mad beasts."

"हो सकता है कि ये सारे काटने तुम्हें पागल जानवर बना दें।"

"Maybe all mad dogs, sacredam! What do you think, Perrault?"

"शायद सभी पागल कुत्ते हैं, सेक्रेडम! तुम क्या सोचते हो, पेरौल्ट?"

Perrault shook his head, eyes dark with concern and fear.

पेरौल्ट ने अपना सिर हिलाया, उनकी आंखें चिंता और भय से काली हो गयीं।

Four hundred miles still lay between them and Dawson.

उनके और डावसन के बीच अभी भी चार सौ मील की दूरी थी।

Dog madness now could destroy any chance of survival.

कुत्तों का पागलपन अब जीवित रहने की किसी भी संभावना को नष्ट कर सकता है।

They spent two hours swearing and trying to fix the gear.

उन्होंने दो घंटे गाली-गलौज और गियर ठीक करने में बिता दिए।

The wounded team finally left the camp, broken and defeated.

घायल टीम अंततः टूटी हुई और पराजित होकर शिविर से बाहर निकल गई।

This was the hardest trail yet, and each step was painful.

यह अब तक का सबसे कठिन रास्ता था और हर कदम कष्टदायक था।

The Thirty Mile River had not frozen, and was rushing wildly.

थर्टी माइल नदी जमी नहीं थी, तथा वह तेजी से बह रही थी।

Only in calm spots and swirling eddies did ice manage to hold.

केवल शांत स्थानों और घुमावदार भँवरों में ही बर्फ जमी रहती है।

Six days of hard labor passed until the thirty miles were done.

तीस मील की दूरी पूरी होने तक छह दिन तक कड़ी मेहनत करनी पड़ी।

Each mile of the trail brought danger and the threat of death.

रास्ते का प्रत्येक मील खतरे और मौत का खतरा लेकर आता था।

The men and dogs risked their lives with every painful step.

पुरुषों और कुत्तों ने हर दर्दनाक कदम उठाते हुए अपनी जान जोखिम में डाली।

Perrault broke through thin ice bridges a dozen different times.

पेरौल्ट ने एक दर्जन बार पतली बर्फ के पुल को तोड़ा।

He carried a pole and let it fall across the hole his body made.

उसने एक डंडा उठाया और उसे अपने शरीर से बने गड्ढे पर गिरा दिया।

More than once did that pole save Perrault from drowning.

एक से अधिक बार उस खंभे ने पेरौल्ट को डूबने से बचाया।

The cold snap held firm, the air was fifty degrees below zero.

ठंड का प्रकोप जारी रहा, हवा का तापमान शून्य से पचास डिग्री नीचे था।

Every time he fell in, Perrault had to light a fire to survive.

हर बार जब वह पानी में गिरता था, तो जीवित रहने के लिए पेरौल्ट को आग जलानी पड़ती थी।

Wet clothing froze fast, so he dried them near blazing heat.

गीले कपड़े जल्दी जम जाते थे, इसलिए वह उन्हें तेज गर्मी में सुखाता था।

No fear ever touched Perrault, and that made him a courier.

पेरौल्ट को कभी भी किसी प्रकार का भय नहीं रहा और इसी डर ने उन्हें कूरियर बना दिया।

He was chosen for danger, and he met it with quiet resolve.

उन्हें खतरे के लिए चुना गया था, और उन्होंने इसका सामना शांत संकल्प के साथ किया।

He pressed forward into wind, his shriveled face frostbitten.

वह हवा में आगे बढ़ा, उसका मुरझाया हुआ चेहरा बर्फ से जकड़ा हुआ था।

From faint dawn to nightfall, Perrault led them onward.

भोर से लेकर शाम तक, पेरौल्ट ने उन्हें आगे बढ़ाया।

He walked on narrow rim ice that cracked with every step.

वह संकरी बर्फ पर चला जो हर कदम पर टूट रही थी।

They dared not stop—each pause risked a deadly collapse.

उनमें रुकने की हिम्मत नहीं थी - प्रत्येक विराम से घातक पतन का खतरा था।

One time the sled broke through, pulling Dave and Buck in.

एक बार स्लेज टूट गई और डेव और बक भी उसमें फंस गए।

By the time they were dragged free, both were near frozen.

जब तक उन्हें बाहर निकाला गया, दोनों लगभग जम चुके थे।

The men built a fire quickly to keep Buck and Dave alive.

बक और डेव को जीवित रखने के लिए लोगों ने तुरंत आग जलाई।

The dogs were coated in ice from nose to tail, stiff as carved wood.

कुत्ते नाक से लेकर पूँछ तक बर्फ से ढके हुए थे, नक्काशीदार लकड़ी की तरह सख्त।

The men ran them in circles near the fire to thaw their bodies.

पुरुषों ने उनके शरीर को पिघलाने के लिए उन्हें आग के पास गोल-गोल घुमाया।

They came so close to the flames that their fur was singed.

वे आग की लपटों के इतने करीब आ गए कि उनका फर झुलस गया।

Spitz broke through the ice next, dragging in the team behind him.

स्पिट्ज़ ने अगली बार बर्फ को तोड़ दिया और टीम को अपने पीछे खींच लिया।

The break reached all the way up to where Buck was pulling.

ब्रेक उस स्थान तक पहुंच गया जहां बक खींच रहा था।

Buck leaned back hard, paws slipping and trembling on the edge.

बक ज़ोर से पीछे झुक गया, उसके पंजे फिसल रहे थे और किनारे पर काँप रहे थे।

Dave also strained backward, just behind Buck on the line.

डेव भी पीछे की ओर झुक गया, लाइन पर बक के ठीक पीछे।

François hauled on the sled, his muscles cracking with effort.

फ्राँस्वा स्लेज को खींच रहा था, प्रयास के कारण उसकी मांसपेशियाँ टूट रही थीं।

Another time, rim ice cracked before and behind the sled.

एक अन्य बार, स्लेज के आगे और पीछे रिम की बर्फ टूट गई।

They had no way out except to climb a frozen cliff wall.

उनके पास जमी हुई चट्टान की दीवार पर चढ़ने के अलावा कोई रास्ता नहीं था।

**Perrault somehow climbed the wall; a miracle kept him alive.**

पेरौल्ट किसी तरह दीवार पर चढ़ गया; चमत्कार से वह जीवित बच गया।

**François stayed below, praying for the same kind of luck.**

फ़्राँस्वा नीचे ही रुक गया और उसी तरह के भाग्य की प्रार्थना करने लगा।

**They tied every strap, lashing, and trace into one long rope.**

उन्होंने हर पट्टा, बंधन और निशान को एक लम्बी रस्सी में बाँध दिया।

**The men hauled each dog up, one at a time to the top.**

पुरुषों ने एक-एक करके प्रत्येक कुत्ते को ऊपर खींच लिया।

**François climbed last, after the sled and the entire load.**

फ्रांकोइस स्लेज और पूरे सामान के बाद सबसे आखिर में चढ़ा।

**Then began a long search for a path down from the cliffs.**

फिर चट्टानों से नीचे उतरने के लिए रास्ते की लंबी खोज शुरू हुई।

**They finally descended using the same rope they had made.**

अंततः वे उसी रस्सी का उपयोग करके नीचे उतरे जो उन्होंने बनाई थी।

**Night fell as they returned to the riverbed, exhausted and sore.**

रात होने पर वे थके हुए और दर्द से पीड़ित होकर नदी के किनारे लौटे।

**They had taken a full day to cover only a quarter of a mile.**

उन्हें केवल एक चौथाई मील की दूरी तय करने में पूरा दिन लग गया।

**By the time they reached the Hootalinqua, Buck was worn out.**

जब वे हूटालिंक्वा पहुंचे तो बक पूरी तरह थक चुका था।

The other dogs suffered just as badly from the trail conditions.

अन्य कुत्तों को भी ट्रेल की परिस्थितियों के कारण उतनी ही बुरी तरह से कष्ट सहना पड़ा।

But Perrault needed to recover time, and pushed them on each day.

लेकिन पेरौल्ट को समय की बचत करनी थी और उन्होंने प्रत्येक दिन उन्हें आगे बढ़ाया।

The first day they traveled thirty miles to Big Salmon.

पहले दिन वे बिग सैल्मन तक तीस मील की यात्रा की।

The next day they travelled thirty-five miles to Little Salmon.

अगले दिन वे पैंतीस मील की यात्रा करके लिटिल सैल्मन पहुंचे।

On the third day they pushed through forty long frozen miles.

तीसरे दिन वे चालीस मील लम्बी बर्फीली सड़क पार कर आगे बढ़े।

By then, they were nearing the settlement of Five Fingers.

तब तक वे फाइव फिंगर्स के समझौते के करीब पहुंच चुके थे।


Buck's feet were softer than the hard feet of native huskies.

बक के पैर देशी हस्की के कठोर पैरों की तुलना में अधिक मुलायम थे।

His paws had grown tender over many civilized generations.

कई सभ्य पीढ़ियों के दौरान उसके पंजे कोमल हो गए थे।

Long ago, his ancestors had been tamed by river men or hunters.

बहुत समय पहले, उसके पूर्वजों को नदी के लोगों या शिकारियों द्वारा पालतू बना लिया गया था।

Every day Buck limped in pain, walking on raw, aching paws.

हर दिन बक दर्द से लंगड़ाता हुआ, कच्चे, दुखते पंजों पर चलता था।

At camp, Buck dropped like a lifeless form upon the snow.

शिविर में, बक बर्फ पर एक निर्जीव शरीर की तरह गिर पड़ा।

Though starving, Buck did not rise to eat his evening meal.

भूख से व्याकुल होने के बावजूद, बक अपना शाम का खाना खाने के लिए नहीं उठा।

François brought Buck his ration, laying fish by his muzzle.

फ़्राँस्वा बक के लिए राशन लेकर आया, और उसके थूथन के पास मछलियाँ रख दीं।

Each night the driver rubbed Buck's feet for half an hour.

प्रत्येक रात ड्राइवर बक के पैरों को आधे घंटे तक रगड़ता था।

François even cut up his own moccasins to make dog footwear.

फ़्राँस्वा ने तो कुत्तों के लिए जूते बनाने के लिए अपने मोकासिन भी स्वयं काटे।

Four warm shoes gave Buck a great and welcome relief.

चार गर्म जूतों ने बक को बहुत राहत दी।

One morning, François forgot the shoes, and Buck refused to rise.

एक सुबह, फ़्राँस्वा जूते भूल गया, और बक ने उठने से इनकार कर दिया।

Buck lay on his back, feet in the air, waving them pitifully.

बक पीठ के बल लेटा था, पैर हवा में थे और दयनीय ढंग से उन्हें हिला रहा था।

Even Perrault grinned at the sight of Buck's dramatic plea.

बक की नाटकीय दलील को देखकर पेरौल्ट भी मुस्कुरा उठे।

Soon Buck's feet grew hard, and the shoes could be discarded.

जल्द ही बक के पैर सख्त हो गए और जूते फेंकने पड़े।

At Pelly, during harness time, Dolly let out a dreadful howl.

पेली में, हार्नेस समय के दौरान, डॉली ने एक भयानक चीख निकाली।

The cry was long and filled with madness, shaking every dog.

चीख बहुत लंबी और पागलपन से भरी थी, जिससे हर कुत्ता कांप रहा था।

Each dog bristled in fear without knowing the reason.

प्रत्येक कुत्ता बिना कारण जाने ही डर से कांप उठा।

Dolly had gone mad and hurled herself straight at Buck.

डॉली पागल हो गई थी और सीधे बक पर झपटी।

Buck had never seen madness, but horror filled his heart.

बक ने कभी पागलपन नहीं देखा था, लेकिन उसका दिल भय से भर गया था।

With no thought, he turned and fled in absolute panic.

बिना कुछ सोचे-समझे वह घबराकर मुड़ा और भाग गया।

Dolly chased him, her eyes wild, saliva flying from her jaws.

डॉली ने उसका पीछा किया, उसकी आँखें पागलों जैसी थीं, उसके जबड़ों से लार बह रही थी।

She kept right behind Buck, never gaining and never falling back.

वह बक के ठीक पीछे रही, न तो कभी आगे बढ़ी और न ही कभी पीछे हटी।

Buck ran through woods, down the island, across jagged ice.

बक जंगलों से होते हुए, द्वीप के नीचे, दांतेदार बर्फ पर दौड़ा।

He crossed to an island, then another, circling back to the river.

वह एक द्वीप पार कर गया, फिर दूसरे द्वीप पर, और वापस नदी की ओर घूम गया।

Still Dolly chased him, her growl close behind at every step.

फिर भी डॉली उसका पीछा करती रही, हर कदम पर उसकी गुर्राहट उसके पीछे-पीछे आती रही।

**Buck could hear her breath and rage, though he dared not look back.**

बक उसकी सांस और क्रोध को सुन सकता था, हालांकि वह पीछे मुड़कर देखने की हिम्मत नहीं कर सका।

**François shouted from afar, and Buck turned toward the voice.**

फ़्राँस्वा ने दूर से चिल्लाकर कहा, और बक उस आवाज़ की ओर मुड़ा।

**Still gasping for air, Buck ran past, placing all hope in François.**

अभी भी सांस के लिए हांफते हुए, बक भाग गया, और सारी उम्मीदें फ्रांकोइस पर टिका दीं।

**The dog-driver raised an axe and waited as Buck flew past.**

कुत्ते के चालक ने कुल्हाड़ी उठाई और बक के उड़कर पास आने का इंतजार करने लगा।

**The axe came down fast and struck Dolly's head with deadly force.**

कुल्हाड़ी तेजी से नीचे आई और डॉली के सिर पर घातक प्रहार किया।

**Buck collapsed near the sled, wheezing and unable to move.**

बक स्लेज के पास ही गिर पड़ा, उसे सांस लेने में तकलीफ हो रही थी और वह हिलने-डुलने में असमर्थ था।

**That moment gave Spitz his chance to strike an exhausted foe.**

उस क्षण ने स्पिट्ज़ को एक थके हुए दुश्मन पर हमला करने का मौका दिया।

**Twice he bit Buck, ripping flesh down to the white bone.**

उसने बक को दो बार काटा, जिससे उसका मांस सफेद हड्डी तक फट गया।

**François's whip cracked, striking Spitz with full, furious force.**

फ्राँस्वा का चाबुक फटा और उसने स्पिट्ज़ पर पूरी, उग्र ताकत से प्रहार किया।

**Buck watched with joy as Spitz received his harshest beating yet.**

बक ने खुशी से देखा कि स्पिट्ज़ को अब तक की सबसे बुरी पिटाई दी गई।

**"He's a devil, that Spitz," Perrault muttered darkly to himself.**

"वह स्पिट्ज शैतान है," पेरौल्ट ने मन ही मन कहा।

**"Someday soon, that cursed dog will kill Buck—I swear it."**

"जल्द ही किसी दिन, वह शापित कुत्ता बक को मार डालेगा - मैं कसम खाता हूँ।"

**"That Buck has two devils in him," François replied with a nod.**

"उस बक में दो शैतान हैं," फ्राँस्वा ने सिर हिलाकर जवाब दिया।

**"When I watch Buck, I know something fierce waits in him."**

"जब मैं बक को देखता हूं, तो मुझे पता चलता है कि उसके अंदर कुछ भयंकर चीज छिपी हुई है।"

**"One day, he'll get mad as fire and tear Spitz to pieces."**

"एक दिन, वह आग की तरह क्रोधित हो जाएगा और स्पिट्ज़ को टुकड़े-टुकड़े कर देगा।"

**"He'll chew that dog up and spit him on the frozen snow."**

"वह उस कुत्ते को चबाकर जमी हुई बर्फ पर थूक देगा।"

**"Sure as anything, I know this deep in my bones."**

"निश्चित रूप से, मैं इसे अपनी हड्डियों की गहराई में जानता हूं।"

From that moment forward, the two dogs were locked in war.

उस क्षण से दोनों कुत्तों के बीच युद्ध छिड़ गया।

Spitz led the team and held power, but Buck challenged that.

स्पिट्ज़ ने टीम का नेतृत्व किया और शक्ति बनाए रखी, लेकिन बक ने उसे चुनौती दी।

Spitz saw his rank threatened by this odd Southland stranger.

स्पिट्ज़ को लगा कि इस अजीब साउथलैंड अजनबी के कारण उनकी रैंक को खतरा हो सकता है।

Buck was unlike any southern dog Spitz had known before.

बक किसी भी दक्षिणी कुत्ते से भिन्न था जिसे स्पिट्ज़ ने पहले कभी नहीं देखा था।

Most of them failed—too weak to live through cold and hunger.

उनमें से अधिकतर असफल हो गये - वे इतने कमज़ोर थे कि ठंड और भूख से बच नहीं सके।

They died fast under labor, frost, and the slow burn of famine.

वे श्रम, ठंड और अकाल की धीमी मार से तेजी से मर गए।

Buck stood apart—stronger, smarter, and more savage each day.

बक अलग खड़ा था - प्रत्येक दिन अधिक मजबूत, अधिक चतुर और अधिक क्रूर होता जा रहा था।

He thrived on hardship, growing to match the northern huskies.

वह कठिनाइयों में भी फला-फूला और उत्तरी हस्कीज के बराबर विकसित हुआ।

**Buck had strength, wild skill, and a patient, deadly instinct.**

बक में ताकत थी, अदम्य कौशल था, तथा धैर्यवान, घातक प्रवृत्ति थी।

**The man with the club had beaten rashness out of Buck.**

डंडे वाले आदमी ने बक को पीट-पीटकर उसकी जल्दबाजी खत्म कर दी थी।

**Blind fury was gone, replaced by quiet cunning and control.**

अंध क्रोध समाप्त हो गया, और उसकी जगह शांत चालाकी और नियंत्रण ने ले ली।

**He waited, calm and primal, watching for the right moment.**

वह शांत और सहज भाव से सही समय की प्रतीक्षा करता रहा।

**Their fight for command became unavoidable and clear.**

कमान के लिए उनकी लड़ाई अपरिहार्य और स्पष्ट हो गई।

**Buck desired leadership because his spirit demanded it.**

बक नेतृत्व चाहते थे क्योंकि उनकी आत्मा इसकी मांग करती थी।

**He was driven by the strange pride born of trail and harness.**

वह पगडंडी और लगाम से पैदा हुए अजीब गर्व से प्रेरित था।

**That pride made dogs pull till they collapsed on the snow.**

इस गर्व के कारण कुत्ते तब तक खींचते रहे जब तक वे बर्फ पर गिर नहीं पड़े।

**Pride lured them into giving all the strength they had.**

अहंकार ने उन्हें अपनी पूरी ताकत झोंकने के लिए प्रेरित किया।

**Pride can lure a sled-dog even to the point of death.**

घमंड एक स्लेज-कुत्ते को मौत के मुंह तक भी ले जा सकता है।

**Losing the harness left dogs broken and without purpose.**

पट्टा खोने से कुत्ते टूट गए और उनका कोई उद्देश्य नहीं रहा।

The heart of a sled-dog can be crushed by shame when they retire.

एक स्लेज-कुत्ते का दिल तब शर्म से कुचला जा सकता है जब वे सेवानिवृत्त होते हैं।

Dave lived by that pride as he dragged the sled from behind.

डेव उस गर्व के साथ जी रहा था क्योंकि वह स्लेज को पीछे से खींच रहा था।

Solleks, too, gave his all with grim strength and loyalty.

सोलेक्स ने भी पूरी ताकत और निष्ठा के साथ अपना सर्वस्व बलिदान कर दिया।

Each morning, pride turned them from bitter to determined.

प्रत्येक सुबह, गर्व उन्हें कटुता से दृढ़ निश्चय में बदल देता था।

They pushed all day, then dropped silent at the camp's end.

वे पूरे दिन दबाव बनाते रहे, फिर शिविर के अंत में चुप हो गए।

That pride gave Spitz the strength to beat shirkers into line.

उस गर्व ने स्पिट्ज़ को दूसरों को हराकर लाइन में आने की ताकत दी।

Spitz feared Buck because Buck carried that same deep pride.

स्पिट्ज बक से डरता था क्योंकि बक भी उसी तरह का गहरा गर्व रखता था।

Buck's pride now stirred against Spitz, and he did not stop.

बक का अभिमान अब स्पिट्ज़ के विरुद्ध जाग उठा, और वह रुका नहीं।

Buck defied Spitz's power and blocked him from punishing dogs.

बक ने स्पिट्ज़ की शक्ति का विरोध किया और उसे कुत्तों को दण्ड देने से रोक दिया।

When others failed, Buck stepped between them and their leader.

जब अन्य लोग असफल हो गए, तो बक उनके और उनके नेता के बीच आ गया।

He did this with intent, making his challenge open and clear.

उन्होंने यह काम जानबूझकर किया तथा अपनी चुनौती को खुला और स्पष्ट रखा।

On one night heavy snow blanketed the world in deep silence.

एक रात भारी बर्फबारी ने पूरे विश्व को गहरे सन्नाटे में ढक दिया।

The next morning, Pike, lazy as ever, did not rise for work.

अगली सुबह, पाइक हमेशा की तरह आलसी था, और काम पर नहीं गया।

He stayed hidden in his nest beneath a thick layer of snow.

वह बर्फ की मोटी परत के नीचे अपने घोंसले में छिपा रहा।

François called out and searched, but could not find the dog.

फ़्रॉस्वा ने आवाज़ लगाई और खोजा, लेकिन कुत्ता नहीं मिला।

Spitz grew furious and stormed through the snow-covered camp.

स्पिट्ज़ क्रोधित हो गया और बर्फ से ढके शिविर में घुस गया।

He growled and sniffed, digging madly with blazing eyes.

वह गुर्राया और सूँघने लगा, और अपनी जलती आँखों से पागलों की तरह खोदने लगा।

His rage was so fierce that Pike shook under the snow in fear.

उसका क्रोध इतना भयंकर था कि पाइक डर के मारे बर्फ के नीचे कांपने लगा।

When Pike was finally found, Spitz lunged to punish the hiding dog.

जब अंततः पाइक मिल गया, तो स्पिट्ज़ ने छिपे हुए कुत्ते को दण्ड देने के लिए उस पर हमला किया।

But Buck sprang between them with a fury equal to Spitz's own.

लेकिन बक स्पिट्ज के बराबर क्रोध के साथ उनके बीच कूद पड़ा।

The attack was so sudden and clever that Spitz fell off his feet.

यह हमला इतना अचानक और चतुराईपूर्ण था कि स्पिट्ज़ अपने पैरों से गिर पड़ा।

Pike, who had been shaking, took courage from this defiance.

पाइक, जो काँप रहा था, को इस अवज्ञा से साहस मिला।

He leapt on the fallen Spitz, following Buck's bold example.

वह बक के साहसिक उदाहरण का अनुसरण करते हुए गिरे हुए स्पिट्ज पर कूद पड़ा।

Buck, no longer bound by fairness, joined the strike on Spitz.

बक, अब निष्पक्षता से बंधा हुआ नहीं था, इसलिए स्पिट्ज पर हमले में शामिल हो गया।

François, amused yet firm in discipline, swung his heavy lash.

फ्रांकोइस ने प्रसन्नतापूर्वक तथा अनुशासन में दृढ़ रहते हुए अपना भारी चाबुक घुमाया।

He struck Buck with all his strength to break up the fight.

उसने लड़ाई रोकने के लिए बक पर पूरी ताकत से प्रहार किया।

Buck refused to move and stayed atop the fallen leader.

बक ने हिलने से इनकार कर दिया और गिरे हुए नेता के ऊपर ही बैठा रहा।

**François then used the whip's handle, hitting Buck hard.**

इसके बाद फ्रांकोइस ने चाबुक के हैंडल का इस्तेमाल किया और बक पर जोरदार प्रहार किया।

**Staggering from the blow, Buck fell back under the assault.**

वार से लड़खड़ाते हुए बक पीछे गिर पड़ा।

**François struck again and again while Spitz punished Pike.**

फ़्राँस्वा ने बार-बार प्रहार किया जबकि स्पिट्ज़ ने पाइक को दंडित किया।

**Days passed, and Dawson City grew nearer and nearer.**

दिन बीतते गए और डावसन सिटी नजदीक आती गई।

**Buck kept interfering, slipping between Spitz and other dogs.**

बक लगातार हस्तक्षेप करता रहा, स्पिट्ज और अन्य कुत्तों के बीच से फिसलता रहा।

**He chose his moments well, always waiting for François to leave.**

उन्होंने अपने क्षणों का चयन बहुत अच्छे से किया, हमेशा फ्रांकोइस के जाने का इंतजार किया।

**Buck's quiet rebellion spread, and disorder took root in the team.**

बक का शांत विद्रोह फैल गया और टीम में अव्यवस्था फैल गई।

**Dave and Solleks stayed loyal, but others grew unruly.**

डेव और सोलेक्स वफादार बने रहे, लेकिन अन्य लोग अनियंत्रित हो गए।

**The team grew worse—restless, quarrelsome, and out of line.**

टीम की हालत खराब होती गई - बेचैन, झगड़ालू और अनुशासनहीन।
**Nothing worked smoothly anymore, and fights became common.**
अब कोई भी काम सुचारू रूप से नहीं चलता था और झगड़े आम बात हो गई थी।
**Buck stayed at the heart of the trouble, always provoking unrest.**
बक हमेशा परेशानी के केंद्र में रहा और हमेशा अशांति भड़काता रहा।
**François stayed alert, afraid of the fight between Buck and Spitz.**
बक और स्पिट्ज के बीच लड़ाई के डर से फ़्राँस्वा सतर्क रहा।
**Each night, scuffles woke him, fearing the beginning finally arrived.**
हर रात झगड़े से वह जाग जाता था, इस डर से कि कहीं वह दिन आ ही न जाए।
**He leapt from his robe, ready to break up the fight.**
वह लड़ाई को रोकने के लिए अपने वस्त्र से उछल पड़ा।
**But the moment never came, and they reached Dawson at last.**
लेकिन वह क्षण कभी नहीं आया और अंततः वे डाउसन पहुंच गये।
**The team entered the town one bleak afternoon, tense and quiet.**
टीम एक उदास, तनावपूर्ण और शांत दोपहर में शहर में दाखिल हुई।
**The great battle for leadership still hung in the frozen air.**
नेतृत्व के लिए महान लड़ाई अभी भी ठंडी हवा में लटकी हुई है।
**Dawson was full of men and sled-dogs, all busy with work.**

डावसन में लोग और स्लेज-कुत्ते भरे हुए थे, सभी काम में व्यस्त थे।

Buck watched the dogs pull loads from morning until night.

बक सुबह से लेकर रात तक कुत्तों को बोझ खींचते देखता रहा।

They hauled logs and firewood, freighted supplies to the mines.

वे लकड़ियाँ और जलाऊ लकड़ी ढोते थे, तथा खदानों तक रसद पहुँचाते थे।

Where horses once worked in the Southland, dogs now labored.

साउथलैंड में जहां पहले घोड़े काम करते थे, अब कुत्ते काम करते हैं।

Buck saw some dogs from the South, but most were wolf-like huskies.

बक ने दक्षिण से आये कुछ कुत्तों को देखा, लेकिन उनमें से अधिकांश भेड़िये जैसे हस्की थे।

At night, like clockwork, the dogs raised their voices in song.

रात को, घड़ी की सुई की तरह, कुत्ते गाने की आवाजें ऊंची करते थे।

At nine, at midnight, and again at three, the singing began.

नौ बजे, आधी रात को और फिर तीन बजे गाना शुरू हुआ।

Buck loved joining their eerie chant, wild and ancient in sound.

बक को उनके भयानक मंत्रोच्चार में शामिल होना अच्छा लगता था, जो जंगली और प्राचीन ध्वनि वाला था।

The aurora flamed, stars danced, and snow blanketed the land.

ध्रुवीय ज्योति प्रज्वलित हुई, तारे नाचने लगे, तथा धरती बर्फ से ढक गई।

The dogs' song rose as a cry against silence and bitter cold.

कुत्तों का गाना सन्नाटे और कड़ाके की ठंड के खिलाफ चीख के रूप में उभरा।

But their howl held sorrow, not defiance, in every long note.

लेकिन उनकी चीख़ के हर लंबे स्वर में विरोध नहीं, बल्कि दुख छिपा था।

Each wailing cry was full of pleading; the burden of life itself.

हर करुण क्रंदन याचना से भरा था; जीवन का बोझ था।

That song was old—older than towns, and older than fires

वह गीत पुराना था - शहरों से भी पुराना, और आग से भी पुराना

That song was more ancient even than the voices of men.

वह गीत मनुष्यों की आवाजों से भी अधिक प्राचीन था।

It was a song from the young world, when all songs were sad.

यह युवा दुनिया का एक गीत था, जब सभी गीत दुःखद होते थे।

The song carried sorrow from countless generations of dogs.

इस गीत में कुत्तों की अनगिनत पीढ़ियों का दुःख समाहित था।

Buck felt the melody deeply, moaning from pain rooted in the ages.

बक ने धुन को गहराई से महसूस किया, और सदियों पुरानी पीड़ा से कराह उठा।

He sobbed from a grief as old as the wild blood in his veins.

वह उस दुःख से सिसक उठा जो उसकी रगों में बहते खून जितना पुराना था।

The cold, the dark, and the mystery touched Buck's soul.

ठण्ड, अँधेरा और रहस्य ने बक की आत्मा को छू लिया।

That song proved how far Buck had returned to his origins.

उस गीत ने सिद्ध कर दिया कि बक अपने मूल की ओर कितनी दूर लौट आया था।

Through snow and howling he had found the start of his own life.

बर्फ और चीख-पुकार के बीच उसने अपने जीवन की शुरुआत पा ली थी।


Seven days after arriving in Dawson, they set off once again.

डाउसन पहुंचने के सात दिन बाद वे एक बार फिर रवाना हुए।

The team dropped from the Barracks down to the Yukon Trail.

टीम बैरकों से नीचे युकोन ट्रेल तक उतरी।

They began the journey back toward Dyea and Salt Water.

उन्होंने डाया और साल्ट वाटर की ओर वापस यात्रा शुरू की।

Perrault carried dispatches even more urgent than before.

पेरौल्ट पहले से भी अधिक जरूरी संदेश लेकर आए।

He was also seized by trail pride and aimed to set a record.

उनमें भी ट्रेल के प्रति गर्व की भावना थी और उन्होंने एक रिकार्ड स्थापित करने का लक्ष्य रखा।

This time, several advantages were on Perrault's side.

इस बार, कई लाभ पेरौल्ट के पक्ष में थे।

The dogs had rested for a full week and regained their strength.

कुत्तों ने पूरे एक सप्ताह तक आराम किया और अपनी ताकत वापस पा ली।

The trail they had broken was now hard-packed by others.

जिस रास्ते को उन्होंने तोड़ा था, उसे अब दूसरों ने पक्का कर दिया है।

In places, police had stored food for dogs and men alike.

कई स्थानों पर पुलिस ने कुत्तों और मनुष्यों दोनों के लिए भोजन का भंडारण किया था।

Perrault traveled light, moving fast with little to weigh him down.

पेरौल्ट हल्के सामान के साथ तेजी से यात्रा करते थे, उनका वजन बहुत कम था।

They reached Sixty-Mile, a fifty-mile run, by the first night.

वे पहली रात तक पचास मील की दौड़, सिक्सटी-माइल, तक पहुंच गये।

On the second day, they rushed up the Yukon toward Pelly.

दूसरे दिन, वे युकोन से पेली की ओर बढ़े।

But such fine progress came with much strain for François.

लेकिन इतनी अच्छी प्रगति फ़्राँस्वा के लिए बहुत तनाव लेकर आई।

Buck's quiet rebellion had shattered the team's discipline.

बक के शांत विद्रोह ने टीम के अनुशासन को तहस-नहस कर दिया था।

They no longer pulled together like one beast in the reins.

वे अब एक जानवर की तरह एक साथ नहीं खींचे जाते थे।

Buck had led others into defiance through his bold example.

बक ने अपने साहसिक उदाहरण के माध्यम से दूसरों को विद्रोह की ओर प्रेरित किया था।

Spitz's command was no longer met with fear or respect.

स्पिट्ज़ के आदेश को अब भय या सम्मान के साथ नहीं देखा जाता था।

The others lost their awe of him and dared to resist his rule.

अन्य लोगों का उससे भय समाप्त हो गया और उन्होंने उसके शासन का विरोध करने का साहस किया।

One night, Pike stole half a fish and ate it under Buck's eye.

एक रात, पाइक ने आधी मछली चुरा ली और बक की नजरों के सामने उसे खा गया।

Another night, Dub and Joe fought Spitz and went unpunished.

एक और रात, डब और जो ने स्पिट्ज़ से लड़ाई की और उन्हें सजा नहीं मिली।

Even Billee whined less sweetly and showed new sharpness.

यहां तक कि बिली की भी शिकायत कम मीठी हो गई और उसमें नया तीखापन आ गया।

Buck snarled at Spitz every time they crossed paths.

हर बार जब वे दोनों एक दूसरे के सामने पड़ते तो बक स्पिट्ज पर गुर्राहट करता।

Buck's attitude grew bold and threatening, nearly like a bully.

बक का रवैया दुस्साहसी और धमकी भरा हो गया, लगभग एक बदमाश जैसा।

He paced before Spitz with a swagger, full of mocking menace.

वह स्पिट्ज के सामने अकड़कर, पूरी तरह से उपहासपूर्ण धमकी के साथ चला।

That collapse of order also spread among the sled-dogs.

व्यवस्था का यह पतन स्लेज-कुत्तों में भी फैल गया।

They fought and argued more than ever, filling camp with noise.

वे पहले से भी अधिक लड़ने और बहस करने लगे, जिससे शिविर शोर से भर गया।

Camp life turned into a wild, howling chaos each night.

शिविर का जीवन प्रत्येक रात जंगली, चीख-पुकार वाली अराजकता में बदल गया।

Only Dave and Solleks remained steady and focused.

केवल डेव और सोलेक्स ही स्थिर और केंद्रित रहे।

**But even they became short-tempered from the constant brawls.**

लेकिन लगातार झगड़ों से वे भी चिड़चिड़े हो गए।

**François cursed in strange tongues and stomped in frustration.**

फ़्रॉस्वा अजीब-अजीब भाषा में गालियाँ दे रहा था और हताशा में पैरों से ठोकरें खा रहा था।

**He tore at his hair and shouted while snow flew underfoot.**

वह अपने बाल नोचता हुआ चिल्ला रहा था, जबकि उसके पैरों के नीचे बर्फ उड़ रही थी।

**His whip snapped across the pack but barely kept them in line.**

उसका चाबुक झुंड पर टूट पड़ा, लेकिन वह उन्हें बड़ी मुश्किल से लाइन में रख पाया।

**Whenever his back was turned, the fighting broke out again.**

जब भी वह पीठ फेरता, लड़ाई फिर शुरू हो जाती।

**François used the lash for Spitz, while Buck led the rebels.**

फ़्रॉस्वा ने स्पिट्ज़ के लिए चाबुक का प्रयोग किया, जबकि बक ने विद्रोहियों का नेतृत्व किया।

**Each knew the other's role, but Buck avoided any blame.**

दोनों को एक-दूसरे की भूमिका का पता था, लेकिन बक ने किसी पर भी दोष नहीं लगाया।

**François never caught Buck starting a fight or shirking his job.**

फ़्रॉस्वा ने कभी भी बक को झगड़ा करते या अपने काम से बचते नहीं देखा।

**Buck worked hard in harness—the toil now thrilled his spirit.**

बक ने कड़ी मेहनत की - अब यह परिश्रम उसकी आत्मा को रोमांचित कर रहा था।

But he found even more joy in stirring fights and chaos in camp.

लेकिन शिविर में झगड़े और अराजकता फैलाने में उसे और भी अधिक आनंद मिलता था।

At the Tahkeena's mouth one evening, Dub startled a rabbit.

एक शाम तहकीना के मुँह पर डब ने एक खरगोश को चौंका दिया।

He missed the catch, and the snowshoe rabbit sprang away.

वह शिकार करने से चूक गया और स्नोशू खरगोश उछलकर दूर चला गया।

In seconds, the entire sled team gave chase with wild cries.

कुछ ही सेकंड में पूरी स्लेज टीम ने जंगली चीखें मारते हुए उनका पीछा किया।

Nearby, a Northwest Police camp housed fifty husky dogs.

पास में ही उत्तर-पश्चिम पुलिस शिविर में पचास हस्की कुत्ते रखे गए थे।

They joined the hunt, surging down the frozen river together.

वे शिकार में शामिल हो गए, और जमी हुई नदी में एक साथ आगे बढ़ने लगे।

The rabbit turned off the river, fleeing up a frozen creek bed.

खरगोश नदी से दूर चला गया और एक जमे हुए नाले की ओर भाग गया।

The rabbit skipped lightly over snow while the dogs struggled through.

खरगोश बर्फ पर हल्के से उछल रहा था, जबकि कुत्ते संघर्ष कर रहे थे।

Buck led the massive pack of sixty dogs around each twisting bend.

बक ने साठ कुत्तों के विशाल समूह को प्रत्येक घुमावदार मोड़ पर ले गया।

**He pushed forward, low and eager, but could not gain ground.**

वह आगे बढ़ा, नीचे झुका और उत्सुक था, लेकिन आगे नहीं बढ़ सका।

**His body flashed under the pale moon with each powerful leap.**

प्रत्येक शक्तिशाली छलांग के साथ उसका शरीर पीले चाँद के नीचे चमक उठता था।

**Ahead, the rabbit moved like a ghost, silent and too fast to catch.**

आगे खरगोश भूत की तरह चल रहा था, चुपचाप और इतनी तेज कि उसे पकड़ना मुश्किल था।

**All those old instincts—the hunger, the thrill—rushed through Buck.**

वे सभी पुरानी प्रवृत्तियाँ - भूख, रोमांच - बक के भीतर उमड़ पड़ीं।

**Humans feel this instinct at times, driven to hunt with gun and bullet.**

मनुष्य कभी-कभी इस प्रवृत्ति को महसूस करता है, तथा बंदूक और गोली से शिकार करने के लिए प्रेरित होता है।

**But Buck felt this feeling on a deeper and more personal level.**

लेकिन बक ने इस भावना को अधिक गहरे और व्यक्तिगत स्तर पर महसूस किया।

**They could not feel the wild in their blood the way Buck could feel it.**

वे अपने खून में जंगलीपन को उस तरह महसूस नहीं कर सकते थे जिस तरह बक महसूस कर सकता था।

He chased living meat, ready to kill with his teeth and taste blood.

वह जीवित मांस का पीछा करता था, अपने दांतों से मारने और खून का स्वाद चखने के लिए तैयार रहता था।

His body strained with joy, wanting to bathe in warm red life.

उसका शरीर खुशी से तना हुआ था, वह गर्म लाल जीवन में स्नान करना चाहता था।

A strange joy marks the highest point life can ever reach.

एक अजीब सी खुशी जीवन के उच्चतम बिंदु को चिह्नित करती है।

The feeling of a peak where the living forget they are even alive.

एक शिखर की अनुभूति जहां जीवित लोग भूल जाते हैं कि वे जीवित भी हैं।

This deep joy touches the artist lost in blazing inspiration.

यह गहन आनन्द प्रज्वलित प्रेरणा में खोए हुए कलाकार को छू लेता है।

This joy seizes the soldier who fights wildly and spares no foe.

यह आनन्द उस सैनिक को प्राप्त होता है जो बेतहाशा लड़ता है और किसी भी शत्रु को नहीं छोड़ता।

This joy now claimed Buck as he led the pack in primal hunger.

इस खुशी ने अब बक को भी अपनी गिरफ्त में ले लिया क्योंकि वह आदिम भूख में सबसे आगे था।

He howled with the ancient wolf-cry, thrilled by the living chase.

वह जीवित पीछा से रोमांचित होकर प्राचीन भेड़िया-चीख के साथ चिल्लाया।

Buck tapped into the oldest part of himself, lost in the wild.

बक ने अपने सबसे पुराने हिस्से को याद किया, जो जंगल में खोया हुआ था।

He reached deep within, past memory, into raw, ancient time.

वह अतीत की गहरी स्मृतियों, कच्चे, प्राचीन समय में पहुंच गया।

A wave of pure life surged through every muscle and tendon.

प्रत्येक मांसपेशी और स्नायु में शुद्ध जीवन की लहर दौड़ गयी।

Each leap shouted that he lived, that he moved through death.

प्रत्येक छलांग यह बताती थी कि वह जीवित है, वह मृत्यु से होकर गुजर रहा है।

His body soared joyfully over still, cold land that never stirred.

उसका शरीर आनन्दपूर्वक उस स्थिर, ठण्डी भूमि पर उड़ रहा था जो कभी हिलती नहीं थी।

Spitz stayed cold and cunning, even in his wildest moments.

स्पिट्ज़ अपने सबसे उग्र क्षणों में भी ठंडे और चालाक बने रहे।

He left the trail and crossed land where the creek curved wide.

वह पगडंडी छोड़कर उस भूमि को पार कर गया जहां एक नाला चौड़ा होकर मुड़ गया था।

Buck, unaware of this, stayed on the rabbit's winding path.

बक इस बात से अनजान होकर खरगोश के घुमावदार रास्ते पर ही रुका रहा।

Then, as Buck rounded a bend, the ghost-like rabbit was before him.

फिर, जैसे ही बक एक मोड़ पर पहुंचा, भूत जैसा खरगोश उसके सामने आ गया।

**He saw a second figure leap from the bank ahead of the prey.**

उसने देखा कि शिकार से पहले एक दूसरा व्यक्ति किनारे से छलांग लगाकर आगे बढ़ रहा है।

**The figure was Spitz, landing right in the path of the fleeing rabbit.**

वह आकृति स्पिट्ज़ थी, जो भागते हुए खरगोश के रास्ते में आकर रुकी थी।

**The rabbit could not turn and met Spitz's jaws in mid-air.**

खरगोश मुड़ नहीं सका और हवा में ही स्पिट्ज के जबड़े में फंस गया।

**The rabbit's spine broke with a shriek as sharp as a dying human's cry.**

खरगोश की रीढ़ की हड्डी एक ऐसी चीख के साथ टूट गई जो किसी मरते हुए इंसान की चीख के समान थी।

**At that sound—the fall from life to death—the pack howled loud.**

उस ध्वनि पर - जीवन से मृत्यु की ओर गिरावट - झुंड जोर से चिल्लाया।

**A savage chorus rose from behind Buck, full of dark delight.**

बक के पीछे से एक क्रूर कोरस गूंज उठा, जो अंधकारमय खुशी से भरा था।

**Buck gave no cry, no sound, and charged straight into Spitz.**

बक ने न तो कोई चीख़ी, न ही कोई आवाज़ की, और सीधे स्पिट्ज़ पर हमला कर दिया।

**He aimed for the throat, but struck the shoulder instead.**

उसने गला दबाने पर निशाना साधा, लेकिन कंधे पर वार हुआ।

They tumbled through soft snow; their bodies locked in combat.

वे नरम बर्फ में लुढ़क रहे थे; उनके शरीर युद्ध में बंधे हुए थे।

Spitz sprang up quickly, as if never knocked down at all.

स्पिट्ज़ इतनी तेजी से उछला, मानो कभी गिरा ही न हो।

He slashed Buck's shoulder, then leaped clear of the fight.

उसने बक के कंधे पर वार किया और फिर लड़ाई से बाहर निकल गया।

Twice his teeth snapped like steel traps, lips curled and fierce.

दो बार उसके दांत स्टील के जाल की तरह चटक गए, होठ मुड़े हुए और भयंकर थे।

He backed away slowly, seeking firm ground under his feet.

वह धीरे-धीरे पीछे हटा और अपने पैरों के नीचे ठोस ज़मीन तलाशने लगा।

Buck understood the moment instantly and fully.

बक ने उस क्षण को तुरन्त और पूरी तरह से समझ लिया।

The time had come; the fight was going to be a fight to the death.

समय आ गया था; लड़ाई मौत तक की लड़ाई होने जा रही थी।

The two dogs circled, growling, ears flat, eyes narrowed.

दोनों कुत्ते चक्कर लगाते हुए, गुर्राते हुए, कान चपटे और आंखें सिकोड़ते हुए घूम रहे थे।

Each dog waited for the other to show weakness or misstep.

प्रत्येक कुत्ता दूसरे के कमजोरी दिखाने या गलत कदम उठाने का इंतजार करता था।

To Buck, the scene felt eerily known and deeply remembered.

बक को यह दृश्य भयावह रूप से ज्ञात और गहराई से याद था।

The white woods, the cold earth, the battle under moonlight.

सफ़ेद जंगल, ठंडी धरती, चाँदनी रात में लड़ाई।

A heavy silence filled the land, deep and unnatural.

धरती पर एक भारी, गहरी और अप्राकृतिक शांति छा गई।

No wind stirred, no leaf moved, no sound broke the stillness.

न हवा चली, न पत्ता हिला, न कोई आवाज शांति को भंग कर सकी।

The dogs' breaths rose like smoke in the frozen, quiet air.

कुत्तों की साँसें जमी हुई, शांत हवा में धुएँ की तरह उठ रही थीं।

The rabbit was long forgotten by the pack of wild beasts.

खरगोश को जंगली जानवरों के झुंड ने बहुत पहले ही भूल दिया था।

These half-tamed wolves now stood still in a wide circle.

ये अर्ध-पालतू भेड़िये अब एक बड़े घेरे में स्थिर खड़े थे।

They were quiet, only their glowing eyes revealed their hunger.

वे चुप थे, केवल उनकी चमकती आँखों से उनकी भूख का पता चल रहा था।

Their breath drifted upward, watching the final fight begin.

अंतिम लड़ाई शुरू होते देख उनकी सांसें ऊपर की ओर उठने लगीं।

To Buck, this battle was old and expected, not strange at all.

बक के लिए यह लड़ाई पुरानी और अपेक्षित थी, बिल्कुल भी अजीब नहीं थी।

It felt like a memory of something always meant to happen.

ऐसा महसूस हुआ जैसे किसी ऐसी बात की याद आ रही है जो हमेशा घटित होनी ही थी।

Spitz was a trained fighting dog, honed by countless wild brawls.

स्पिट्ज़ एक प्रशिक्षित लड़ाकू कुत्ता था, जो अनगिनत जंगली लड़ाइयों से प्रशिक्षित था।

From Spitzbergen to Canada, he had mastered many foes.

स्पिट्सबर्गेन से लेकर कनाडा तक उन्होंने कई शत्रुओं पर विजय प्राप्त की थी।

He was filled with fury, but never gave control to rage.

वह क्रोध से भरा हुआ था, लेकिन उसने कभी क्रोध पर नियंत्रण नहीं किया।

His passion was sharp, but always tempered by hard instinct.

उनका जुनून तीव्र था, लेकिन हमेशा कठोर प्रवृत्ति से संयमित रहता था।

He never attacked until his own defense was in place.

जब तक उसकी अपनी सुरक्षा व्यवस्था नहीं हो गई, उसने कभी आक्रमण नहीं किया।

Buck tried again and again to reach Spitz's vulnerable neck.

बक ने स्पिट्ज़ की कमजोर गर्दन तक पहुंचने की बार-बार कोशिश की।

But every strike was met by a slash from Spitz's sharp teeth.

लेकिन हर वार का जवाब स्पिट्ज़ के तीखे दांतों से वार से मिलता था।

Their fangs clashed, and both dogs bled from torn lips.

उनके नुकीले दांत आपस में टकराये और दोनों कुत्तों के फटे होठों से खून बहने लगा।

No matter how Buck lunged, he couldn't break the defense.

बक ने चाहे जितना भी प्रयास किया, वह रक्षा पंक्ति को भेद नहीं सका।

He grew more furious, rushing in with wild bursts of power.

वह और अधिक क्रोधित हो गया, और शक्ति के बेतहाशा प्रहारों के साथ आगे बढ़ा।

Again and again, Buck struck for the white throat of Spitz.

बक ने बार-बार स्पिट्ज के सफेद गले पर हमला किया।

Each time Spitz evaded and struck back with a slicing bite.

हर बार स्पिट्ज़ बच निकलता और जोरदार वार करता।

Then Buck shifted tactics, rushing as if for the throat again.

फिर बक ने रणनीति बदली, और फिर से गला काटने के लिए दौड़ा।

But he pulled back mid-attack, turning to strike from the side.

लेकिन उन्होंने आक्रमण के बीच में ही पीछे हटकर, बगल से वार करने का प्रयास किया।

He threw his shoulder into Spitz, aiming to knock him down.

उसने स्पिट्ज़ को गिराने के लिए अपना कंधा उस पर मारा।

Each time he tried, Spitz dodged and countered with a slash.

हर बार जब उसने प्रयास किया, स्पिट्ज ने चकमा दे दिया और वार करके जवाब दिया।

Buck's shoulder grew raw as Spitz leapt clear after every hit.

बक का कंधा जख्मी हो गया क्योंकि स्पिट्ज हर प्रहार के बाद छलांग लगाकर दूर निकल जाता था।

Spitz had not been touched, while Buck bled from many wounds.

स्पिट्ज़ को छुआ तक नहीं गया था, जबकि बक के कई घाव से खून बह रहा था।

Buck’s breath came fast and heavy, his body slick with blood.

बक की सांसें तेज़ और भारी हो गईं, उसका शरीर खून से लथपथ हो गया।

**The fight turned more brutal with each bite and charge.**

प्रत्येक हमले और आक्रमण के साथ लड़ाई और अधिक क्रूर होती गई।

**Around them, sixty silent dogs waited for the first to fall.**

उनके चारों ओर साठ खामोश कुत्ते पहले गिरने का इंतजार कर रहे थे।

**If one dog dropped, the pack were going to finish the fight.**

यदि एक भी कुत्ता गिर जाता तो पूरा झुंड लड़ाई ख़त्म कर देता।

**Spitz saw Buck weakening, and began to press the attack.**

स्पिट्ज़ ने बक को कमजोर होते देखा और आक्रमण तेज कर दिया।

**He kept Buck off balance, forcing him to fight for footing.**

उन्होंने बक का संतुलन बिगाड़ दिया, जिससे उसे पैर जमाने के लिए संघर्ष करना पड़ा।

**Once Buck stumbled and fell, and all the dogs rose up.**

एक बार बक लड़खड़ाकर गिर पड़ा, और सभी कुते उठ खड़े हुए।

**But Buck righted himself mid-fall, and everyone sank back down.**

लेकिन बक ने गिरते समय अपने आप को सीधा कर लिया, और सभी लोग वापस नीचे गिर गए।

**Buck had something rare—imagination born from deep instinct.**

बक के पास एक दुर्लभ चीज़ थी - गहरी सहज प्रवृत्ति से पैदा हुई कल्पनाशक्ति।

**He fought by natural drive, but he also fought with cunning.**

वह स्वाभाविक प्रेरणा से लड़ा, लेकिन उसने चालाकी से भी लड़ाई लड़ी।

He charged again as if repeating his shoulder attack trick.

वह फिर से उस पर टूट पड़ा, मानो वह कंधे से हमला करने की अपनी चाल दोहरा रहा हो।

But at the last second, he dropped low and swept beneath Spitz.

लेकिन आखिरी क्षण में वह नीचे गिर गया और स्पिट्ज के नीचे चला गया।

His teeth locked on Spitz's front left leg with a snap.

उसके दांत स्पिट्ज के बाएं अगले पैर पर एक झटके से गड़ गए।

Spitz now stood unsteady, his weight on only three legs.

स्पिट्ज़ अब अस्थिर होकर खड़ा था, उसका भार केवल तीन पैरों पर था।

Buck struck again, tried three times to bring him down.

बक ने फिर हमला किया, उसे नीचे गिराने की तीन बार कोशिश की।

On the fourth attempt he used the same move with success

चौथे प्रयास में उन्होंने यही चाल सफलतापूर्वक अपनाई

This time Buck managed to bite the right leg of Spitz.

इस बार बक स्पिट्ज के दाहिने पैर को काटने में कामयाब हो गया।

Spitz, though crippled and in agony, kept struggling to survive.

स्पिट्ज़ अपंग और पीड़ा में होने के बावजूद जीवित रहने के लिए संघर्ष करता रहा।

He saw the circle of huskies tighten, tongues out, eyes glowing.

उसने देखा कि हस्की पक्षियों का घेरा कस गया, उनकी जीभें बाहर निकल आईं, उनकी आंखें चमक उठीं।

They waited to devour him, just as they had done to others.

वे उसे निगलने की प्रतीक्षा में थे, जैसा उन्होंने दूसरों के साथ किया था।

This time, he stood in the center; defeated and doomed.

इस बार वह पराजित और पराजित होकर बीच में खड़ा था।

There was no option to escape for the white dog now.

अब सफ़ेद कुत्ते के पास भागने का कोई विकल्प नहीं था।

Buck showed no mercy, for mercy did not belong in the wild.

बक ने कोई दया नहीं दिखाई, क्योंकि दया जंगल में नहीं होती।

Buck moved carefully, setting up for the final charge.

बक ने अंतिम आक्रमण की तैयारी करते हुए सावधानीपूर्वक कदम बढ़ाया।

The circle of huskies closed in; he felt their warm breaths.

हस्की पक्षियों का घेरा उसके करीब आ गया; उसने उनकी गर्म साँसें महसूस कीं।

They crouched low, prepared to spring when the moment came.

वे नीचे झुक गए, ताकि जब भी मौका मिले, वे उछलने के लिए तैयार रहें।

Spitz quivered in the snow, snarling and shifting his stance.

स्पिट्ज़ बर्फ में कांप रहा था, गुर्रा रहा था और अपना रुख बदल रहा था।

His eyes glared, lips curled, teeth flashing in desperate threat.

उसकी आँखें चमक रही थीं, होठ सिकुड़े हुए थे, और दांत चमक रहे थे, जिससे उसे धमकी मिल रही थी।

He staggered, still trying to hold off the cold bite of death.

वह लड़खड़ा रहा था, अभी भी मौत के ठण्डे दंश को रोकने की कोशिश कर रहा था।

He had seen this before, but always from the winning side.

उन्होंने ऐसा पहले भी देखा था, लेकिन हमेशा जीतने वाले पक्ष से।

Now he was on the losing side; the defeated; the prey; death.

अब वह हारने वाले पक्ष में था; पराजित; शिकार; मृत्यु।

Buck circled for the final blow, the ring of dogs pressed closer.

बक ने अंतिम प्रहार के लिए चक्कर लगाया, कुत्तों का घेरा उसके करीब आ गया।

He could feel their hot breaths; ready for the kill.

वह उनकी गर्म साँसों को महसूस कर सकता था; वे हत्या के लिए तैयार थे।

A stillness fell; all was in its place; time had stopped.

एक शांति छा गई; सब कुछ अपनी जगह पर था; समय रुक गया था।

Even the cold air between them froze for one last moment.

यहां तक कि उनके बीच की ठंडी हवा भी एक आखिरी क्षण के लिए रुक गई।

Only Spitz moved, trying to hold off his bitter end.

केवल स्पिट्ज़ ही आगे बढ़ा, अपने कड़वे अंत को रोकने की कोशिश कर रहा था।

The circle of dogs was closing in around him, as was his destiny.

कुत्तों का घेरा उसके चारों ओर घिरता जा रहा था, और यही उसकी नियति भी थी।

He was desperate now, knowing what was about to happen.

अब वह हताश था, क्योंकि उसे मालूम था कि आगे क्या होने वाला है।

Buck sprang in, shoulder met shoulder one last time.

बक उछलकर आया, और आखिरी बार उसका कंधा उससे टकराया।

The dogs surged forward, covering Spitz in the snowy dark.

कुत्ते आगे बढ़े और स्पिट्ज़ को बर्फीले अंधेरे में ढक दिया।

Buck watched, standing tall; the victor in a savage world.

बक खड़ा होकर देख रहा था, एक जंगली दुनिया में विजेता।

The dominant primordial beast had made its kill, and it was good.

प्रमुख आदिम पशु ने अपना शिकार कर लिया था, और यह अच्छा था।

## He, Who Has Won to Mastership

## वह, जिसने महारथ हासिल कर ली है

**"Eh? What did I say? I speak true when I say Buck is a devil."**

"अरे? मैंने क्या कहा? मैं सच कहता हूँ जब मैं कहता हूँ कि बक एक शैतान है।"

**François said this the next morning after finding Spitz missing.**

फ्रांकोइस ने यह बात अगली सुबह स्पिट्ज के लापता होने के बाद कही।

**Buck stood there, covered with wounds from the vicious fight.**

बक वहीं खड़ा था, भयंकर लड़ाई के घावों से लथपथ।

**François pulled Buck near the fire and pointed at the injuries.**

फ्रॉँस्वा ने बक को आग के पास खींचा और चोटों की ओर इशारा किया।

**"That Spitz fought like the Devik," said Perrault, eyeing the deep gashes.**

"उस स्पिट्ज़ ने डेविक की तरह लड़ाई लड़ी," पेरौल्ट ने गहरे घावों को देखते हुए कहा।

**"And that Buck fought like two devils," François replied at once.**

"और बक ने दो शैतानों की तरह लड़ाई की," फ्रॉँस्वा ने तुरंत जवाब दिया।

**"Now we will make good time; no more Spitz, no more trouble."**

"अब हम अच्छा समय बिताएंगे; कोई स्पिट्ज नहीं, कोई परेशानी नहीं।"

**Perrault was packing the gear and loaded the sled with care.**

पेरौल्ट सामान पैक कर रहा था और उसने स्लेज पर सावधानीपूर्वक सामान लादा।

François harnessed the dogs in preparation for the day's run.

फ़्राँस्वा ने दिन की दौड़ के लिए तैयारी में कुत्तों को तैयार किया।

Buck trotted straight to the lead position once held by Spitz.

बक सीधे उस अग्रणी स्थान पर पहुंच गए, जो पहले स्पिट्ज के पास था।

But François, not noticing, led Solleks forward to the front.

लेकिन फ़्राँस्वा ने इस पर ध्यान न देते हुए सोलेक्स को आगे की ओर ले गया।

In François's judgment, Solleks was now the best lead-dog.

फ़्राँस्वा के अनुसार, सोलेक्स अब सबसे अच्छा नेतृत्वकर्ता कुत्ता था।

Buck sprang at Solleks in fury and drove him back in protest.

बक ने क्रोध में आकर सोलेक्स पर हमला किया और विरोध स्वरूप उसे पीछे खदेड़ दिया।

He stood where Spitz once had stood, claiming the lead position.

वह वहीं खड़े थे जहां कभी स्पिट्ज़ खड़े थे, और उन्होंने अग्रणी स्थान प्राप्त कर लिया।

"Eh? Eh?" cried François, slapping his thighs in amusement.

"एह? एह?" फ़्राँस्वा ने खुशी से अपनी जांघें थपथपाते हुए कहा।

"Look at Buck—he killed Spitz, now he wants to take the job!"

"बक को देखो - उसने स्पिट्ज़ को मार डाला, अब वह नौकरी लेना चाहता है!"

"Go away, Chook!" he shouted, trying to drive Buck away.

"चले जाओ, चूक!" वह चिल्लाया, बक को भगाने की कोशिश करते हुए।

**But Buck refused to move and stood firm in the snow.**

लेकिन बक ने हिलने से इनकार कर दिया और बर्फ में डटा रहा।

**François grabbed Buck by the scruff, dragging him aside.**

फ़्राँस्वा ने बक को पकड़ लिया और उसे एक तरफ़ खींच लिया।

**Buck growled low and threateningly but did not attack.**

बक ने धीमी आवाज में धमकी भरे अंदाज में गुर्राहट की, लेकिन हमला नहीं किया।

**François put Solleks back in the lead, trying to settle the dispute**

फ़्राँस्वा ने विवाद को सुलझाने की कोशिश करते हुए सोलेक्स को फिर से आगे कर दिया

**The old dog showed fear of Buck and didn't want to stay.**

बूढ़ा कुत्ता बक से डर गया और वहाँ रुकना नहीं चाहता था।

**When François turned his back, Buck drove Solleks out again.**

जब फ्रांकोइस ने अपनी पीठ मोड़ ली, तो बक ने सोलेक्स को फिर से बाहर निकाल दिया।

**Solleks did not resist and quietly stepped aside once more.**

सोलेक्स ने कोई प्रतिरोध नहीं किया और एक बार फिर चुपचाप एक तरफ हट गया।

**François grew angry and shouted, "By God, I fix you!"**

फ़्राँस्वा क्रोधित हो गया और चिल्लाया, "भगवान की कसम, मैं तुम्हें ठीक कर दूँगा!"

**He came toward Buck holding a heavy club in his hand.**

वह अपने हाथ में एक भारी डंडा पकड़े हुए बक की ओर आया।

Buck remembered the man in the red sweater well.
बक को लाल स्वेटर वाला आदमी अच्छी तरह याद था।
He retreated slowly, watching François, but growling deeply.
वह धीरे-धीरे पीछे हटा, फ़्राँस्वा को देखता रहा, लेकिन गहरी गड़गड़ाहट के साथ।
He did not rush back, even when Solleks stood in his place.
वह पीछे नहीं भागा, तब भी जब सोलेक्स अपनी जगह पर खड़ा था।
Buck circled just beyond reach, snarling in fury and protest.
बक क्रोध और विरोध में गुर्राते हुए, पहुंच से बाहर चक्कर लगाने लगा।
He kept his eyes on the club, ready to dodge if François threw.
उन्होंने अपनी नजर क्लब पर गड़ाए रखी, ताकि यदि फ्रांकोइस गेंद फेंके तो वे उसे चकमा दे सकें।
He had grown wise and wary in the ways of men with weapons.
वह समझदार हो गया था और हथियारबंद लोगों के तौर-तरीकों के प्रति सतर्क हो गया था।
François gave up and called Buck to his former place again.
फ़्राँस्वा ने हार मान ली और बक को पुनः अपने पुराने स्थान पर बुला लिया।
But Buck stepped back cautiously, refusing to obey the order.
लेकिन बक ने आदेश का पालन करने से इनकार करते हुए सावधानी से कदम पीछे खींच लिए।
François followed, but Buck only retreated a few steps more.
फ़्राँस्वा ने उसका पीछा किया, लेकिन बक कुछ ही कदम पीछे हटा।

After some time, François threw the weapon down in frustration.

कुछ समय बाद फ्रांकोइस ने हताश होकर हथियार नीचे फेंक दिया।

He thought Buck feared a beating and was going to come quietly.

उसने सोचा कि बक को पिटाई का डर है और वह चुपचाप आ जाएगा।

But Buck wasn't avoiding punishment — he was fighting for rank.

लेकिन बक सज़ा से बच नहीं रहा था - वह पद के लिए लड़ रहा था।

He had earned the lead-dog spot through a fight to the death

उन्होंने मौत तक की लड़ाई के माध्यम से प्रमुख कुत्ते का स्थान अर्जित किया था

he was not going to settle for anything less than being the leader.

वह नेता बनने से कम किसी भी चीज़ पर समझौता करने वाला नहीं था।


Perrault took a hand in the chase to help catch the rebellious Buck.

विद्रोही बक को पकड़ने में मदद करने के लिए पेरौल्ट ने भी उनका साथ दिया।

Together, they ran him around the camp for nearly an hour.

दोनों ने मिलकर उसे लगभग एक घंटे तक शिविर में घुमाया।

They hurled clubs at him, but Buck dodged each one skillfully.

उन्होंने उस पर लाठियाँ फेंकी, लेकिन बक ने उनमें से प्रत्येक को कुशलतापूर्वक चकमा दे दिया।

They cursed him, his ancestors, his descendants, and every hair on him.

उन्होंने उसे, उसके पूर्वजों को, उसके वंशजों को और उसके प्रत्येक बाल को शाप दिया।

But Buck only snarled back and stayed just out of their reach.

लेकिन बक ने केवल गुर्राहट के साथ जवाब दिया और उनकी पहुंच से बाहर रहा।

He never tried to run away but circled the camp deliberately.

उसने कभी भागने की कोशिश नहीं की, बल्कि जानबूझकर शिविर का चक्कर लगाता रहा।

He made it clear he was going to obey once they gave him what he wanted.

उन्होंने स्पष्ट कर दिया कि एक बार उन्हें जो चाहिए वह दे दिया जाए तो वह उनकी बात मान लेंगे।

François finally sat down and scratched his head in frustration.

फ़्राँस्वा अंततः बैठ गया और निराशा में अपना सिर खुजलाने लगा।

Perrault checked his watch, swore, and muttered about lost time.

पेरौल्ट ने अपनी घड़ी देखी, कसम खाई, और खोए हुए समय के बारे में बड़बड़ाया।

An hour had already passed when they should have been on the trail.

एक घंटा पहले ही बीत चुका था जब उन्हें रास्ते पर होना चाहिए था।

François shrugged sheepishly at the courier, who sighed in defeat.

फ़्राँस्वा ने कूरियर वाले की ओर शर्म से कंधे उचका दिए, जिसने हार मानकर आह भरी।

**Then François walked to Solleks and called out to Buck once more.**

फिर फ्राँस्वा सोलेक्स के पास गया और एक बार फिर बक को पुकारा।

**Buck laughed like a dog laughs, but kept his cautious distance.**

बक कुत्ते की तरह हंसा, लेकिन उसने सावधानीपूर्वक दूरी बनाए रखी।

**François removed Solleks's harness and returned him to his spot.**

फ़्राँस्वा ने सोलेक्स का पट्टा हटा दिया और उसे उसके स्थान पर वापस रख दिया।

**The sled team stood fully harnessed, with only one spot unfilled.**

स्लेज टीम पूरी तरह से तैयार खड़ी थी, केवल एक स्थान खाली था।

**The lead position remained empty, clearly meant for Buck alone.**

मुख्य स्थान खाली रहा, जो स्पष्टतः केवल बक के लिए था।

**François called again, and again Buck laughed and held his ground.**

फ़्राँस्वा ने फिर पुकारा, और बक फिर हँसा और अपनी बात पर अड़ा रहा।

**"Throw down the club," Perrault ordered without hesitation.**

"क्लब नीचे फेंक दो," पेरौल्ट ने बिना किसी हिचकिचाहट के आदेश दिया।

**François obeyed, and Buck immediately trotted forward proudly.**

फ़्राँस्वा ने आज्ञा का पालन किया, और बक तुरंत गर्व से आगे बढ़ गया।

**He laughed triumphantly and stepped into the lead position.**

वह विजयी भाव से हँसा और अग्रणी स्थान पर आ गया।
François secured his traces, and the sled was broken loose.
फ़्राँस्वा ने अपना निशान सुरक्षित कर लिया, और स्लेज को तोड़कर अलग कर दिया गया।
Both men ran alongside as the team raced onto the river trail.
जब टीम नदी के रास्ते पर दौड़ रही थी तो दोनों व्यक्ति उसके साथ-साथ दौड़ रहे थे।
François had thought highly of Buck's "two devils,"
फ़्राँस्वा ने बक के "दो शैतानों" के बारे में बहुत सोचा था,
but he soon realized he had actually underestimated the dog.
लेकिन जल्द ही उसे एहसास हुआ कि उसने कुत्ते को कम करके आंका था।
Buck quickly assumed leadership and performed with excellence.
बक ने शीघ्रता से नेतृत्व संभाला और उत्कृष्ट प्रदर्शन किया।
In judgment, quick thinking, and fast action, Buck surpassed Spitz.
निर्णय क्षमता, त्वरित सोच और तीव्र कार्रवाई में बक ने स्पिट्ज़ को पीछे छोड़ दिया।
François had never seen a dog equal to what Buck now displayed.
फ़्राँस्वा ने पहले कभी बक जैसा कुत्ता नहीं देखा था।
But Buck truly excelled in enforcing order and commanding respect.
लेकिन बक वास्तव में व्यवस्था लागू करने और सम्मान दिलाने में माहिर थे।
Dave and Solleks accepted the change without concern or protest.
डेव और सोलेक्स ने बिना किसी चिंता या विरोध के परिवर्तन को स्वीकार कर लिया।
They focused only on work and pulling hard in the reins.

वे केवल काम पर और लगाम कसने पर ध्यान केंद्रित करते थे।

They cared little who led, so long as the sled kept moving.

उन्हें इस बात की कोई परवाह नहीं थी कि आगे कौन चल रहा है, जब तक स्लेज चलती रहती थी।

Billee, the cheerful one, could have led for all they cared.

बिली, जो खुशमिजाज थी, वह नेतृत्व कर सकती थी, चाहे उन्हें कोई भी परवाह क्यों न हो।

What mattered to them was peace and order in the ranks.

उनके लिए महत्वपूर्ण बात थी सेना में शांति और व्यवस्था।


The rest of the team had grown unruly during Spitz's decline.

स्पिट्ज़ के पतन के दौरान टीम के बाकी सदस्य अनियंत्रित हो गए थे।

They were shocked when Buck immediately brought them to order.

वे तब चौंक गए जब बक ने तुरंत उन्हें आदेश दे दिया।

Pike had always been lazy and dragging his feet behind Buck.

पाइक हमेशा आलसी था और बक के पीछे-पीछे घसीटता रहता था।

But now was sharply disciplined by the new leadership.

लेकिन अब नये नेतृत्व द्वारा इसे कड़ाई से अनुशासित किया गया है।

And he quickly learned to pull his weight in the team.

और उन्होंने जल्दी ही टीम में अपना योगदान देना सीख लिया।

By the end of the day, Pike worked harder than ever before.

दिन के अंत तक पाइक ने पहले से भी अधिक कड़ी मेहनत की।

That night in camp, Joe, the sour dog, was finally subdued.

उस रात शिविर में, जो, वह खट्टा कुत्ता, अंततः वश में हो गया।

Spitz had failed to discipline him, but Buck did not fail.

स्पिट्ज़ उसे अनुशासित करने में असफल रहा, लेकिन बक असफल नहीं हुआ।

Using his greater weight, Buck overwhelmed Joe in seconds.

अपने अधिक वजन का प्रयोग करते हुए, बक ने कुछ ही सेकंड में जो को परास्त कर दिया।

He bit and battered Joe until he whimpered and ceased resisting.

उसने जो को तब तक काटा और पीटा जब तक कि वह रोने नहीं लगा और उसने प्रतिरोध करना बंद नहीं कर दिया।

The whole team improved from that moment on.

उस क्षण से पूरी टीम में सुधार हुआ।

The dogs regained their old unity and discipline.

कुत्तों ने अपनी पुरानी एकता और अनुशासन पुनः प्राप्त कर लिया।

At Rink Rapids, two new native huskies, Teek and Koona, joined.

रिंक रैपिड्स में दो नए देशी हस्की, टीक और कूना, शामिल हुए।

Buck's swift training of them astonished even François.

बक द्वारा उन्हें तीव्र गति से प्रशिक्षित करने से फ्रांकोइस भी आश्चर्यचकित हो गया।

"Never was there such a dog as that Buck!" he cried in amazement.

"बक जैसा कुत्ता कभी नहीं था!" वह आश्चर्य से चिल्लाया।

"No, never! He's worth one thousand dollars, by God!"

"नहीं, कभी नहीं! भगवान की कसम, उसकी कीमत एक हज़ार डॉलर है!"

"Eh? What do you say, Perrault?" he asked with pride.

"एह? आप क्या कहते हैं, पेरौल्ट?" उसने गर्व से पूछा।

Perrault nodded in agreement and checked his notes.

पेरौल्ट ने सहमति में सिर हिलाया और अपने नोट्स की जांच की।

We're already ahead of schedule and gaining more each day.

हम पहले से ही निर्धारित समय से आगे हैं तथा प्रत्येक दिन और आगे बढ़ रहे हैं।

The trail was hard-packed and smooth, with no fresh snow.

रास्ता पक्का और चिकना था, उस पर ताज़ा बर्फ नहीं थी।

The cold was steady, hovering at fifty below zero throughout.

ठंड लगातार बनी रही, पूरे दिन तापमान शून्य से पचास डिग्री नीचे रहा।

The men rode and ran in turns to keep warm and make time.

पुरुष गर्म रहने और समय बचाने के लिए बारी-बारी से साइकिल चलाते और दौड़ते थे।

The dogs ran fast with few stops, always pushing forward.

कुत्ते बिना रुके तेजी से दौड़ रहे थे, हमेशा आगे की ओर बढ़ रहे थे।

The Thirty Mile River was mostly frozen and easy to travel across.

थर्टी माइल नदी अधिकांशतः जमी हुई थी और उस पर यात्रा करना आसान था।

They went out in one day what had taken ten days coming in.

जिस काम को पूरा करने में दस दिन लगे थे, वे एक दिन में ही निकल गए।

They made a sixty-mile dash from Lake Le Barge to White Horse.

उन्होंने लेक ले बार्ज से व्हाइट हॉर्स तक साठ मील की दौड़ लगाई।

Across Marsh, Tagish, and Bennett Lakes they moved incredibly fast.

मार्श, टैगिश और बेनेट झीलों के पार वे अविश्वसनीय तेजी से आगे बढ़े।

The running man towed behind the sled on a rope.

दौड़ता हुआ आदमी रस्सी से स्लेज को पीछे खींच रहा था।

On the last night of week two they got to their destination.

दूसरे सप्ताह की आखिरी रात को वे अपने गंतव्य पर पहुंच गये।

They had reached the top of White Pass together.

वे दोनों एक साथ व्हाइट पास की चोटी पर पहुँच गये थे।

They dropped down to sea level with Skaguay's lights below them.

वे समुद्र तल तक नीचे उतरे और उनके नीचे स्काग्वे की रोशनी दिखाई दी।

It had been a record-setting run across miles of cold wilderness.

यह ठंडे जंगलों में मीलों तक की गई एक रिकार्ड-सेटिंग दौड़ थी।

For fourteen days straight, they averaged a strong forty miles.

लगातार चौदह दिनों तक उन्होंने औसतन चालीस मील की दूरी तय की।

In Skaguay, Perrault and François moved cargo through town.

स्कागुआय में, पेरौल्ट और फ्रांकोइस शहर के माध्यम से माल ले जाते थे।

They were cheered and offered many drinks by admiring crowds.

प्रशंसक भीड़ ने उनका उत्साहवर्धन किया तथा उन्हें खूब सारा पेय पदार्थ दिया।

Dog-busters and workers gathered around the famous dog team.

कुत्ता पकड़ने वाले और कर्मचारी प्रसिद्ध कुत्ता दल के चारों ओर एकत्र हुए।

Then western outlaws came to town and met violent defeat.

फिर पश्चिमी डाकू शहर में आये और उन्हें हिंसक पराजय का सामना करना पड़ा।

The people soon forgot the team and focused on new drama.

लोग जल्द ही टीम को भूल गए और नए नाटक पर ध्यान केंद्रित करने लगे।

Then came the new orders that changed everything at once.

फिर नये आदेश आये जिससे सब कुछ एकदम से बदल गया।

François called Buck to him and hugged him with tearful pride.

फ्राँस्वा ने बक को अपने पास बुलाया और गर्व से उसे गले लगा लिया।

That moment was the last time Buck ever saw François again.

वह क्षण आखिरी बार था जब बक ने फ्राँस्वा को फिर से देखा था।

Like many men before, both François and Perrault were gone.

पहले के कई लोगों की तरह, फ्रांकोइस और पेरौल्ट दोनों चले गए।

A Scotch half-breed took charge of Buck and his sled dog teammates.

एक स्कॉच नस्ल के कुत्ते ने बक और उसके स्लेज कुत्ते साथियों की देखभाल की जिम्मेदारी संभाली।

With a dozen other dog teams, they returned along the trail to Dawson.

एक दर्जन अन्य कुत्तों की टीमों के साथ, वे रास्ते से डावसन की ओर लौट आये।

It was no fast run now—just heavy toil with a heavy load each day.

अब यह कोई तेज दौड़ नहीं थी - बस हर दिन भारी बोझ के साथ भारी परिश्रम था।

This was the mail train, bringing word to gold hunters near the Pole.

यह वह मेल ट्रेन थी, जो ध्रुव के निकट सोने के शिकारियों तक संदेश पहुंचाती थी।

Buck disliked the work but bore it well, taking pride in his effort.

बक को यह काम पसंद नहीं आया, लेकिन उसने इसे सहन किया तथा अपने प्रयास पर गर्व महसूस किया।

Like Dave and Solleks, Buck showed devotion to every daily task.

डेव और सोलेक्स की तरह, बक ने भी हर दैनिक कार्य के प्रति समर्पण दिखाया।

He made sure his teammates each pulled their fair weight.

उन्होंने यह सुनिश्चित किया कि उनके सभी साथी अपना उचित योगदान दें।

Trail life became dull, repeated with the precision of a machine.

ट्रेल जीवन नीरस हो गया, मशीन की सटीकता के साथ दोहराया गया।

Each day felt the same, one morning blending into the next.

हर दिन एक जैसा लगता था, एक सुबह दूसरी सुबह में घुल-मिल जाती थी।

At the same hour, the cooks rose to build fires and prepare food.

ठीक उसी समय, रसोइये आग जलाने और भोजन तैयार करने के लिए उठ खड़े हुए।

After breakfast, some left camp while others harnessed the dogs.

नाश्ते के बाद कुछ लोग शिविर छोड़कर चले गए जबकि अन्य लोग कुत्तों को जोतने में लग गए।

They hit the trail before the dim warning of dawn touched the sky.

भोर की धुंधली चेतावनी आसमान को छूने से पहले ही वे रास्ते पर चल पड़े।

At night, they stopped to make camp, each man with a set duty.

रात में वे शिविर बनाने के लिए रुकते थे, प्रत्येक व्यक्ति को एक निश्चित कार्य दिया जाता था।

Some pitched the tents, others cut firewood and gathered pine boughs.

कुछ लोगों ने तंबू गाड़े, अन्य लोगों ने ईंधन के लिए लकड़ियाँ काटी और देवदार की टहनियाँ इकट्ठी कीं।

Water or ice was carried back to the cooks for the evening meal.

शाम के भोजन के लिए पानी या बर्फ रसोइयों के पास ले जाया जाता था।

The dogs were fed, and this was the best part of the day for them.

कुत्तों को खाना खिलाया गया और यह उनके लिए दिन का सबसे अच्छा समय था।

After eating fish, the dogs relaxed and lounged near the fire.

मछली खाने के बाद कुत्ते आराम करने लगे और आग के पास बैठ गए।

There were a hundred other dogs in the convoy to mingle with.

काफिले में अन्य सौ कुत्ते भी थे जिनसे मिलना-जुलना था।

Many of those dogs were fierce and quick to fight without warning.

उनमें से कई कुत्ते बहुत खूंखार थे और बिना किसी चेतावनी के लड़ने को तैयार हो जाते थे।

But after three wins, Buck mastered even the fiercest fighters.

लेकिन तीन जीत के बाद, बक ने सबसे भयंकर लड़ाकों को भी मात दे दी।

Now when Buck growled and showed his teeth, they stepped aside.

अब जब बक ने गुर्राहट के साथ अपने दांत दिखाए तो वे एक तरफ हट गए।

Perhaps best of all, Buck loved lying near the flickering campfire.

शायद सबसे अच्छी बात यह थी कि बक को टिमटिमाती हुई अलाव के पास लेटना बहुत पसंद था।

He crouched with hind legs tucked and front legs stretched ahead.

वह पिछले पैरों को मोड़कर तथा अगले पैरों को आगे की ओर फैलाकर बैठा था।

His head was raised as he blinked softly at the glowing flames.

उसका सिर ऊपर उठा हुआ था और वह जलती हुई लपटों को देखकर धीरे से पलकें झपका रहा था।

Sometimes he recalled Judge Miller's big house in Santa Clara.

कभी-कभी उन्हें सांता क्लारा में जज मिलर के बड़े घर की याद आती थी।

He thought of the cement pool, of Ysabel, and the pug called Toots.

उसने सीमेंट के पूल, यिसाबेल और टूट्स नामक पग के बारे में सोचा।

But more often he remembered the man with the red sweater's club.

लेकिन अधिकतर उसे लाल स्वेटर वाले डंडे वाला आदमी याद आता था।

He remembered Curly's death and his fierce battle with Spitz.

उन्हें घुँघराले की मृत्यु और स्पिट्ज़ के साथ उसकी भीषण लड़ाई याद आ गयी।

He also recalled the good food he had eaten or still dreamed of.

उन्होंने उस अच्छे भोजन को भी याद किया जो उन्होंने खाया था या जिसका सपना वे अभी भी देखते हैं।

Buck was not homesick—the warm valley was distant and unreal.

बक को घर की याद नहीं आ रही थी - गर्म घाटी दूर और अवास्तविक थी।

Memories of California no longer held any real pull over him.

कैलिफोर्निया की यादें अब उन पर कोई खास प्रभाव नहीं डालती थीं।

Stronger than memory were instincts deep in his bloodline.

स्मृति से भी अधिक शक्तिशाली उनकी रक्त-परंपरा में गहराई से छिपी हुई सहज प्रवृत्तियाँ थीं।

Habits once lost had returned, revived by the trail and the wild.

जो आदतें एक बार खो गई थीं, वे वापस आ गईं, तथा पगडंडी और जंगल ने उन्हें पुनर्जीवित कर दिया।

As Buck watched the firelight, it sometimes became something else.

बक जब आग की रोशनी को देखता तो कभी-कभी वह कुछ और हो जाती।

He saw in the firelight another fire, older and deeper than the present one.

उसने आग की रोशनी में एक और आग देखी, जो वर्तमान आग से अधिक पुरानी और गहरी थी।

Beside that other fire crouched a man unlike the half-breed cook.

उस दूसरी आग के पास एक आदमी बैठा था जो उस अधपके रसोइये से भिन्न था।

This figure had short legs, long arms, and hard, knotted muscles.

इस आकृति के पैर छोटे, भुजाएं लंबी और मांसपेशियां सख्त और गांठदार थीं।

His hair was long and matted, sloping backward from the eyes.

उसके बाल लंबे और उलझे हुए थे, जो आँखों से पीछे की ओर झुके हुए थे।

He made strange sounds and stared out in fear at the darkness.

वह अजीब-अजीब आवाजें निकाल रहा था और डर के मारे अंधेरे की ओर देख रहा था।

He held a stone club low, gripped tightly in his long rough hand.

उसने एक पत्थर का डंडा नीचे की ओर झुका रखा था, और अपने लंबे खुरदुरे हाथ में उसे कसकर पकड़ रखा था।

The man wore little; just a charred skin that hung down his back.

उस आदमी ने बहुत कम कपड़े पहने थे; सिर्फ जली हुई त्वचा उसकी पीठ पर लटक रही थी।

His body was covered with thick hair across arms, chest, and thighs.

उसका शरीर बाहों, छाती और जांघों पर घने बालों से ढका हुआ था।

Some parts of the hair were tangled into patches of rough fur.

बालों के कुछ हिस्से उलझकर खुरदुरे फर के टुकड़ों में तब्दील हो गए थे।

He did not stand straight but bent forward from the hips to knees.

वह सीधे खड़े नहीं हुए बल्कि कूल्हों से घुटनों तक आगे झुके हुए थे।

His steps were springy and catlike, as if always ready to leap.

उसके कदम बिल्ली जैसे थे, मानो हमेशा छलांग लगाने के लिए तैयार रहते हों।

There was a sharp alertness, like he lived in constant fear.

उसमें एक तीव्र सतर्कता थी, जैसे वह निरंतर भय में रहता हो।

This ancient man seemed to expect danger, whether the danger was seen or not.

यह प्राचीन व्यक्ति खतरे की आशंका करता प्रतीत होता था, चाहे खतरा दिखाई दे या न पड़े।

At times the hairy man slept by the fire, head tucked between legs.

कभी-कभी वह बालों वाला आदमी आग के पास सोता था,
अपना सिर पैरों के बीच छिपाए हुए।

His elbows rested on his knees, hands clasped above his head.

उसकी कोहनियाँ घुटनों पर टिकी हुई थीं, हाथ सिर के ऊपर बंधे हुए थे।

Like a dog he used his hairy arms to shed off the falling rain.

एक कुत्ते की तरह उसने अपनी बालों वाली भुजाओं का उपयोग गिरती हुई बारिश को रोकने के लिए किया।

Beyond the firelight, Buck saw twin coals glowing in the dark.

आग की रोशनी से परे, बक ने अंधेरे में दो कोयले चमकते हुए देखे।

Always two by two, they were the eyes of stalking beasts of prey.

हमेशा दो-दो की संख्या में, वे शिकारी जानवरों की आंखें हुआ करते थे।

He heard bodies crash through brush and sounds made in the night.

उसने झाड़ियों के बीच से शवों के टकराने की आवाजें और रात में होने वाली आवाजें सुनीं।

Lying on the Yukon bank, blinking, Buck dreamed by the fire.

युकोन तट पर लेटे हुए, पलकें झपकाते हुए, बक आग के पास बैठकर सपने देख रहा था।

The sights and sounds of that wild world made his hair stand up.

उस जंगली दुनिया के दृश्यों और ध्वनियों को देखकर उसके रोंगटे खड़े हो गए।

The fur rose along his back, his shoulders, and up his neck.

फर उसकी पीठ, कंधों और गर्दन तक फैल गया।

He whimpered softly or gave a low growl deep in his chest.

वह या तो धीरे से रोता था या अपनी छाती में गहरी गड़गड़ाहट करता था।

Then the half-breed cook shouted, "Hey, you Buck, wake up!"

तभी अर्ध-नस्ल रसोइया चिल्लाया, "अरे, बक, उठो!"

The dream world vanished, and real life returned to Buck's eyes.

सपनों की दुनिया गायब हो गई और बक की आँखों में वास्तविक जीवन लौट आया।

He was going to get up, stretch, and yawn, as if woken from a nap.

वह उठने, खिंचाव महसूस करने और जम्हाई लेने वाला था, जैसे कि उसे नींद से जगाया गया हो।

The trip was hard, with the mail sled dragging behind them.

यात्रा कठिन थी, मेल स्लेज उनके पीछे घिसट रही थी।

Heavy loads and tough work wore down the dogs each long day.

भारी बोझ और कठिन काम के कारण कुत्ते हर दिन थक जाते थे।

They reached Dawson thin, tired, and needing over a week's rest.

वे डाउसन पहुंचे तो वे दुबले-पतले, थके हुए थे और उन्हें एक सप्ताह से अधिक आराम की आवश्यकता थी।

But only two days later, they set out down the Yukon again.

लेकिन दो दिन बाद ही वे पुनः युकोन की ओर चल पड़े।

They were loaded with more letters bound for the outside world.

उनमें बाहरी दुनिया के लिए भेजे जाने वाले पत्र भी भरे हुए थे।

The dogs were exhausted and the men were complaining constantly.

कुत्ते थक चुके थे और आदमी लगातार शिकायत कर रहे थे।

Snow fell every day, softening the trail and slowing the sleds.

हर दिन बर्फ गिरती थी, जिससे रास्ता नरम हो जाता था और स्लेज की गति धीमी हो जाती थी।

This made for harder pulling and more drag on the runners.

इससे धावकों को खींचने में कठिनाई हुई तथा उन पर अधिक खिंचाव पड़ा।

Despite that, the drivers were fair and cared for their teams.

इसके बावजूद, ड्राइवर निष्पक्ष थे और अपनी टीमों का ध्यान रखते थे।

Each night, the dogs were fed before the men got to eat.

प्रत्येक रात, पुरुषों के भोजन करने से पहले कुत्तों को खाना खिलाया जाता था।

No man slept before checking the feet of his own dog's.

कोई भी व्यक्ति अपने कुत्ते के पैरों की जांच किए बिना नहीं सोता।

Still, the dogs grew weaker as the miles wore on their bodies.

फिर भी, जैसे-जैसे मीलों की दूरी बढ़ती गई, कुत्ते कमजोर होते गए।

They had traveled eighteen hundred miles through the winter.

उन्होंने सर्दियों में अठारह सौ मील की यात्रा की थी।

They pulled sleds across every mile of that brutal distance.

उन्होंने उस कठिन दूरी के प्रत्येक मील को स्लेज से खींचा।

Even the toughest sled dogs feel strain after so many miles.

यहां तक कि सबसे मजबूत स्लेज कुत्ते भी कई मील चलने के बाद थकान महसूस करते हैं।

Buck held on, kept his team working, and maintained discipline.

बक ने डटे रहे, अपनी टीम को काम पर लगाए रखा और अनुशासन बनाए रखा।

But Buck was tired, just like the others on the long journey.

लेकिन बक भी लंबी यात्रा में अन्य लोगों की तरह थका हुआ था।

Billee whimpered and cried in his sleep each night without fail.

बिली हर रात नींद में रोता और कराहता था।

Joe grew even more bitter, and Solleks stayed cold and distant.

जो और भी अधिक क्रोधित हो गया, तथा सोलेक्स ठंडा और दूर-दूर रहने लगा।

But it was Dave who suffered the worst out of the entire team.

लेकिन पूरी टीम में सबसे ज्यादा नुकसान डेव को उठाना पड़ा।

Something had gone wrong inside him, though no one knew what.

उसके अंदर कुछ गड़बड़ हो गई थी, हालांकि कोई नहीं जानता था कि क्या गड़बड़ हुई थी।

He became moodier and snapped at others with growing anger.

वह चिड़चिड़ा हो गया और दूसरों पर क्रोध से झल्लाने लगा।

Each night he went straight to his nest, waiting to be fed.

हर रात वह सीधे अपने घोंसले में चला जाता और भोजन की प्रतीक्षा करता।

Once he was down, Dave did not get up again till morning.

एक बार जब डेव नीचे गिर गया तो वह सुबह तक नहीं उठा।

On the reins, sudden jerks or starts made him cry out in pain.

लगाम पर अचानक झटके लगने या चौंकने से वह दर्द से चिल्ला उठता था।

His driver searched for the cause, but found no injury on him.

उनके ड्राइवर ने कारण जानने की कोशिश की, लेकिन उन्हें कोई चोट नहीं मिली।

All the drivers began watching Dave and discussed his case.

सभी ड्राइवर डेव को देखने लगे और उसके मामले पर चर्चा करने लगे।

They talked at meals and during their final smoke of the day.

वे भोजन के समय और दिन के अंतिम सिगरेट पीने के दौरान बातें करते थे।

One night they held a meeting and brought Dave to the fire.

एक रात उन्होंने बैठक की और डेव को आग के पास ले गए।

They pressed and probed his body, and he cried out often.

वे उसके शरीर को दबाते और टटोलते रहे, और वह बार-बार चिल्लाता रहा।

Clearly, something was wrong, though no bones seemed broken.

स्पष्टतः कुछ गड़बड़ थी, यद्यपि कोई हड्डी टूटी हुई नहीं दिख रही थी।

By the time they reached Cassiar Bar, Dave was falling down.

जब वे कैसियर बार पहुंचे तो डेव गिर रहा था।

The Scotch half-breed called a halt and removed Dave from the team.

स्कॉच के आधे-अधूरे समूह ने रोक लगाई और डेव को टीम से निकाल दिया।

He fastened Solleks in Dave's place, closest to the sled's front.

उन्होंने सोलेक्स को डेव के स्थान पर, स्लेज के सामने के सबसे निकट, बांध दिया।

He meant to let Dave rest and run free behind the moving sled.

उसका इरादा डेव को आराम करने देना था और चलती स्लेज के पीछे स्वतंत्र रूप से दौड़ने देना था।

But even sick, Dave hated being taken from the job he had owned.

लेकिन बीमार होने के बावजूद डेव को अपनी नौकरी से निकाले जाने से नफरत थी।

He growled and whimpered as the reins were pulled from his body.

जब उसके शरीर से लगाम खींची गई तो वह गुर्राया और रोने लगा।

When he saw Solleks in his place, he cried with broken-hearted pain.

जब उसने सोलेक्स को अपनी जगह पर देखा, तो वह टूटे हुए दिल के दर्द से रो पड़ा।

The pride of trail work was deep in Dave, even as death approached.

मौत करीब आने पर भी डेव के मन में ट्रेल कार्य के प्रति गर्व की भावना बनी रही।

As the sled moved, Dave floundered through soft snow near the trail.

जैसे ही स्लेज आगे बढ़ी, डेव पगडंडी के पास नरम बर्फ में लड़खड़ाता हुआ आगे बढ़ा।

He attacked Solleks, biting and pushing him from the sled's side.

उसने सोलेक्स पर हमला किया, उसे काटा और स्लेज की तरफ से धक्का दिया।

Dave tried to leap into the harness and reclaim his working spot.

डेव ने रस्सी से छलांग लगाकर अपना कार्य स्थान पुनः प्राप्त करने का प्रयास किया।

He yelped, whined, and cried, torn between pain and pride in labor.

वह चिल्लाया, रोया और प्रसव पीड़ा और गर्व के बीच उलझा हुआ था।

The half-breed used his whip to try driving Dave away from the team.

उस अर्ध-नस्ल ने डेव को टीम से दूर भगाने के लिए अपने चाबुक का इस्तेमाल किया।

But Dave ignored the lash, and the man couldn't strike him harder.

लेकिन डेव ने कोड़े की मार को नजरअंदाज कर दिया, और वह व्यक्ति उस पर अधिक जोर से प्रहार नहीं कर सका।

Dave refused the easier path behind the sled, where snow was packed.

डेव ने स्लेज के पीछे वाले आसान रास्ते से जाने से इनकार कर दिया, जहां बर्फ जमी हुई थी।

Instead, he struggled in the deep snow beside the trail, in misery.

इसके बजाय, वह रास्ते के किनारे गहरी बर्फ में दुख के साथ संघर्ष करता रहा।

Eventually, Dave collapsed, lying in the snow and howling in pain.

अंततः डेव बर्फ में गिरकर दर्द से चीखने लगा।

He cried out as the long train of sleds passed him one by one.

जब स्लेजों की लम्बी कतार एक-एक करके उसके पास से गुजरी तो वह चिल्ला उठा।

Still, with what strength remained, he rose and stumbled after them.

फिर भी, अपनी बची हुई शक्ति से वह उठा और लड़खड़ाता हुआ उनके पीछे चला।

He caught up when the train stopped again and found his old sled.

जब ट्रेन दोबारा रुकी तो वह वहां पहुंचा और उसे अपनी पुरानी स्लेज मिल गई।

He floundered past the other teams and stood beside Solleks again.

वह अन्य टीमों से आगे निकल गया और पुनः सोलेक्स के पास खड़ा हो गया।

As the driver paused to light his pipe, Dave took his last chance.

जैसे ही ड्राइवर ने अपना पाइप जलाने के लिए रुका, डेव ने अपना आखिरी मौका लिया।

When the driver returned and shouted, the team didn't move forward.

जब ड्राइवर वापस आया और चिल्लाया तो टीम आगे नहीं बढ़ी।

The dogs had turned their heads, confused by the sudden stoppage.

अचानक हुई रुकावट से भ्रमित होकर कुत्तों ने अपना सिर घुमा लिया था।

The driver was shocked too—the sled hadn't moved an inch forward.

ड्राइवर भी हैरान था - स्लेज एक इंच भी आगे नहीं बढ़ी थी।

He called out to the others to come and see what had happened.

उसने दूसरों को बुलाया और कहा कि आओ और देखो कि क्या हुआ था।

Dave had chewed through Solleks's reins, breaking both apart.

डेव ने सोलेक्स की लगाम चबाकर दोनों को तोड़ दिया था।

Now he stood in front of the sled, back in his rightful position.

अब वह स्लेज के सामने अपनी सही स्थिति में खड़ा था।

Dave looked up at the driver, silently pleading to stay in the traces.

डेव ने ड्राइवर की ओर देखा और चुपचाप रास्ते में ही रहने की विनती की।

The driver was puzzled, unsure of what to do for the struggling dog.

ड्राइवर उलझन में था, उसे समझ नहीं आ रहा था कि संघर्ष कर रहे कुत्ते के लिए क्या किया जाए।

The other men spoke of dogs who had died from being taken out.

अन्य लोगों ने उन कुत्तों के बारे में बताया जो बाहर ले जाए जाने से मर गए थे।

They told of old or injured dogs whose hearts broke when left behind.

उन्होंने ऐसे बूढ़े या घायल कुत्तों के बारे में बताया जिनका दिल पीछे छोड़ दिए जाने पर टूट गया।

They agreed it was mercy to let Dave die while still in his harness.

वे इस बात पर सहमत हुए कि डेव को उसके हार्नेस में ही मरने देना दया थी।

He was fastened back onto the sled, and Dave pulled with pride.

उसे पुनः स्लेज पर बांध दिया गया और डेव ने गर्व के साथ उसे खींचा।

Though he cried out at times, he worked as if pain could be ignored.

यद्यपि वह कभी-कभी चिल्लाता था, परन्तु वह ऐसे काम करता था मानो दर्द को नजरअंदाज किया जा सकता है।

More than once he fell and was dragged before rising again.

एक से अधिक बार वह गिरा और फिर उठने से पहले घसीटा गया।

Once, the sled rolled over him, and he limped from that moment on.

एक बार स्लेज उसके ऊपर लुढ़क गई और वह उसी क्षण से लंगड़ाने लगा।

Still, he worked until camp was reached, and then lay by the fire.

फिर भी, वह शिविर तक पहुंचने तक काम करता रहा और फिर आग के पास लेट गया।

By morning, Dave was too weak to travel or even stand upright.

सुबह तक डेव इतना कमजोर हो गया था कि वह यात्रा करने या सीधा खड़ा होने में भी असमर्थ था।

At harness-up time, he tried to reach his driver with trembling effort.

जब वह गाड़ी में सवार हुआ तो उसने कांपते हुए प्रयास के साथ अपने ड्राइवर तक पहुंचने की कोशिश की।

He forced himself up, staggered, and collapsed onto the snowy ground.

वह बलपूर्वक उठा, लड़खड़ाया और बर्फीली जमीन पर गिर पड़ा।

Using his front legs, he dragged his body toward the harnessing area.

अपने अगले पैरों का उपयोग करते हुए, उसने अपने शरीर को हार्नेस क्षेत्र की ओर खींचा।

He hitched himself forward, inch by inch, toward the working dogs.

वह काम करने वाले कुत्तों की ओर इंच-इंच आगे बढ़ता गया।

His strength gave out, but he kept moving in his last desperate push.

उसकी शक्ति समाप्त हो गई, लेकिन वह अपने अंतिम प्रयास में आगे बढ़ता रहा।

His teammates saw him gasping in the snow, still longing to join them.

उसके साथियों ने उसे बर्फ में हांफते हुए देखा, फिर भी वह उनके साथ शामिल होने के लिए लालायित था।

They heard him howling with sorrow as they left the camp behind.

जब वे शिविर छोड़कर जा रहे थे तो उन्होंने उसे दुःख से चिल्लाते हुए सुना।

As the team vanished into trees, Dave's cry echoed behind them.

जैसे ही टीम पेड़ों में लुप्त हो गई, डेव की चीख उनके पीछे गूंज उठी।

The sled train halted briefly after crossing a stretch of river timber.

नदी के एक हिस्से को पार करने के बाद स्लेज ट्रेन कुछ देर के लिए रुकी।

The Scotch half-breed walked slowly back toward the camp behind.

स्कॉच का वह आधा-नस्ल वाला व्यक्ति धीरे-धीरे पीछे के शिविर की ओर चला गया।

The men stopped speaking when they saw him leave the sled train.

जब लोगों ने उसे स्लेज ट्रेन से उतरते देखा तो उनकी बोलती बंद हो गई।

Then a single gunshot rang out clear and sharp across the trail.

तभी रास्ते में एक गोली की आवाज स्पष्ट और तेज सुनाई दी।

**The man returned quickly and took up his place without a word.**

वह आदमी तुरंत वापस आया और बिना कुछ बोले अपना स्थान ग्रहण कर लिया।

**Whips cracked, bells jingled, and the sleds rolled on through snow.**

चाबुक फटकारे गए, घंटियां बजने लगीं और स्लेज बर्फ में आगे बढ़ने लगीं।

**But Buck knew what had happened—and so did every other dog.**

लेकिन बक को पता था कि क्या हुआ था - और हर अन्य कुत्ते को भी।

## The Toil of Reins and Trail
## लगाम और राह का परिश्रम

Thirty days after leaving Dawson, the Salt Water Mail reached Skaguay.

डावसन से रवाना होने के तीस दिन बाद, साल्ट वाटर मेल स्काग्वे पहुंचा।

Buck and his teammates pulled the lead, arriving in pitiful condition.

बक और उनके साथियों ने दयनीय स्थिति में पहुँचकर बढ़त हासिल कर ली।

Buck had dropped from one hundred forty to one hundred fifteen pounds.

बक का वजन एक सौ चालीस पाउंड से घटकर एक सौ पंद्रह पाउंड रह गया था।

The other dogs, though smaller, had lost even more body weight.

अन्य कुत्ते, हालांकि छोटे थे, उनका शरीर का वजन और भी अधिक कम हो गया था।

Pike, once a fake limper, now dragged a truly injured leg behind him.

पाइक, जो कभी नकली लंगड़ाता था, अब अपने पीछे सचमुच घायल पैर को घसीटता हुआ चल रहा था।

Solleks was limping badly, and Dub had a wrenched shoulder blade.

सोलेक्स बुरी तरह लंगड़ा रहा था, और डब के कंधे की हड्डी में चोट लगी थी।

Every dog in the team was footsore from weeks on the frozen trail.

टीम के प्रत्येक कुत्ते के पैर बर्फीले रास्ते पर कई सप्ताह तक रहने के कारण दर्द से पीड़ित थे।

They had no spring left in their steps, only slow, dragging motion.

उनके कदमों में कोई स्फूर्ति नहीं बची थी, केवल धीमी, घिसटती हुई चाल थी।

Their feet hit the trail hard, each step adding more strain to their bodies.

उनके पैर रास्ते पर जोर से टकराते थे, और हर कदम उनके शरीर पर अधिक दबाव डालता था।

They were not sick, only drained beyond all natural recovery.

वे बीमार नहीं थे, केवल इतना ही था कि उनका शरीर प्राकृतिक रूप से ठीक होने लायक नहीं रह गया था।

This was not tiredness from one hard day, cured with a night's rest.

यह एक कठिन दिन की थकान नहीं थी, जो एक रात के आराम से ठीक हो गई हो।

It was exhaustion built slowly through months of grueling effort.

यह महीनों के कठिन परिश्रम से धीरे-धीरे बढ़ती हुई थकावट थी।

No reserve strength remained—they had used up every bit they had.

कोई आरक्षित शक्ति नहीं बची थी - उन्होंने अपनी सारी ताकत खर्च कर दी थी।

Every muscle, fiber, and cell in their bodies was spent and worn.

उनके शरीर की प्रत्येक मांसपेशी, तंतु और कोशिका ख़त्म हो चुकी थी।

And there was a reason—they had covered twenty-five hundred miles.

और इसका एक कारण था - उन्होंने पच्चीस सौ मील की दूरी तय की थी।

They had rested only five days during the last eighteen hundred miles.

पिछले अठारह सौ मील की यात्रा के दौरान उन्होंने केवल पाँच दिन आराम किया था।

When they reached Skaguay, they looked barely able to stand upright.

जब वे स्कागुआय पहुंचे तो वे मुश्किल से सीधे खड़े हो पा रहे थे।

They struggled to keep the reins tight and stay ahead of the sled.

उन्हें लगाम कस कर रखने और स्लेज से आगे रहने के लिए संघर्ष करना पड़ा।

On downhill slopes, they only managed to avoid being run over.

ढलान पर वे बस कुचले जाने से बच पाए।

"March on, poor sore feet," the driver said as they limped along.

"आगे बढ़ो, बेचारे दुखते पैरों," ड्राइवर ने कहा और वे लंगड़ाते हुए आगे बढ़ रहे थे।

"This is the last stretch, then we all get one long rest, for sure."

"यह आखिरी पड़ाव है, फिर हम सभी को एक लम्बा आराम अवश्य मिलेगा।"

"One truly long rest," he promised, watching them stagger forward.

"एक सचमुच लम्बा विश्राम," उन्होंने उन्हें लड़खड़ाते हुए आगे बढ़ते देखकर वादा किया।

The drivers expected they were going to now get a long, needed break.

ड्राइवरों को उम्मीद थी कि अब उन्हें एक लम्बा और आवश्यक अवकाश मिलेगा।

They had traveled twelve hundred miles with only two days' rest.

उन्होंने केवल दो दिन के आराम के साथ बारह सौ मील की यात्रा की थी।

By fairness and reason, they felt they had earned time to relax.

निष्पक्षता और तर्क से कहें तो उन्हें लगा कि उन्होंने आराम करने के लिए समय अर्जित किया है।

But too many had come to the Klondike, and too few had stayed home.

लेकिन बहुत अधिक लोग क्लोंडाइक आ गए थे, और बहुत कम लोग घर पर रह गए थे।

Letters from families flooded in, creating piles of delayed mail.

परिवारों से आने वाले पत्रों की बाढ़ आ गई, जिससे देरी से पहुंचने वाले पत्रों का ढेर लग गया।

Official orders arrived—new Hudson Bay dogs were going to take over.

आधिकारिक आदेश आ गए - हडसन बे में नए कुत्ते कार्यभार संभालने जा रहे थे।

The exhausted dogs, now called worthless, were to be disposed of.

थके हुए कुत्तों को, जिन्हें अब बेकार कहा जाता था, निपटाया जाना था।

Since money mattered more than dogs, they were going to be sold cheaply.

चूंकि कुत्तों की तुलना में पैसा अधिक महत्वपूर्ण था, इसलिए उन्हें सस्ते दामों पर बेचा जाने वाला था।

Three more days passed before the dogs felt just how weak they were.

तीन दिन और बीतने के बाद कुत्तों को यह एहसास हुआ कि वे कितने कमज़ोर हो गए हैं।

On the fourth morning, two men from the States bought the whole team.

चौथी सुबह, अमेरिका से आये दो लोगों ने पूरी टीम खरीद ली।

The sale included all the dogs, plus their worn harness gear.

बिक्री में सभी कुत्तों के साथ-साथ उनके पहने हुए हार्नेस उपकरण भी शामिल थे।

The men called each other "Hal" and "Charles" as they completed the deal.

सौदा पूरा करते समय दोनों पुरुषों ने एक-दूसरे को "हैल" और "चार्ल्स" कहा।

Charles was middle-aged, pale, with limp lips and fierce mustache tips.

चार्ल्स मध्यम आयु का, पीला, लटके हुए होंठ और भयंकर मूंछों वाला था।

Hal was a young man, maybe nineteen, wearing a cartridge-stuffed belt.

हैल एक युवा व्यक्ति था, शायद उन्नीस वर्ष का, और उसने कारतूस से भरी बेल्ट पहन रखी थी।

The belt held a big revolver and a hunting knife, both unused.

बेल्ट में एक बड़ी रिवाल्वर और एक शिकार करने वाला चाकू रखा हुआ था, दोनों ही अप्रयुक्त थे।

It showed how inexperienced and unfit he was for northern life.

इससे पता चलता है कि वह उत्तरी जीवन के लिए कितना अनुभवहीन और अयोग्य था।

Neither man belonged in the wild; their presence defied all reason.

दोनों ही मनुष्य जंगल में नहीं रहते थे; उनकी उपस्थिति सभी तर्कों को चुनौती देती थी।

Buck watched as money exchanged hands between buyer and agent.

बक ने क्रेता और एजेंट के बीच पैसों का आदान-प्रदान होते देखा।

He knew the mail-train drivers were leaving his life like the rest.

वह जानता था कि मेल-ट्रेन ड्राइवर भी बाकी लोगों की तरह उसकी जिंदगी से जा रहे हैं।

They followed Perrault and François, now gone beyond recall.

उन्होंने पेरौल्ट और फ्रांकोइस का अनुसरण किया, जो अब याद करने लायक नहीं रहे।

Buck and the team were led to their new owners' sloppy camp.

बक और टीम को उनके नए मालिकों के शिविर में ले जाया गया।

The tent sagged, dishes were dirty, and everything lay in disarray.

तम्बू टूटा हुआ था, बर्तन गंदे थे और सब कुछ अस्त-व्यस्त पड़ा था।

Buck noticed a woman there too—Mercedes, Charles's wife and Hal's sister.

बक ने वहां एक महिला को भी देखा - मर्सिडीज, चार्ल्स की पत्नी और हैल की बहन।

They made a complete family, though far from suited to the trail.

वे एक पूर्ण परिवार थे, हालांकि वे इस यात्रा के लिए बिल्कुल भी उपयुक्त नहीं थे।

Buck watched nervously as the trio started packing the supplies.

बक ने घबराहट से देखा कि तीनों ने सामान पैक करना शुरू कर दिया।

They worked hard but without order—just fuss and wasted effort.

उन्होंने कड़ी मेहनत की लेकिन बिना किसी क्रम के - केवल उपद्रव और व्यर्थ प्रयास।

The tent was rolled into a bulky shape, far too large for the sled.

तम्बू को इतना भारी आकार दिया गया था कि वह स्लेज के लिए बहुत बड़ा था।

Dirty dishes were packed without being cleaned or dried at all.

गंदे बर्तनों को बिना साफ किए या सुखाए ही पैक कर दिया गया।

Mercedes fluttered about, constantly talking, correcting, and meddling.

मर्सिडीज इधर-उधर घूम रही थी, लगातार बातें कर रही थी, सुधार कर रही थी, और हस्तक्षेप कर रही थी।

When a sack was placed on front, she insisted it go on the back.

जब एक बोरी सामने रखी गई तो उसने जोर देकर कहा कि इसे पीछे रखा जाए।

She packed the sack in the bottom, and the next moment she needed it.

उसने बोरा नीचे रख दिया और अगले ही पल उसे इसकी जरूरत पड़ गयी।

So the sled was unpacked again to reach the one specific bag.

इसलिए एक विशेष बैग तक पहुंचने के लिए स्लेज को फिर से खोला गया।

Nearby, three men stood outside a tent, watching the scene unfold.

पास ही एक तंबू के बाहर तीन आदमी खड़े होकर यह दृश्य देख रहे थे।

They smiled, winked, and grinned at the newcomers' obvious confusion.

वे नवागंतुकों की स्पष्ट उलझन को देखकर मुस्कुराये, आँख मारी और मुस्कुराये।

"You've got a right heavy load already," said one of the men.

"तुम्हारे ऊपर पहले से ही बहुत भारी बोझ है", उनमें से एक आदमी ने कहा।

"I don't think you should carry that tent, but it's your choice."

"मुझे नहीं लगता कि आपको वह तम्बू ले जाना चाहिए, लेकिन यह आपकी पसंद है।"

"Undreamed of!" cried Mercedes, throwing up her hands in despair.

"अकल्पनीय!" मर्सिडीज़ ने निराशा में अपने हाथ ऊपर उठाते हुए कहा।

"How could I possibly travel without a tent to stay under?"

"मैं बिना किसी तंबू के कैसे यात्रा कर सकता हूँ?"

"It's springtime—you won't see cold weather again," the man replied.

"यह वसंत ऋतु है - आप फिर कभी ठंड का मौसम नहीं देखेंगे," आदमी ने जवाब दिया।

But she shook her head, and they kept piling items onto the sled.

लेकिन उसने अपना सिर हिला दिया, और वे स्लेज पर सामान जमा करते रहे।

The load towered dangerously high as they added the final things.

जब वे अंतिम चीजें जोड़ रहे थे तो भार खतरनाक रूप से ऊंचा हो गया।

"Think the sled will ride?" asked one of the men with a skeptical look.

"क्या आपको लगता है कि स्लेज चलेगी?" एक आदमी ने संदेह भरी नज़र से पूछा।

"Why shouldn't it?" Charles snapped back with sharp annoyance.

"ऐसा क्यों नहीं होना चाहिए?" चार्ल्स ने तीखी झुंझलाहट के साथ जवाब दिया।

"Oh, that's all right," the man said quickly, backing away from offense.

"ओह, यह सब ठीक है," आदमी ने जल्दी से कहा, और अपना आपा खो दिया।

"I was only wondering—it just looked a bit too top-heavy to me."

"मैं तो बस यही सोच रहा था - यह तो मुझे थोड़ा ज़्यादा भारी लग रहा था।"

Charles turned away and tied down the load as best as he could.

चार्ल्स ने मुड़कर जितना संभव हो सका, बोझ को बांध दिया।

But the lashings were loose and the packing poorly done overall.

लेकिन पट्टियाँ ढीली थीं और पैकिंग भी कुल मिलाकर खराब थी।

"Sure, the dogs will pull that all day," another man said sarcastically.

"ज़रूर, कुत्ते पूरे दिन यही खींचते रहेंगे," एक और आदमी ने व्यंग्यात्मक लहज़े में कहा।

"Of course," Hal replied coldly, grabbing the sled's long gee-pole.

"बेशक," हेल ने ठंडे स्वर में जवाब दिया और स्लेज के लंबे जी-पोल को पकड़ लिया।

With one hand on the pole, he swung the whip in the other.

एक हाथ से डंडे पर, दूसरे हाथ से उसने कोड़ा घुमाया।

"Let's go!" he shouted. "Move it!" urging the dogs to start.

"चलो चलें!" वह चिल्लाया। "चलें!" कुत्तों को चलने के लिए प्रेरित करते हुए।

The dogs leaned into the harness and strained for a few moments.

कुत्ते कुछ क्षणों के लिए रस्सी से बंधे और तनाव में आ गए।

Then they stopped, unable to budge the overloaded sled an inch.

फिर वे रुक गए, क्योंकि वे अतिभारित स्लेज को एक इंच भी हिलाने में असमर्थ थे।

"The lazy brutes!" Hal yelled, lifting the whip to strike them.

"आलसी जानवर!" हैल ने चिल्लाते हुए उन्हें मारने के लिए कोड़ा उठाया।

But Mercedes rushed in and seized the whip from Hal's hands.

लेकिन मर्सिडीज ने दौड़कर हैल के हाथों से चाबुक छीन लिया।

"Oh, Hal, don't you dare hurt them," she cried in alarm.

"ओह, हैल, उन्हें चोट पहुँचाने की हिम्मत मत करना," वह घबरा कर चिल्लाई।

"Promise me you'll be kind to them, or I won't go another step."

"मुझसे वादा करो कि तुम उनके प्रति दयालु रहोगे, नहीं तो मैं एक कदम भी आगे नहीं बढ़ूंगा।"

"You don't know a thing about dogs," Hal snapped at his sister.

"तुम्हें कुत्तों के बारे में कुछ भी नहीं पता," हैल ने अपनी बहन पर चिल्लाते हुए कहा।

"They're lazy, and the only way to move them is to whip them."

"वे आलसी हैं, और उन्हें चलाने का एकमात्र तरीका उन्हें कोड़ा मारना है।"

"Ask anyone—ask one of those men over there if you doubt me."

"किसी से भी पूछो - अगर तुम्हें मुझ पर शक है तो वहाँ बैठे किसी आदमी से पूछो।"

Mercedes looked at the onlookers with pleading, tearful eyes.

मर्सिडीज़ ने दर्शकों की ओर नम आंखों से देखा।

Her face showed how deeply she hated the sight of any pain.

उसके चेहरे से पता चल रहा था कि वह किसी भी दर्द को देखने से कितनी नफरत करती थी।

"They're weak, that's all," one man said. "They're worn out."

एक आदमी ने कहा, "वे कमज़ोर हैं, बस इतना ही। वे घिस चुके हैं।"

"They need rest—they've been worked too long without a break."

"उन्हें आराम की ज़रूरत है - वे बिना ब्रेक के बहुत लंबे समय से काम कर रहे हैं।"

"Rest be cursed," Hal muttered with his lip curled.

"बाकी सब धिक्कार है," हैल ने अपने होंठ सिकोड़ते हुए कहा।

Mercedes gasped, clearly pained by the coarse word from him.

मर्सिडीज़ ने चौंककर कहा, उसे उसके मुंह से निकले अपशब्दों से स्पष्ट रूप से दुख हुआ था।

Still, she stayed loyal and instantly defended her brother.

फिर भी, वह वफादार रही और उसने तुरंत अपने भाई का बचाव किया।

"Don't mind that man," she said to Hal. "They're our dogs."

"उस आदमी की परवाह मत करो," उसने हैल से कहा। "वे हमारे कुत्ते हैं।"

"You drive them as you see fit—do what you think is right."

"आप उन्हें वैसे ही चलाएं जैसा आप उचित समझें - वही करें जो आपको सही लगे।"

Hal raised the whip and struck the dogs again without mercy.

हैल ने कोड़ा उठाया और कुत्तों पर बिना किसी दया के पुनः प्रहार किया।

They lunged forward, bodies low, feet pushing into the snow.

वे आगे की ओर झुके, शरीर नीचे झुके हुए थे, पैर बर्फ में धंसे हुए थे।

All their strength went into the pull, but the sled wasn't moving.

उनकी सारी ताकत खींचने में लग गई, लेकिन स्लेज आगे नहीं बढ़ रही थी।

The sled stayed stuck, like an anchor frozen into the packed snow.

स्लेज वहीं अटकी रही, जैसे कोई लंगर जमी हुई बर्फ में फंस गया हो।

After a second effort, the dogs stopped again, panting hard.

दूसरे प्रयास के बाद कुत्ते फिर रुक गए और जोर-जोर से हाँफने लगे।

Hal raised the whip once more, just as Mercedes interfered again.

हेल ने एक बार फिर चाबुक उठाया, तभी मर्सिडीज ने फिर हस्तक्षेप किया।

She dropped to her knees in front of Buck and hugged his neck.

वह बक के सामने घुटनों के बल बैठ गई और उसकी गर्दन को गले लगा लिया।

Tears filled her eyes as she pleaded with the exhausted dog.

थके हुए कुत्ते से विनती करते हुए उसकी आंखों में आंसू भर आए।

"You poor dears," she said, "why don't you just pull harder?"

"बेचारे, तुम लोग, थोड़ा और जोर से क्यों नहीं खींचते?" उसने कहा।

"If you pull, then you won't get to be whipped like this."

"अगर तुम खींचोगे, तो तुम्हें इस तरह से कोड़े नहीं मारे जाएँगे।"

Buck disliked Mercedes, but he was too tired to resist her now.

बक को मर्सिडीज़ नापसंद थी, लेकिन अब वह उसका विरोध करने में असमर्थ था।

He accepted her tears as just another part of the miserable day.

उसने उसके आँसुओं को उस दुखद दिन का एक और हिस्सा मानकर स्वीकार कर लिया।

One of the watching men finally spoke after holding back his anger.

वहां मौजूद एक व्यक्ति ने अपना गुस्सा काबू में रखते हुए आखिरकार बात की।

**"I don't care what happens to you folks, but those dogs matter."**

"मुझे परवाह नहीं कि आप लोगों के साथ क्या होता है, लेकिन उन कुत्तों का महत्व है।"

**"If you want to help, break that sled loose—it's frozen to the snow."**

"यदि आप मदद करना चाहते हैं, तो उस स्लेज को ढीला कर दें - यह बर्फ में जम गया है।"

**"Push hard on the gee-pole, right and left, and break the ice seal."**

"जी-पोल पर ज़ोर से धक्का दो, दाएँ और बाएँ, और बर्फ़ की सील तोड़ दो।"

**A third attempt was made, this time following the man's suggestion.**

इस बार उस व्यक्ति के सुझाव पर तीसरा प्रयास किया गया।

**Hal rocked the sled from side to side, breaking the runners loose.**

हैल ने स्लेज को एक ओर से दूसरी ओर हिलाया, जिससे धावक अलग हो गए।

**The sled, though overloaded and awkward, finally lurched forward.**

स्लेज, हालांकि अधिक भार से लदी हुई और बेढंगी थी, अंततः आगे बढ़ गई।

**Buck and the others pulled wildly, driven by a storm of whiplashes.**

बक और अन्य लोग तेज झटके के साथ बेतहाशा आगे बढ़ रहे थे।

**A hundred yards ahead, the trail curved and sloped into the street.**

सौ गज आगे रास्ता घुमावदार होकर सड़क पर उतर गया।

It was going to have taken a skilled driver to keep the sled upright.

स्लेज को सीधा रखने के लिए एक कुशल चालक की आवश्यकता थी।

Hal was not skilled, and the sled tipped as it swung around the bend.

हैल कुशल नहीं था, और जब स्लेज मोड़ पर घूमी तो वह पलट गई।

Loose lashings gave way, and half the load spilled onto the snow.

ढीली रस्सियाँ टूट गईं और आधा भार बर्फ पर गिर गया।

The dogs did not stop; the lighter sled flew along on its side.

कुत्ते नहीं रुके; हल्का स्लेज अपनी तरफ उड़ता चला गया।

Angry from abuse and the heavy burden, the dogs ran faster.

दुर्व्यवहार और भारी बोझ से क्रोधित होकर कुत्ते और तेजी से भागने लगे।

Buck, in fury, broke into a run, with the team following behind.

बक गुस्से में दौड़ पड़े, उनकी टीम भी उनके पीछे-पीछे चलने लगी।

Hal shouted "Whoa! Whoa!" but the team paid no attention to him.

हैल चिल्लाया "वाह! वाह!" लेकिन टीम ने उस पर कोई ध्यान नहीं दिया।

He tripped, fell, and was dragged along the ground by the harness.

वह लड़खड़ाकर गिर पड़ा और रस्सी के सहारे ज़मीन पर घसीटा गया।

The overturned sled bumped over him as the dogs raced on ahead.

कुत्ते आगे बढ़ते हुए पलटी हुई स्लेज से टकरा गए।

**The rest of the supplies scattered across Skaguay's busy street.**

बाकी सामान स्कागुए की व्यस्त सड़क पर बिखरा पड़ा था।

**Kind-hearted people rushed to stop the dogs and gather the gear.**

दयालु लोग कुत्तों को रोकने और सामान इकट्ठा करने के लिए दौड़े।

**They also gave advice, blunt and practical, to the new travelers.**

उन्होंने नये यात्रियों को स्पष्ट एवं व्यावहारिक सलाह भी दी।

**"If you want to reach Dawson, take half the load and double the dogs."**

"यदि आप डावसन तक पहुंचना चाहते हैं, तो आधा भार ले जाएं और कुत्तों को दोगुना कर दें।"

**Hal, Charles, and Mercedes listened, though not with enthusiasm.**

हैल, चार्ल्स और मर्सिडीज ने उनकी बातें सुनीं, हालांकि उत्साह के साथ नहीं।

**They pitched their tent and started sorting through their supplies.**

उन्होंने अपना तंबू लगाया और अपनी आपूर्ति को छांटना शुरू कर दिया।

**Out came canned goods, which made onlookers laugh aloud.**

बाहर डिब्बाबंद सामान आया, जिसे देखकर देखने वाले लोग जोर से हंसने लगे।

**"Canned stuff on the trail? You'll starve before that melts," one said.**

"ट्रेल पर डिब्बाबंद सामान? इससे पहले कि वह पिघले, आप भूखे मर जाएंगे," एक ने कहा।

**"Hotel blankets? You're better off throwing them all out."**

"होटल के कम्बल? बेहतर होगा कि आप उन्हें फेंक दें।"

"Ditch the tent, too, and no one washes dishes here."

"तम्बू भी हटा दो, और यहाँ कोई बर्तन नहीं धोएगा।"

"You think you're riding a Pullman train with servants on board?"

"क्या आपको लगता है कि आप नौकरों के साथ पुलमैन ट्रेन में सफर कर रहे हैं?"

The process began—every useless item was tossed to the side.

प्रक्रिया शुरू हुई - हर बेकार वस्तु को एक तरफ फेंक दिया गया।

Mercedes cried when her bags were emptied onto the snowy ground.

जब मर्सिडीज के बैग बर्फीली जमीन पर फेंके गए तो वह रोने लगी।

She sobbed over every item thrown out, one by one without pause.

वह बिना रुके, एक-एक करके बाहर फेंकी गई प्रत्येक वस्तु पर रोती रही।

She vowed not to go one more step—not even for ten Charleses.

उसने कसम खाई कि वह एक कदम भी आगे नहीं बढ़ेगी - दस चार्ल्स के लिए भी नहीं।

She begged each person nearby to let her keep her precious things.

उसने आस-पास खड़े हर व्यक्ति से अपनी कीमती चीजें रखने की विनती की।

At last, she wiped her eyes and began tossing even vital clothes.

अन्त में उसने अपनी आँखें पोंछीं और अपने महत्वपूर्ण कपड़े भी फेंकने लगी।

**When done with her own, she began emptying the men's supplies.**

जब उसका काम पूरा हो गया तो उसने पुरुषों का सामान खाली करना शुरू कर दिया।

**Like a whirlwind, she tore through Charles and Hal's belongings.**

बवंडर की तरह, उसने चार्ल्स और हैल के सामान को तहस-नहस कर दिया।

**Though the load was halved, it was still far heavier than needed.**

यद्यपि भार आधा हो गया था, फिर भी यह आवश्यकता से कहीं अधिक भारी था।

**That night, Charles and Hal went out and bought six new dogs.**

उस रात, चार्ल्स और हैल बाहर गये और छह नये कुत्ते खरीद लाये।

**These new dogs joined the original six, plus Teek and Koona.**

ये नए कुत्ते मूल छह कुत्तों के साथ टीक और कूना में शामिल हो गए।

**Together they made a team of fourteen dogs hitched to the sled.**

उन्होंने मिलकर स्लेज से जुड़े चौदह कुत्तों का एक दल बनाया।

**But the new dogs were unfit and poorly trained for sled work.**

लेकिन नए कुत्ते स्लेज कार्य के लिए अयोग्य थे और उन्हें ठीक से प्रशिक्षित नहीं किया गया था।

**Three of the dogs were short-haired pointers, and one was a Newfoundland.**

इनमें से तीन कुत्ते छोटे बालों वाले पॉइंटर थे, तथा एक न्यूफ़ाउंडलैंड था।

The final two dogs were mutts of no clear breed or purpose at all.

अंतिम दो कुत्ते ऐसे थे जिनकी नस्ल या उद्देश्य स्पष्ट नहीं था।

They didn't understand the trail, and they didn't learn it quickly.

वे रास्ता नहीं समझ पाए और उन्होंने इसे जल्दी नहीं सीखा।

Buck and his mates watched them with scorn and deep irritation.

बक और उसके साथी उन्हें घृणा और गहरी खीझ के साथ देख रहे थे।

Though Buck taught them what not to do, he could not teach duty.

यद्यपि बक ने उन्हें सिखाया कि क्या नहीं करना चाहिए, परन्तु वह कर्तव्य नहीं सिखा सका।

They didn't take well to trail life or the pull of reins and sleds.

वे पगडंडी पर चलने वाले जीवन या लगाम और स्लेज के खिंचाव को अच्छी तरह से स्वीकार नहीं करते थे।

Only the mongrels tried to adapt, and even they lacked fighting spirit.

केवल संकर जातियों ने ही अनुकूलन का प्रयास किया, और उनमें भी लड़ने की भावना का अभाव था।

The other dogs were confused, weakened, and broken by their new life.

अन्य कुत्ते अपने नए जीवन से भ्रमित, कमजोर और टूटे हुए थे।

With the new dogs clueless and the old ones exhausted, hope was thin.

नए कुत्तों के पास कोई जानकारी नहीं थी और पुराने कुत्ते थक चुके थे, इसलिए उम्मीद बहुत कम थी।

Buck's team had covered twenty-five hundred miles of harsh trail.

बक की टीम ने पच्चीस सौ मील की कठिन राह तय की थी।

Still, the two men were cheerful and proud of their large dog team.

फिर भी, दोनों व्यक्ति प्रसन्न थे और उन्हें अपने बड़े कुत्ते दल पर गर्व था।

They thought they were traveling in style, with fourteen dogs hitched.

उन्हें लगा कि वे चौदह कुत्तों को साथ लेकर शानदार तरीके से यात्रा कर रहे हैं।

They had seen sleds leave for Dawson, and others arrive from it.

उन्होंने स्लेजों को डाउसन के लिए रवाना होते तथा अन्य को वहां से आते देखा था।

But never had they seen one pulled by as many as fourteen dogs.

लेकिन उन्होंने कभी भी एक गाड़ी को चौदह कुत्तों द्वारा खींचते हुए नहीं देखा था।

There was a reason such teams were rare in the Arctic wilderness.

आर्कटिक के जंगलों में ऐसी टीमें दुर्लभ थीं, इसका एक कारण यह भी था।

No sled could carry enough food to feed fourteen dogs for the trip.

कोई भी स्लेज यात्रा के दौरान चौदह कुत्तों को खिलाने के लिए पर्याप्त भोजन नहीं ले जा सकता था।

But Charles and Hal didn't know that—they had done the math.

लेकिन चार्ल्स और हैल को यह पता नहीं था - उन्होंने गणित कर लिया था।

They penciled out the food: so much per dog, so many days, done.

उन्होंने भोजन की मात्रा निर्धारित कर ली थी: प्रति कुत्ते इतना, इतने दिनों में, तैयार।

Mercedes looked at their figures and nodded as if it made sense.

मर्सिडीज़ ने उनके आंकड़े देखे और सिर हिलाया जैसे कि यह बात सही हो।

It all seemed very simple to her, at least on paper.

कम से कम कागज़ पर तो उसे यह सब बहुत सरल लगा।


The next morning, Buck led the team slowly up the snowy street.

अगली सुबह, बक ने टीम को बर्फीली सड़क पर धीरे-धीरे आगे बढ़ाया।

There was no energy or spirit in him or the dogs behind him.

उसमें या उसके पीछे खड़े कुत्तों में कोई ऊर्जा या उत्साह नहीं था।

They were dead tired from the start—there was no reserve left.

वे शुरू से ही बहुत थके हुए थे - उनके पास कोई अतिरिक्त ताकत नहीं बची थी।

Buck had made four trips between Salt Water and Dawson already.

बक पहले ही साल्ट वाटर और डावसन के बीच चार यात्राएं कर चुका था।

Now, faced with the same trail again, he felt nothing but bitterness.

अब, पुनः उसी राह पर चलते हुए, उसे केवल कड़वाहट महसूस हुई।

His heart was not in it, nor were the hearts of the other dogs.

न तो उसका दिल इसमें था और न ही अन्य कुत्तों का दिल इसमें था।

The new dogs were timid, and the huskies lacked all trust.

नये कुत्ते डरपोक थे और हस्कीज़ में विश्वास की कमी थी।

Buck sensed he could not rely on these two men or their sister.

बक को लगा कि वह इन दो व्यक्तियों या उनकी बहन पर भरोसा नहीं कर सकता।

They knew nothing and showed no signs of learning on the trail.

वे कुछ भी नहीं जानते थे और इस मार्ग पर सीखने का कोई संकेत भी नहीं दिखा।

They were disorganized and lacked any sense of discipline.

वे अव्यवस्थित थे और उनमें अनुशासन की भावना का अभाव था।

It took them half the night to set up a sloppy camp each time.

हर बार उन्हें एक ढीला-ढाला शिविर स्थापित करने में आधी रात लग जाती थी।

And half the next morning they spent fumbling with the sled again.

और अगली सुबह का आधा समय उन्होंने फिर से स्लेज के साथ छेड़छाड़ में बिताया।

By noon, they often stopped just to fix the uneven load.

दोपहर तक, वे अक्सर असमान लोड को ठीक करने के लिए रुक जाते थे।

On some days, they traveled less than ten miles in total.

कुछ दिनों में तो उन्होंने कुल मिलाकर दस मील से भी कम की यात्रा की।

Other days, they didn't manage to leave camp at all.

अन्य दिनों में तो वे शिविर से बाहर ही नहीं निकल पाते थे।

They never came close to covering the planned food-distance.

वे कभी भी नियोजित भोजन-दूरी को पूरा करने के करीब नहीं पहुंचे।

As expected, they ran short on food for the dogs very quickly.

जैसी कि उम्मीद थी, बहुत जल्दी ही कुत्तों के लिए भोजन की कमी हो गई।

They made matters worse by overfeeding in the early days.

शुरुआती दिनों में अधिक खिलाकर उन्होंने मामले को और बदतर बना दिया।

This brought starvation closer with every careless ration.

इससे प्रत्येक लापरवाह राशन के साथ भुखमरी निकट आती गई।

The new dogs had not learned to survive on very little.

नये कुत्तों ने बहुत कम में जीवित रहना नहीं सीखा था।

They ate hungrily, with appetites too large for the trail.

वे भूख से खा रहे थे, उनकी भूख इतनी अधिक थी कि वे रास्ते में ही खाना खा सकते थे।

Seeing the dogs weaken, Hal believed the food wasn't enough.

कुत्तों को कमजोर होते देख, हैल को लगा कि भोजन पर्याप्त नहीं है।

He doubled the rations, making the mistake even worse.

उसने राशन दोगुना कर दिया, जिससे गलती और भी गंभीर हो गई।

Mercedes added to the problem with tears and soft pleading.

मर्सिडीज ने आंसू बहाकर और धीमी विनती करके समस्या को और बढ़ा दिया।

When she couldn't convince Hal, she fed the dogs in secret.

जब वह हैल को मना नहीं सकी तो उसने गुप्त रूप से कुत्तों को खाना खिलाया।

She stole from the fish sacks and gave it to them behind his back.

उसने मछलियों की बोरियों से कुछ चुराया और उसकी पीठ पीछे उन्हें दे दिया।

But what the dogs truly needed wasn't more food—it was rest.

लेकिन कुत्तों को वास्तव में अधिक भोजन की नहीं, बल्कि आराम की आवश्यकता थी।

They were making poor time, but the heavy sled still dragged on.

वे समय कम निकाल पा रहे थे, लेकिन भारी स्लेज फिर भी घिसटती जा रही थी।

That weight alone drained their remaining strength each day.

अकेले उस वजन के कारण ही उनकी शेष शक्ति प्रतिदिन समाप्त हो रही थी।

Then came the stage of underfeeding as the supplies ran low.

इसके बाद आपूर्ति कम होने के कारण अल्पपोषण की स्थिति आ गई।

Hal realized one morning that half the dog food was already gone.

एक सुबह हैल को एहसास हुआ कि कुत्ते का आधा खाना तो पहले ही ख़त्म हो चुका था।

They had only traveled a quarter of the total trail distance.

उन्होंने कुल दूरी का केवल एक चौथाई ही तय किया था।

No more food could be bought, no matter what price was offered.

अब और भोजन नहीं खरीदा जा सकता था, चाहे कोई भी कीमत दी जाए।

He reduced the dogs' portions below the standard daily ration.

उन्होंने कुत्तों के भोजन को मानक दैनिक राशन से कम कर दिया।

At the same time, he demanded longer travel to make up for loss.

साथ ही उन्होंने नुकसान की भरपाई के लिए लंबी यात्रा की मांग की।

Mercedes and Charles supported this plan, but failed in execution.

मर्सिडीज़ और चार्ल्स ने इस योजना का समर्थन किया, लेकिन क्रियान्वयन में असफल रहे।

Their heavy sled and lack of skill made progress nearly impossible.

उनके भारी स्लेज और कौशल की कमी के कारण आगे बढ़ना लगभग असंभव हो गया।

It was easy to give less food, but impossible to force more effort.

कम भोजन देना आसान था, लेकिन अधिक प्रयास करने के लिए मजबूर करना असंभव था।

They couldn't start early, nor could they travel for extra hours.

वे न तो जल्दी काम शुरू कर सकते थे और न ही अतिरिक्त घंटों तक यात्रा कर सकते थे।

They didn't know how to work the dogs, nor themselves, for that matter.

वे न तो कुत्तों के साथ काम करना जानते थे, न ही स्वयं अपने साथ।

The first dog to die was Dub, the unlucky but hardworking thief.

मरने वाला पहला कुत्ता डब था, जो बदकिस्मत लेकिन मेहनती चोर था।

Though often punished, Dub had pulled his weight without complaint.

यद्यपि अक्सर उसे दंडित किया जाता था, लेकिन डब ने बिना किसी शिकायत के अपना काम किया।

His injured shoulder grew worse without care or needed rest.

बिना देखभाल या आराम के उनका घायल कंधा और भी खराब हो गया।

Finally, Hal used the revolver to end Dub's suffering.

अंततः, हेल ने डब की पीड़ा को समाप्त करने के लिए रिवॉल्वर का इस्तेमाल किया।

A common saying claimed that normal dogs die on husky rations.

एक आम कहावत है कि सामान्य कुत्ते हस्की राशन पर मर जाते हैं।

Buck's six new companions had only half the husky's share of food.

बक के छह नए साथियों को हस्की के हिस्से का केवल आधा भोजन मिला।

The Newfoundland died first, then the three short-haired pointers.

सबसे पहले न्यूफाउंडलैंड की मृत्यु हुई, उसके बाद तीन छोटे बालों वाले पॉइंटर्स की।

The two mongrels held on longer but finally perished like the rest.

दोनों संकर मादाएं काफी समय तक जीवित रहीं, लेकिन अंततः बाकी की तरह उनकी भी मृत्यु हो गई।

By this time, all the amenities and gentleness of the Southland were gone.

इस समय तक, साउथलैंड की सभी सुविधाएं और सौम्यता समाप्त हो चुकी थी।

The three people had shed the last traces of their civilized upbringing.

तीनों लोगों ने अपने सभ्य पालन-पोषण के अंतिम निशान मिटा दिए थे।

Stripped of glamour and romance, Arctic travel became brutally real.

ग्लैमर और रोमांस से रहित, आर्कटिक यात्रा क्रूर रूप से वास्तविक हो गई।

It was a reality too harsh for their sense of manhood and womanhood.

यह वास्तविकता उनके पुरुषत्व और नारीत्व की भावना के लिए बहुत कठोर थी।

Mercedes no longer wept for the dogs, but now wept only for herself.

मर्सिडीज अब कुत्तों के लिए नहीं रोती थी, बल्कि केवल अपने लिए रोती थी।

She spent her time crying and quarreling with Hal and Charles.

वह अपना समय हैल और चार्ल्स के साथ रोते और झगड़ते हुए बिताती थी।

Quarreling was the one thing they were never too tired to do.

झगड़ा करना एक ऐसा काम था जिसे करने से वे कभी थकते नहीं थे।

Their irritability came from misery, grew with it, and surpassed it.

उनका चिड़चिड़ापन दुःख से आया, उसके साथ बढ़ता गया, और उससे आगे निकल गया।

The patience of the trail, known to those who toil and suffer kindly, never came.

पथ पर चलने का धैर्य, जो उन लोगों को ज्ञात है जो दयालुता से परिश्रम करते हैं और कष्ट सहते हैं, कभी नहीं आया।

That patience, which keeps speech sweet through pain, was unknown to them.

वह धैर्य, जो कष्ट में भी वाणी को मधुर बनाये रखता है, उन्हें ज्ञात नहीं था।

They had no hint of patience, no strength drawn from suffering with grace.

उनमें धैर्य का कोई चिह्न नहीं था, न ही अनुग्रहपूर्वक कष्ट सहने की शक्ति थी।

They were stiff with pain—aching in their muscles, bones, and hearts.

वे दर्द से अकड़ गए थे - उनकी मांसपेशियों, हड्डियों और दिल में दर्द हो रहा था।

Because of this, they grew sharp of tongue and quick with harsh words.

इस कारण वे तीखे वचन बोलने वाले और कठोर वचन बोलने में तेज हो गये।

Each day began and ended with angry voices and bitter complaints.

प्रत्येक दिन गुस्से भरी आवाजों और कटु शिकायतों के साथ शुरू और ख़त्म होता था।

Charles and Hal wrangled whenever Mercedes gave them a chance.

जब भी मर्सिडीज़ को मौका मिलता, चार्ल्स और हैल झगड़ने लगते।

Each man believed he did more than his fair share of the work.

प्रत्येक व्यक्ति का मानना था कि उसने अपने हिस्से से अधिक काम किया है।

Neither ever missed a chance to say so, again and again.

दोनों ने ऐसा कहने का कोई मौका नहीं छोड़ा, बार-बार।

Sometimes Mercedes sided with Charles, sometimes with Hal.

कभी मर्सिडीज चार्ल्स का पक्ष लेती, कभी हैल का।

This led to a grand and endless quarrel among the three.

इससे तीनों के बीच बड़ा और अंतहीन झगड़ा शुरू हो गया।

A dispute over who should chop firewood grew out of control.

जलाऊ लकड़ी कौन काटेगा, इस पर विवाद नियंत्रण से बाहर हो गया।

Soon, fathers, mothers, cousins, and dead relatives were named.

जल्द ही, पिता, माता, चचेरे भाई-बहन और मृत रिश्तेदारों के नाम भी घोषित कर दिए गए।

Hal's views on art or his uncle's plays became part of the fight.

कला या अपने चाचा के नाटकों पर हैल के विचार लड़ाई का हिस्सा बन गए।

Charles's political beliefs also entered the debate.

चार्ल्स की राजनीतिक मान्यताएं भी बहस में शामिल हो गईं।

To Mercedes, even her husband's sister's gossip seemed relevant.

मर्सिडीज को तो अपने पति की बहन की गपशप भी प्रासंगिक लगती थी।

She aired opinions on that and on many of Charles's family's flaws.

उन्होंने इस विषय पर तथा चार्ल्स के परिवार की अनेक खामियों पर अपनी राय व्यक्त की।

While they argued, the fire stayed unlit and camp half set.

जब वे बहस कर रहे थे, तब आग बुझी हुई थी और शिविर आधा तैयार था।

Meanwhile, the dogs remained cold and without any food.

इस बीच, कुत्ते ठंड से ठिठुरते रहे और उन्हें भोजन भी नहीं मिला।

Mercedes held a grievance she considered deeply personal.

मर्सिडीज़ के पास एक शिकायत थी जिसे वह बेहद निजी मानती थी।

She felt mistreated as a woman, denied her gentle privileges.

उन्होंने महसूस किया कि एक महिला के रूप में उनके साथ दुर्व्यवहार किया गया तथा उन्हें विशेषाधिकारों से वंचित रखा गया।

She was pretty and soft, and used to chivalry all her life.

वह सुन्दर और कोमल थी, तथा जीवन भर शिष्टता से काम लेती रही।

But her husband and brother now treated her with impatience.

लेकिन अब उसके पति और भाई उसके साथ अधीरता से पेश आने लगे।

Her habit was to act helpless, and they began to complain.

उसकी आदत असहाय होने का नाटक करने की थी, और वे शिकायत करने लगे।

Offended by this, she made their lives all the more difficult.

इससे नाराज होकर उसने उनका जीवन और भी कठिन बना दिया।

She ignored the dogs and insisted on riding the sled herself.

उसने कुत्तों की उपेक्षा की और स्वयं स्लेज की सवारी करने पर जोर दिया।

Though light in looks, she weighed one hundred twenty pounds.

यद्यपि वह देखने में गोरी थी, परन्तु उसका वजन एक सौ बीस पाउंड था।

That added burden was too much for the starving, weak dogs.

भूखे, कमज़ोर कुत्तों के लिए यह अतिरिक्त बोझ बहुत ज़्यादा था।

Still, she rode for days, until the dogs collapsed in the reins.

फिर भी, वह कई दिनों तक घुड़सवारी करती रही, जब तक कि कुत्ते लगाम में फंसकर थक नहीं गए।

The sled stood still, and Charles and Hal begged her to walk.

स्लेज वहीं खड़ी रही और चार्ल्स और हैल ने उससे चलने की विनती की।

They pleaded and entreated, but she wept and called them cruel.

उन्होंने बहुत विनती की, अनुनय-विनय की, लेकिन वह रोती रही और उन्हें क्रूर कहती रही।

On one occasion, they pulled her off the sled with sheer force and anger.

एक अवसर पर, उन्होंने उसे बहुत बल और क्रोध के साथ स्लेज से नीचे खींच लिया।

They never tried again after what happened that time.

उस बार जो हुआ उसके बाद उन्होंने दोबारा कभी प्रयास नहीं किया।

She went limp like a spoiled child and sat in the snow.

वह एक बिगड़ैल बच्चे की तरह लंगड़ाती हुई बर्फ में बैठ गयी।

They moved on, but she refused to rise or follow behind.

वे आगे बढ़ गए, लेकिन उसने उठने या उनके पीछे आने से इनकार कर दिया।

**After three miles, they stopped, returned, and carried her back.**

तीन मील चलने के बाद वे रुके, वापस लौटे और उसे वापस ले गए।

**They reloaded her onto the sled, again using brute strength.**

उन्होंने पुनः पूरी ताकत लगाकर उसे स्लेज पर लाद दिया।

**In their deep misery, they were callous to the dogs' suffering.**

अपनी गहरी व्यथा में वे कुत्तों की पीड़ा के प्रति उदासीन थे।

**Hal believed one must get hardened and forced that belief on others.**

हैल का मानना था कि व्यक्ति को कठोर होना चाहिए और उसने यह विश्वास दूसरों पर भी थोपा।

**He first tried to preach his philosophy to his sister**

उन्होंने सबसे पहले अपनी बहन को अपना दर्शनशास्त्र समझाने की कोशिश की।

**and then, without success, he preached to his brother-in-law.**

और फिर, सफलता न मिलने पर, उसने अपने बहनोई को उपदेश दिया।

**He had more success with the dogs, but only because he hurt them.**

कुत्तों के साथ उसे अधिक सफलता मिली, लेकिन केवल इसलिए क्योंकि उसने उन्हें चोट पहुंचाई थी।

**At Five Fingers, the dog food ran out of food completely.**

फाइव फिंगर्स में कुत्तों के लिए भोजन पूरी तरह से ख़त्म हो गया।

**A toothless old squaw sold a few pounds of frozen horse-hide**

एक दंतहीन बूढ़ी महिला ने कुछ पाउंड जमे हुए घोड़े की खाल बेची

Hal traded his revolver for the dried horse-hide.

हैल ने अपनी रिवाल्वर को सूखे घोड़े की खाल के बदले बेच दिया।

The meat had come from starved horses of cattlemen months before.

यह मांस महीनों पहले भूखे पशुपालकों के घोड़ों से लाया गया था।

Frozen, the hide was like galvanized iron; tough and inedible.

जमने पर चमड़ा लोहे की तरह सख्त और अखाद्य हो गया था।

The dogs had to chew endlessly at the hide to eat it.

कुत्तों को खाल को खाने के लिए उसे लगातार चबाना पड़ा।

But the leathery strings and short hair were hardly nourishment.

लेकिन चमड़े की डोरियाँ और छोटे बाल पोषण के लिए बिलकुल भी उपयुक्त नहीं थे।

Most of the hide was irritating, and not food in any true sense.

खाल का अधिकांश भाग परेशान करने वाला था, तथा सही मायनों में भोजन नहीं था।

And through it all, Buck staggered at the front, like in a nightmare.

और इस सबके बीच, बक किसी बुरे सपने की तरह आगे की ओर लड़खड़ाता रहा।

He pulled when able; when not, he lay until whip or club raised him.

जब सक्षम होता तो वह खींचता था; जब सक्षम नहीं होता तो तब तक लेटा रहता था जब तक चाबुक या डंडे से उसे उठाया नहीं जाता था।

His fine, glossy coat had lost all stiffness and sheen it once had.

उसके सुन्दर, चमकदार बालों की सारी कठोरता और चमक खत्म हो गई थी।

His hair hung limp, draggled, and clotted with dried blood from the blows.

उसके बाल लटक रहे थे, उलझे हुए थे, और मार से सूखे खून से जम गए थे।

His muscles shrank to cords, and his flesh pads were all worn away.

उसकी मांसपेशियाँ सिकुड़कर तार जैसी हो गयी थीं, और उसकी मांस-तंतु सब घिस गये थे।

Each rib, each bone showed clearly through folds of wrinkled skin.

प्रत्येक पसली, प्रत्येक हड्डी झुर्रीदार त्वचा की तहों के माध्यम से स्पष्ट रूप से दिखाई दे रही थी।

It was heartbreaking, yet Buck's heart could not break.

यह हृदय विदारक था, फिर भी बक का दिल नहीं टूट सका।

The man in the red sweater had tested that and proved it long ago.

लाल स्वेटर वाले व्यक्ति ने बहुत पहले ही इसका परीक्षण कर लिया था और इसे सिद्ध भी कर दिया था।

As it was with Buck, so it was with all his remaining teammates.

जैसा बक के साथ हुआ, वैसा ही उसके सभी शेष साथियों के साथ भी हुआ।

There were seven in total, each one a walking skeleton of misery.

कुल सात लोग थे, जिनमें से प्रत्येक दुख का चलता-फिरता कंकाल था।

They had grown numb to lash, feeling only distant pain.

वे कोड़ों के प्रति सुन्न हो गए थे, केवल दूर का दर्द ही महसूस कर रहे थे।

Even sight and sound reached them faintly, as through a thick fog.

यहां तक कि दृश्य और ध्वनि भी उन तक धुंधले रूप से पहुंचती थी, जैसे घने कोहरे के माध्यम से।

They were not half alive—they were bones with dim sparks inside.

वे आधे जीवित नहीं थे - वे हड्डियाँ थीं जिनके अन्दर मंद चिंगारियाँ थीं।

When stopped, they collapsed like corpses, their sparks almost gone.

जब उन्हें रोका गया तो वे लाशों की तरह गिर पड़े, उनकी चिंगारियां लगभग खत्म हो गईं।

And when the whip or club struck again, the sparks fluttered weakly.

और जब चाबुक या डंडा दोबारा मारा जाता तो चिंगारियां कमजोर ढंग से फड़फड़ातीं।

Then they rose, staggered forward, and dragged their limbs ahead.

फिर वे उठे, लड़खड़ाते हुए आगे बढ़े और अपने अंगों को घसीटते हुए आगे बढ़े।

One day kind Billee fell and could no longer rise at all.

एक दिन दयालु बिली गिर पड़ी और फिर उठ न सकी।

Hal had traded his revolver, so he used an axe to kill Billee instead.

हैल ने अपनी रिवाल्वर बेच दी थी, इसलिए उसने बिली को मारने के लिए कुल्हाड़ी का इस्तेमाल किया।

He struck him on the head, then cut his body free and dragged it away.

उसने उसके सिर पर वार किया, फिर उसके शरीर को काटकर अलग कर दिया और उसे घसीटकर ले गया।

Buck saw this, and so did the others; they knew death was near.

बक ने यह देखा, और अन्य लोगों ने भी; वे जानते थे कि मृत्यु निकट है।

Next day Koona went, leaving just five dogs in the starving team.

अगले दिन कूना चला गया, और भूखे दल में केवल पांच कुत्ते रह गए।

Joe, no longer mean, was too far gone to be aware of much at all.

जो अब दुष्ट नहीं रहा, वह इतना दूर चला गया था कि उसे कुछ भी पता नहीं था।

Pike, no longer faking his injury, was barely conscious.

पाइक अब चोट का नाटक नहीं कर रहा था, वह लगभग बेहोश था।

Solleks, still faithful, mourned he had no strength to give.

सोलेक्स, जो अभी भी वफादार था, शोक मनाता रहा कि उसके पास देने के लिए कोई ताकत नहीं थी।

Teek was beaten most because he was fresher, but fading fast.

टीक को सबसे अधिक इसलिए हराया गया क्योंकि वह नया था, लेकिन तेजी से कमजोर होता जा रहा था।

And Buck, still in the lead, no longer kept order or enforced it.

और बक, जो अभी भी नेतृत्व में था, अब न तो व्यवस्था बनाए रखता था और न ही उसे लागू करता था।

Half blind with weakness, Buck followed the trail by feel alone.

कमजोरी के कारण आधा अंधा होकर बक अकेले ही मार्ग का अनुसरण करता रहा।

It was beautiful spring weather, but none of them noticed it.

मौसम बहुत सुंदर था, लेकिन किसी ने इस पर ध्यान नहीं दिया।

Each day the sun rose earlier and set later than before.

प्रत्येक दिन सूर्य पहले की अपेक्षा पहले उदय होता था और बाद में अस्त होता था।

By three in the morning, dawn had come; twilight lasted till nine.

सुबह तीन बजे तक भोर हो गई, तथा अँधेरा नौ बजे तक जारी रहा।

The long days were filled with the full blaze of spring sunshine.

लम्बे दिन वसंत की धूप की पूरी चमक से भरे हुए थे।

The ghostly silence of winter had changed into a warm murmur.

सर्दियों की भूतिया खामोशी एक गर्म बड़बड़ाहट में बदल गई थी।

All the land was waking, alive with the joy of living things.

सारी धरती जाग रही थी, जीवित प्राणियों के आनंद से जीवंत।

The sound came from what had lain dead and still through winter.

यह ध्वनि उस चीज़ से आ रही थी जो सर्दियों के दौरान मृत और स्थिर पड़ी थी।

Now, those things moved again, shaking off the long frost sleep.

अब, वे चीजें फिर से हिलने लगीं, जिससे लम्बी ठंडी नींद टूट गई।

Sap was rising through the dark trunks of the waiting pine trees.

प्रतीक्षारत देवदार के पेड़ों के काले तनों से रस निकल रहा था।

Willows and aspens burst out bright young buds on each twig.

विलो और ऐस्पन की प्रत्येक टहनी पर चमकीली युवा कलियाँ फूटती हैं।

Shrubs and vines put on fresh green as the woods came alive.

जंगल जीवंत हो गया और झाड़ियाँ और लताएँ हरी हो गईं।

Crickets chirped at night, and bugs crawled in daylight sun.

रात में झींगुर चहचहाते थे और दिन के उजाले में कीड़े रेंगते थे।

Partridges boomed, and woodpeckers knocked deep in the trees.

तीतरों की दहाड़ सुनाई दी और कठफोड़वे पेड़ों की गहराई में दस्तक देने लगे।

Squirrels chattered, birds sang, and geese honked over the dogs.

गिलहरियाँ चहचहा रही थीं, पक्षी गा रहे थे, और हंस कुत्तों के ऊपर भौंक रहे थे।

The wild-fowl came in sharp wedges, flying up from the south.

जंगली पक्षी तीखे पंखों के साथ दक्षिण दिशा से उड़ते हुए आये।

From every hillside came the music of hidden, rushing streams.

हर पहाड़ी से छुपी हुई, तेज़ बहती धाराओं का संगीत आ रहा था।

All things thawed and snapped, bent and burst back into motion.

सभी चीजें पिघल गईं, टूट गईं, मुड़ गईं और पुनः गति में आ गईं।

The Yukon strained to break the cold chains of frozen ice.

युकोन ने जमी हुई बर्फ की शीत श्रृंखलाओं को तोड़ने के लिए कड़ी मेहनत की।

The ice melted underneath, while the sun melted it from above.

बर्फ नीचे से पिघल रही थी, जबकि सूरज उसे ऊपर से पिघला रहा था।

Air-holes opened, cracks spread, and chunks fell into the river.

हवा के छिद्र खुल गए, दरारें फैल गईं और टुकड़े नदी में गिरने लगे।

Amid all this bursting and blazing life, the travelers staggered.

इस भागदौड़ भरी जिंदगी के बीच यात्री लड़खड़ा रहे थे।

Two men, a woman, and a pack of huskies walked like the dead.

दो पुरुष, एक महिला और हस्की (एक प्रकार का पक्षी) का एक झुंड मरे हुए लोगों की तरह चल रहे थे।

The dogs were falling, Mercedes wept, but still rode the sled.

कुत्ते गिर रहे थे, मर्सिडीज रो रही थी, लेकिन फिर भी स्लेज पर सवार थी।

Hal cursed weakly, and Charles blinked through watering eyes.

हैल ने कमजोर स्वर में कोसा और चार्ल्स ने नम आंखों से पलकें झपकाईं।

They stumbled into John Thornton's camp by White River's mouth.

वे व्हाइट नदी के मुहाने पर जॉन थॉर्नटन के शिविर में पहुंचे।

When they stopped, the dogs dropped flat, as if all struck dead.

जब वे रुके तो कुत्ते नीचे गिर पड़े, मानो सभी मर गए हों।

Mercedes wiped her tears and looked across at John Thornton.

मर्सिडीज ने अपने आँसू पोंछे और जॉन थॉर्नटन की ओर देखा।

Charles sat on a log, slowly and stiffly, aching from the trail.

चार्ल्स एक लकड़ी के लट्ठे पर धीरे-धीरे और अकड़कर बैठा, उसे रास्ते में दर्द हो रहा था।

Hal did the talking as Thornton carved the end of an axe-handle.

हैल ने बात की, जबकि थॉर्नटन ने कुल्हाड़ी के हैंडल का अंत तराशा।

He whittled birch wood and answered with brief, firm replies.

उसने सन्टी की लकड़ी को छीला और संक्षिप्त, दृढ़ उत्तर दिया।

When asked, he gave advice, certain it wasn't going to be followed.

जब उनसे पूछा गया तो उन्होंने सलाह दी, लेकिन उन्हें यकीन था कि इसका पालन नहीं किया जाएगा।

Hal explained, "They told us the trail ice was dropping out."

हैल ने बताया, "उन्होंने हमें बताया कि रास्ते से बर्फ पिघल रही है।"

"They said we should stay put—but we made it to White River."

"उन्होंने कहा कि हमें यहीं रुकना चाहिए - लेकिन हम व्हाइट रिवर तक पहुंच गए।"

He ended with a sneering tone, as if to claim victory in hardship.

उन्होंने व्यंग्यात्मक लहजे में अपनी बात समाप्त की, मानो कठिनाई में विजय का दावा कर रहे हों।

"And they told you true," John Thornton answered Hal quietly.

"और उन्होंने तुम्हें सच बताया," जॉन थॉर्नटन ने हैल को शांति से उत्तर दिया।

"The ice may give way at any moment—it's ready to drop out."

"बर्फ किसी भी क्षण टूट सकती है - यह गिरने के लिए तैयार है।"

"Only blind luck and fools could have made it this far alive."

"केवल अंधे भाग्य और मूर्ख ही इतनी दूर तक जीवित बच सकते थे।"

"I tell you straight, I wouldn't risk my life for all Alaska's gold."

"मैं आपको स्पष्ट रूप से बताता हूं, मैं अलास्का के सारे सोने के लिए अपनी जान जोखिम में नहीं डालूंगा।"

"That's because you're not a fool, I suppose," Hal answered.

"ऐसा इसलिए है क्योंकि आप मूर्ख नहीं हैं, मुझे लगता है," हैल ने उत्तर दिया।

"All the same, we'll go on to Dawson." He uncoiled his whip.

"फिर भी, हम डाउसन की ओर चलेंगे।" उसने अपना चाबुक निकाला।

"Get up there, Buck! Hi! Get up! Go on!" he shouted harshly.

"वहाँ चढ़ जाओ, बक! हाय! उठो! चलो!" वह कठोरता से चिल्लाया।

Thornton kept whittling, knowing fools won't hear reason.

थॉर्नटन लगातार नक्काशी करते रहे, क्योंकि उन्हें पता था कि मूर्ख लोग तर्क नहीं सुनेंगे।

To stop a fool was futile—and two or three fooled changed nothing.

एक मूर्ख को रोकना व्यर्थ था - और दो या तीन बार मूर्ख बनाये जाने से कुछ नहीं बदलता।

But the team didn't move at the sound of Hal's command.

लेकिन हैल के आदेश पर भी टीम आगे नहीं बढ़ी।

By now, only blows could make them rise and pull forward.

अब तक केवल प्रहार से ही उन्हें उठाया जा सकता था और आगे खींचा जा सकता था।

The whip snapped again and again across the weakened dogs.

कमज़ोर कुत्तों पर बार-बार चाबुक बरसाया गया।

John Thornton pressed his lips tightly and watched in silence.

जॉन थॉर्नटन ने अपने होठों को कसकर दबाया और चुपचाप देखता रहा।

Solleks was the first to crawl to his feet under the lash.

सोलेक्स कोड़े की मार के नीचे रेंगकर अपने पैरों पर खड़ा होने वाला पहला व्यक्ति था।

Then Teek followed, trembling. Joe yelped as he stumbled up.

फिर टीक कांपता हुआ उसके पीछे आया। जो लड़खड़ाते हुए उठा और चिल्लाया।

Pike tried to rise, failed twice, then finally stood unsteadily.

पाइक ने उठने की कोशिश की, दो बार असफल रहा, फिर अंततः अस्थिर होकर खड़ा हो गया।

But Buck lay where he had fallen, not moving at all this time.

लेकिन बक वहीं पड़ा रहा जहां वह गिरा था, इस बार वह बिल्कुल भी नहीं हिला।

The whip slashed him over and over, but he made no sound.
कोड़े ने उसे बार-बार मारा, लेकिन उसने कोई आवाज नहीं की।

He did not flinch or resist, simply remained still and quiet.
वह न तो झुका और न ही प्रतिरोध किया, बस शांत और स्थिर रहा।

Thornton stirred more than once, as if to speak, but didn't.
थॉर्नटन एक से अधिक बार हिला, मानो बोलना चाहता हो, लेकिन बोला नहीं।

His eyes grew wet, and still the whip cracked against Buck.
उसकी आँखें नम हो गईं, और फिर भी कोड़ा बक पर टूट पड़ा।

At last, Thornton began pacing slowly, unsure of what to do.
अंततः थॉर्नटन धीरे-धीरे चलने लगा, उसे समझ में नहीं आ रहा था कि क्या करे।

It was the first time Buck had failed, and Hal grew furious.
यह पहली बार था जब बक असफल हुआ था, और हैल क्रोधित हो गया।

He threw down the whip and picked up the heavy club instead.
उसने चाबुक फेंक दिया और उसकी जगह भारी डंडा उठा लिया।

The wooden club came down hard, but Buck still did not rise to move.
लकड़ी का डंडा जोर से नीचे गिरा, लेकिन बक फिर भी हिलने के लिए नहीं उठा।

Like his teammates, he was too weak—but more than that.

अपने साथियों की तरह वह भी बहुत कमज़ोर था - लेकिन उससे भी अधिक।

Buck had decided not to move, no matter what came next.

बक ने निर्णय कर लिया था कि वह आगे नहीं बढ़ेगा, चाहे आगे कुछ भी हो।

He felt something dark and certain hovering just ahead.

उसे लगा कि कुछ अंधकारमय और निश्चित चीज़ उसके सामने ही मँडरा रही है।

That dread had seized him as soon as he reached the riverbank.

नदी किनारे पहुंचते ही उस भय ने उसे जकड़ लिया।

The feeling had not left him since he felt the ice thin under his paws.

जब से उसने अपने पंजों के नीचे बर्फ की पतली परत को महसूस किया था, तब से यह एहसास उसके अंदर से खत्म नहीं हुआ था।

Something terrible was waiting—he felt it just down the trail.

कुछ भयानक चीज़ उसकी प्रतीक्षा कर रही थी - उसे यह अहसास रास्ते के नीचे ही हुआ।

He wasn't going to walk towards that terrible thing ahead

वह उस भयानक चीज़ की ओर नहीं जा रहा था जो आगे आने वाली थी

He was not going to obey any command that took him to that thing.

वह किसी भी आदेश का पालन नहीं करने वाला था जो उसे उस चीज़ तक ले जाता।

The pain of the blows hardly touched him now—he was too far gone.

अब उसे मार का दर्द भी महसूस नहीं हो रहा था - वह बहुत दूर जा चुका था।

The spark of life flickered low, dimmed beneath each cruel strike.

जीवन की चिंगारी धीमी गति से टिमटिमा रही थी, प्रत्येक क्रूर प्रहार के नीचे मंद पड़ रही थी।

His limbs felt distant; his whole body seemed to belong to another.

उसके अंग दूर-दूर लग रहे थे; उसका पूरा शरीर किसी और का लग रहा था।

He felt a strange numbness as the pain faded out completely.

जैसे ही दर्द पूरी तरह खत्म हुआ, उसे एक अजीब सी सुन्नता महसूस हुई।

From far away, he sensed he was being beaten, but barely knew.

दूर से उसे महसूस हो गया कि उसे पीटा जा रहा है, लेकिन उसे इसका पता नहीं चला।

He could hear the thuds faintly, but they no longer truly hurt.

वह धमाकों की हल्की आवाज सुन सकता था, लेकिन अब उनसे कोई वास्तविक चोट नहीं लगती थी।

The blows landed, but his body no longer seemed like his own.

वार तो हुए, लेकिन उसका शरीर अब उसका अपना नहीं लग रहा था।

Then suddenly, without warning, John Thornton gave a wild cry.

तभी अचानक, बिना किसी चेतावनी के, जॉन थॉर्नटन ने जोर से चीख मारी।

It was inarticulate, more the cry of a beast than of a man.

यह अस्पष्ट थी, मनुष्य की नहीं, बल्कि पशु की चीख थी।

**He leapt at the man with the club and knocked Hal backward.**

वह डंडा लिए हुए आदमी पर झपटा और हैल को पीछे की ओर गिरा दिया।

**Hal flew as if struck by a tree, landing hard upon the ground.**

हैल ऐसे उड़ा जैसे किसी पेड़ से टकराया हो, और जोर से ज़मीन पर गिरा।

**Mercedes screamed aloud in panic and clutched at her face.**

मर्सिडीज़ घबराहट में जोर से चिल्लाई और अपना चेहरा पकड़ लिया।

**Charles only looked on, wiped his eyes, and stayed seated.**

चार्ल्स केवल देखता रहा, अपनी आंखें पोंछता रहा और बैठा रहा।

**His body was too stiff with pain to rise or help in the fight.**

उसका शरीर दर्द से इतना अकड़ गया था कि वह उठ नहीं सका या लड़ाई में मदद नहीं कर सका।

**Thornton stood over Buck, trembling with fury, unable to speak.**

थॉर्नटन बक के पास खड़ा था, क्रोध से कांप रहा था, बोल नहीं पा रहा था।

**He shook with rage and fought to find his voice through it.**

वह क्रोध से कांप उठा और अपनी आवाज निकालने की कोशिश करने लगा।

**"If you strike that dog again, I'll kill you," he finally said.**

अंत में उसने कहा, "अगर तुमने उस कुत्ते पर दोबारा हमला किया तो मैं तुम्हें मार डालूंगा।"

**Hal wiped blood from his mouth and came forward again.**

हैल ने अपने मुंह से खून पोंछा और पुनः आगे आया।

"It's my dog," he muttered. "Get out of the way, or I'll fix you."

"यह मेरा कुत्ता है," वह बुदबुदाया। "रास्ते से हट जाओ, नहीं तो मैं तुम्हें मार डालूँगा।"

"I'm going to Dawson, and you're not stopping me," he added.

उन्होंने कहा, "मैं डाउसन जा रहा हूं और आप मुझे रोक नहीं रहे हैं।"

Thornton stood firm between Buck and the angry young man.

बक और क्रोधित युवक के बीच थॉर्नटन मजबूती से खड़ा रहा।

He had no intention of stepping aside or letting Hal pass.

उसका एक तरफ हटने या हैल को जाने देने का कोई इरादा नहीं था।

Hal pulled out his hunting knife, long and dangerous in hand.

हैल ने अपना शिकार करने वाला चाकू निकाला, जो हाथ में लम्बा और खतरनाक था।

Mercedes screamed, then cried, then laughed in wild hysteria.

मर्सिडीज पहले चीखी, फिर रोई, फिर उन्माद में हंसने लगी।

Thornton struck Hal's hand with his axe-handle, hard and fast.

थॉर्नटन ने अपनी कुल्हाड़ी के हैंडल से हैल के हाथ पर जोरदार और तेज प्रहार किया।

The knife was knocked loose from Hal's grip and flew to the ground.

चाकू हेल की पकड़ से छूटकर ज़मीन पर गिर गया।

Hal tried to pick the knife up, and Thornton rapped his knuckles again.

हैल ने चाकू उठाने की कोशिश की, और थॉर्नटन ने फिर से उसकी अंगुलियों पर थपकी दी।

Then Thornton stooped down, grabbed the knife, and held it.

तभी थॉर्नटन नीचे झुका, चाकू पकड़ लिया और उसे पकड़ लिया।

With two quick chops of the axe-handle, he cut Buck's reins.

कुल्हाड़ी के हैंडल के दो तेज वार से उसने बक की लगाम काट दी।

Hal had no fight left in him and stepped back from the dog.

हैल में लड़ने की कोई क्षमता नहीं बची थी और वह कुत्ते से पीछे हट गया।

Besides, Mercedes needed both arms now to keep her upright.

इसके अलावा, मर्सिडीज को अब सीधा खड़े रहने के लिए दोनों हाथों की जरूरत थी।

Buck was too near death to be of use for pulling a sled again.

बक मौत के इतने करीब था कि वह फिर से स्लेज खींचने के काम में नहीं आ सका।

A few minutes later, they pulled out, heading down the river.

कुछ मिनट बाद वे नदी की ओर बढ़ चले।

Buck raised his head weakly and watched them leave the bank.

बक ने कमज़ोरी से अपना सिर उठाया और उन्हें बैंक से बाहर जाते हुए देखा।

Pike led the team, with Solleks at the rear in the wheel spot.

पाइक ने टीम का नेतृत्व किया, जबकि सोलेक्स व्हील स्पॉट पर सबसे पीछे थे।

Joe and Teek walked between, both limping with exhaustion.

जो और टीक दोनों ही थकान के कारण लंगड़ाते हुए उनके बीच से गुजरे।

Mercedes sat on the sled, and Hal gripped the long gee-pole.

मर्सिडीज़ स्लेज पर बैठ गई और हैल ने लंबे जी-पोल को पकड़ लिया।

Charles stumbled behind, his steps clumsy and uncertain.

चार्ल्स पीछे से लड़खड़ाता हुआ आया, उसके कदम अनाड़ी और अनिश्चित थे।

Thornton knelt by Buck and gently felt for broken bones.

थॉर्नटन बक के पास घुटनों के बल बैठ गया और धीरे से टूटी हड्डियों को छूने लगा।

His hands were rough but moved with kindness and care.

उसके हाथ खुरदरे थे, लेकिन दयालुता और देखभाल से चलते थे।

Buck's body was bruised but showed no lasting injury.

बक के शरीर पर चोटें थीं, लेकिन कोई स्थायी चोट नहीं थी।

What remained was terrible hunger and near-total weakness.

जो बचा वह था भयंकर भूख और लगभग पूर्ण कमजोरी।

By the time this was clear, the sled had gone far downriver.

जब तक यह बात स्पष्ट हुई, स्लेज नदी में काफी दूर जा चुकी थी।

Man and dog watched the sled slowly crawl over the cracking ice.

आदमी और कुत्ते ने स्लेज को धीरे-धीरे टूटती बर्फ पर रेंगते हुए देखा।

Then, they saw the sled sink down into a hollow.

तभी उन्होंने देखा कि स्लेज एक गड्ढे में डूब गई।

The gee-pole flew up, with Hal still clinging to it in vain.

जी-पोल उड़ गया, और हेल अभी भी व्यर्थ ही उससे चिपका हुआ था।

Mercedes's scream reached them across the cold distance.

मर्सिडीज़ की चीख दूर-दूर तक उन तक पहुंची।

Charles turned and stepped back—but he was too late.

चार्ल्स मुड़ा और पीछे हट गया - लेकिन तब तक बहुत देर हो चुकी थी।

A whole ice sheet gave way, and they all dropped through.

पूरी बर्फ की चादर टूट गई और वे सभी नीचे गिर गए।

Dogs, sled, and people vanished into the black water below.

कुत्ते, स्लेज और लोग नीचे काले पानी में गायब हो गए।

Only a wide hole in the ice was left where they had passed.

जहां से वे गुजरे थे वहां बर्फ में केवल एक चौड़ा छेद रह गया था।

The trail's bottom had dropped out—just as Thornton warned.

पगडंडी का निचला हिस्सा ढह चुका था - ठीक वैसे ही जैसा कि थॉर्नटन ने चेतावनी दी थी।

Thornton and Buck looked at one another, silent for a moment.

थॉर्नटन और बक एक दूसरे की ओर देखते रहे, एक क्षण के लिए चुप हो गए।

"You poor devil," said Thornton softly, and Buck licked his hand.

"तुम बेचारे शैतान हो," थॉर्नटन ने धीरे से कहा, और बक ने अपना हाथ चाटा।

## For the Love of a Man
## एक आदमी के प्यार के लिए

John Thornton froze his feet in the cold of the previous December.

पिछले दिसंबर की ठंड में जॉन थॉर्नटन के पैर जम गए थे।

His partners made him comfortable and left him to recover alone.

उनके सहयोगियों ने उन्हें सहज महसूस कराया और उन्हें अकेले ही ठीक होने के लिए छोड़ दिया।

They went up the river to gather a raft of saw-logs for Dawson.

वे डाउसन के लिए लकड़ियों का एक बेड़ा इकट्ठा करने नदी पर गए।

He was still limping slightly when he rescued Buck from death.

जब उन्होंने बक को मौत से बचाया तब भी वह थोड़ा लंगड़ा रहे थे।

But with warm weather continuing, even that limp disappeared.

लेकिन गर्म मौसम जारी रहने के कारण वह लंगड़ाहट भी गायब हो गई।

Lying by the riverbank during long spring days, Buck rested.

लंबे वसंत के दिनों में नदी के किनारे लेटकर बक आराम करता था।

He watched the flowing water and listened to birds and insects.

वह बहते पानी को देखता और पक्षियों और कीड़ों की आवाजें सुनता।

Slowly, Buck regained his strength under the sun and sky.

धीरे-धीरे, बक ने सूरज और आकाश के नीचे अपनी ताकत वापस पा ली।

A rest felt wonderful after traveling three thousand miles.

तीन हजार मील की यात्रा के बाद विश्राम अद्भुत लगा।

Buck became lazy as his wounds healed and his body filled out.

जैसे-जैसे उसके घाव भरते गए और शरीर भरता गया, बक आलसी होता गया।

His muscles grew firm, and flesh returned to cover his bones.

उसकी मांसपेशियाँ मजबूत हो गईं और उसकी हड्डियों पर मांस फिर से जम गया।

They were all resting—Buck, Thornton, Skeet, and Nig.

वे सभी आराम कर रहे थे - बक, थॉर्नटन, स्कीट और निग।

They waited for the raft that was going to carry them down to Dawson.

वे उस बेड़ा का इंतजार कर रहे थे जो उन्हें डाउसन तक ले जाने वाला था।

Skeet was a small Irish setter who made friends with Buck.

स्कीट एक छोटा आयरिश सेटर था जिसने बक से दोस्ती कर ली थी।

Buck was too weak and ill to resist her at their first meeting.

बक इतना कमजोर और बीमार था कि पहली मुलाकात में उसका विरोध नहीं कर सका।

Skeet had the healer trait that some dogs naturally possess.

स्कीट में उपचारक गुण था जो कुछ कुत्तों में स्वाभाविक रूप से पाया जाता है।

Like a mother cat, she licked and cleaned Buck's raw wounds.

एक माँ बिल्ली की तरह, उसने बक के कच्चे घावों को चाटा और साफ़ किया।

Every morning after breakfast, she repeated her careful work.

हर सुबह नाश्ते के बाद, वह अपना सावधानीपूर्वक किया गया काम दोहराती थी।

Buck came to expect her help as much as he did Thornton's.

बक को थॉर्नटन की तरह ही उससे भी मदद की उम्मीद थी।

Nig was friendly too, but less open and less affectionate.

निग भी मिलनसार था, लेकिन कम खुला और कम स्नेही था।

Nig was a big black dog, part bloodhound and part deerhound.

निग एक बड़ा काला कुत्ता था, जो आंशिक रूप से ब्लडहाउंड और आंशिक रूप से डियरहाउंड था।

He had laughing eyes and endless good nature in his spirit.

उसकी आँखें हँसती थीं और आत्मा में असीम अच्छा स्वभाव था।

To Buck's surprise, neither dog showed jealousy toward him.

बक को आश्चर्य हुआ कि किसी भी कुत्ते ने उसके प्रति ईर्ष्या नहीं दिखाई।

Both Skeet and Nig shared the kindness of John Thornton.

स्कीट और निग दोनों ने जॉन थॉर्नटन की दयालुता को साझा किया।

As Buck got stronger, they lured him into foolish dog games.

जैसे-जैसे बक मजबूत होता गया, उन्होंने उसे मूर्खतापूर्ण कुत्तों के खेलों में फंसा दिया।

Thornton often played with them too, unable to resist their joy.

थॉर्नटन भी अक्सर उनके साथ खेला करते थे और उनकी खुशी को रोक नहीं पाते थे।

In this playful way, Buck moved from illness to a new life.

इस खेलपूर्ण तरीके से, बक बीमारी से निकलकर एक नए जीवन की ओर बढ़ गया।

Love—true, burning, and passionate love—was his at last.

प्रेम - सच्चा, ज्वलंत और भावुक प्रेम - अंततः उसका था।

He had never known this kind of love at Miller's estate.

उन्होंने मिलर की संपत्ति में इस तरह का प्यार कभी नहीं देखा था।

With the Judge's sons, he had shared work and adventure.

जज के बेटों के साथ उन्होंने काम और साहसिक कार्य साझा किये थे।

With the grandsons, he saw stiff and boastful pride.

पोते-पोतियों के साथ उन्होंने कठोर और घमंडी गर्व देखा।

With Judge Miller himself, he had a respectful friendship.

स्वयं न्यायाधीश मिलर के साथ उनकी सम्मानजनक मित्रता थी।

But love that was fire, madness, and worship came with Thornton.

लेकिन वह प्रेम जो आग, पागलपन और पूजा था, थॉर्नटन के साथ आया।

This man had saved Buck's life, and that alone meant a great deal.

इस आदमी ने बक की जान बचाई थी और केवल यही बात बहुत मायने रखती थी।

But more than that, John Thornton was the ideal kind of master.

लेकिन इससे भी बढ़कर, जॉन थॉर्नटन एक आदर्श प्रकार के गुरु थे।

Other men cared for dogs out of duty or business necessity.

अन्य लोग कर्तव्य या व्यावसायिक आवश्यकता के कारण कुत्तों की देखभाल करते थे।

John Thornton cared for his dogs as if they were his children.

जॉन थॉर्नटन अपने कुत्तों की देखभाल ऐसे करते थे जैसे वे उनके बच्चे हों।

He cared for them because he loved them and simply could not help it.

वह उनकी देखभाल करता था क्योंकि वह उनसे प्यार करता था और इसमें कोई मदद नहीं कर सकता था।

John Thornton saw even further than most men ever managed to see.

जॉन थॉर्नटन ने उससे भी अधिक दूर तक देखा जितना कि अधिकांश लोग कभी नहीं देख पाए।

He never forgot to greet them kindly or speak a cheering word.

वह उनका विनम्रतापूर्वक अभिवादन करना या उत्साहवर्धक शब्द बोलना कभी नहीं भूलते थे।

He loved sitting down with the dogs for long talks, or "gassy," as he said.

उन्हें कुत्तों के साथ बैठकर लम्बी बातें करना बहुत पसंद था, या जैसा कि वे कहते थे, "गैसी"।

He liked to seize Buck's head roughly between his strong hands.

उसे बक के सिर को अपने मजबूत हाथों से जोर से पकड़ना पसंद था।

Then he rested his own head against Buck's and shook him gently.

फिर उसने अपना सिर बक के सिर पर टिका दिया और उसे धीरे से हिलाया।

All the while, he called Buck rude names that meant love to Buck.

इस दौरान वह बक को अभद्र नामों से पुकारता रहा, जो बक के लिए प्रेम का प्रतीक थे।

To Buck, that rough embrace and those words brought deep joy.

बक के लिए वह कठोर आलिंगन और वे शब्द गहरी खुशी लेकर आये।

His heart seemed to shake loose with happiness at each movement.

प्रत्येक हरकत पर उसका हृदय खुशी से उछल पड़ता था।

When he sprang up afterward, his mouth looked like it laughed.

जब वह बाद में उछला तो उसके मुंह से ऐसा लग रहा था जैसे वह हंस रहा हो।

His eyes shone brightly and his throat trembled with unspoken joy.

उसकी आँखें चमक उठीं और उसका गला अवर्णनीय खुशी से काँप उठा।

His smile stood still in that state of emotion and glowing affection.

भावना और प्रज्वलित स्नेह की उस अवस्था में उनकी मुस्कान स्थिर रही।

Then Thornton exclaimed thoughtfully, "God! he can almost speak!"

तब थॉर्नटन ने सोच-विचार कर कहा, "भगवान! वह लगभग बोल सकता है!"

Buck had a strange way of expressing love that nearly caused pain.

बक का प्यार व्यक्त करने का तरीका अजीब था, जिससे लगभग दर्द होता था।

He often griped Thornton's hand in his teeth very tightly.

वह अक्सर थॉर्नटन के हाथ को अपने दांतों में कसकर पकड़ लेता था।

The bite was going to leave deep marks that stayed for some time after.

काटने के गहरे निशान रह गए जो कुछ समय तक बने रहे।

Buck believed those oaths were love, and Thornton knew the same.

बक का मानना था कि ये शपथें प्रेम थीं, और थॉर्नटन भी यही जानता था।

Most often, Buck's love showed in quiet, almost silent adoration.

अधिकतर, बक का प्रेम शांत, लगभग मौन आराधना में प्रकट होता था।

Though thrilled when touched or spoken to, he did not seek attention.

यद्यपि उसे छूने या उससे बात करने पर वह प्रसन्न हो जाता था, फिर भी वह ध्यान आकर्षित नहीं करना चाहता था।

Skeet nudged her nose under Thornton's hand until he petted her.

स्कीट ने अपनी नाक को थॉर्नटन के हाथ के नीचे तब तक दबाया जब तक कि उसने उसे सहलाया नहीं।

Nig walked up quietly and rested his large head on Thornton's knee.

निग चुपचाप चला आया और अपना बड़ा सिर थॉर्नटन के घुटने पर टिका दिया।

Buck, in contrast, was satisfied to love from a respectful distance.

इसके विपरीत, बक सम्मानजनक दूरी से प्यार करने में संतुष्ट था।

He lied for hours at Thornton's feet, alert and watching closely.

वह घंटों तक थॉर्नटन के पैरों के पास लेटा रहा, सतर्क और बारीकी से देखता रहा।

Buck studied every detail of his master's face and slightest motion.

बक ने अपने मालिक के चेहरे के हर विवरण और उसकी छोटी से छोटी हरकत का अध्ययन किया।

Or lied farther away, studying the man's shape in silence.

या फिर दूर लेटकर चुपचाप उस आदमी की आकृति का अध्ययन करता रहता।

Buck watched each small move, each shift in posture or gesture.

बक ने प्रत्येक छोटी सी हरकत, मुद्रा या हाव-भाव में प्रत्येक बदलाव को ध्यान से देखा।

So powerful was this connection that often pulled Thornton's gaze.

यह संबंध इतना शक्तिशाली था कि अक्सर थॉर्नटन की नजर उस पर पड़ जाती थी।

He met Buck's eyes with no words, love shining clearly through.

उसने बिना कुछ कहे बक की आँखों से आँखें मिलाईं, उनमें प्रेम स्पष्ट झलक रहा था।

For a long while after being saved, Buck never let Thornton out of sight.

बचाए जाने के बाद काफी समय तक बक ने थॉर्नटन को अपनी नजरों से ओझल नहीं होने दिया।

Whenever Thornton left the tent, Buck followed him closely outside.

जब भी थॉर्नटन तम्बू से बाहर निकलता, बक उसके पीछे-पीछे बाहर तक जाता।

**All the harsh masters in the Northland had made Buck afraid to trust.**

नॉर्थलैंड के सभी कठोर स्वामियों ने बक को भरोसा करने से डरा दिया था।

**He feared no man could remain his master for more than a short time.**

उन्हें डर था कि कोई भी व्यक्ति थोड़े समय से अधिक समय तक उनका स्वामी नहीं रह सकेगा।

**He feared John Thornton was going to vanish like Perrault and François.**

उन्हें डर था कि जॉन थॉर्नटन भी पेराल्ट और फ्रांकोइस की तरह गायब हो जायेंगे।

**Even at night, the fear of losing him haunted Buck's restless sleep.**

यहां तक कि रात में भी, उसे खोने का डर बक की बेचैन नींद में बाधा डालता था।

**When Buck woke, he crept out into the cold, and went to the tent.**

जब बक की नींद खुली तो वह ठंड से बचने के लिए बाहर निकला और तंबू में चला गया।

**He listened carefully for the soft sound of breathing inside.**

उसने अंदर से आती सांसों की धीमी आवाज को ध्यान से सुना।

**Despite Buck's deep love for John Thornton, the wild stayed alive.**

जॉन थॉर्नटन के प्रति बक के गहरे प्रेम के बावजूद, जंगल जीवित रहा।

**That primitive instinct, awakened in the North, did not disappear.**

उत्तर में जागृत वह आदिम प्रवृत्ति लुप्त नहीं हुई।

Love brought devotion, loyalty, and the fire-side's warm bond.

प्रेम ने भक्ति, निष्ठा और अग्नि-पक्ष का गर्म बंधन लाया।

But Buck also kept his wild instincts, sharp and ever alert.

लेकिन बक ने अपनी जंगली प्रवृत्ति को भी तीव्र और सदैव सतर्क रखा।

He was not just a tamed pet from the soft lands of civilization.

वह सभ्यता की कोमल भूमि से आया कोई पालतू जानवर मात्र नहीं था।

Buck was a wild being who had come in to sit by Thornton's fire.

बक एक जंगली प्राणी था जो थॉर्नटन की आग के पास बैठने के लिए आया था।

He looked like a Southland dog, but wildness lived within him.

वह साउथलैंड कुत्ते जैसा दिखता था, लेकिन उसके भीतर जंगलीपन रहता था।

His love for Thornton was too great to allow theft from the man.

थॉर्नटन के प्रति उसका प्रेम इतना अधिक था कि वह उससे चोरी करने की अनुमति नहीं दे सका।

But in any other camp, he would steal boldly and without pause.

लेकिन किसी अन्य शिविर में वह निर्भीकता से और बिना रुके चोरी करता।

He was so clever in stealing that no one could catch or accuse him.

वह चोरी करने में इतना चतुर था कि कोई उसे पकड़ नहीं सका, न ही उस पर आरोप लगा सका।

His face and body were covered in scars from many past fights.

उसका चेहरा और शरीर पिछली कई लड़ाइयों के निशानों से ढका हुआ था।

Buck still fought fiercely, but now he fought with more cunning.

बक अब भी जमकर लड़ा, लेकिन अब वह अधिक चालाकी से लड़ा।

Skeet and Nig were too gentle to fight, and they were Thornton's.

स्कीट और निग लड़ने के लिए बहुत कोमल थे, और वे थॉर्नटन के थे।

But any strange dog, no matter how strong or brave, gave way.

लेकिन कोई भी अजनबी कुत्ता, चाहे वह कितना भी शक्तिशाली या बहादुर क्यों न हो, हार मान लेता था।

Otherwise, the dog found itself battling Buck; fighting for its life.

अन्यथा, कुत्ते को खुद को बक से लड़ते हुए पाया; अपने जीवन के लिए संघर्ष करते हुए।

Buck had no mercy once he chose to fight against another dog.

एक बार जब बक ने दूसरे कुत्ते के खिलाफ लड़ने का फैसला किया तो उसे कोई दया नहीं आई।

He had learned well the law of club and fang in the Northland.

उन्होंने नॉर्थलैंड में क्लब और फैंग का कानून अच्छी तरह से सीखा था।

He never gave up an advantage and never backed away from battle.

उन्होंने कभी भी अपनी बढ़त नहीं छोड़ी और कभी भी युद्ध से पीछे नहीं हटे।

He had studied Spitz and the fiercest dogs of mail and police.

उन्होंने स्पिट्ज़ तथा डाक एवं पुलिस के सबसे खूंखार कुत्तों का अध्ययन किया था।

He knew clearly there was no middle ground in wild combat.

वह स्पष्ट रूप से जानते थे कि जंगली लड़ाई में कोई बीच का रास्ता नहीं होता।

He must rule or be ruled; showing mercy meant showing weakness.

उसे या तो शासन करना होगा या शासित होना होगा; दया दिखाने का मतलब है कमज़ोरी दिखाना।

Mercy was unknown in the raw and brutal world of survival.

जीवित रहने की कच्ची और क्रूर दुनिया में दया अज्ञात थी।

To show mercy was seen as fear, and fear led quickly to death.

दया दिखाना भय के समान माना जाता था, और भय शीघ्र ही मृत्यु का कारण बनता था।

The old law was simple: kill or be killed, eat or be eaten.

पुराना नियम सरल था: मारो या मारे जाओ, खाओ या खाए जाओ।

That law came from the depths of time, and Buck followed it fully.

वह नियम समय की गहराई से आया था और बक ने उसका पूरी तरह पालन किया।

Buck was older than his years and the number of breaths he took.

बक अपनी उम्र और सांसों की संख्या से अधिक उम्र का था।

He connected the ancient past with the present moment clearly.

उन्होंने प्राचीन अतीत को वर्तमान क्षण से स्पष्ट रूप से जोड़ा।

The deep rhythms of the ages moved through him like the tides.

युगों की गहरी लयें ज्वार की तरह उसके भीतर प्रवाहित होती थीं।

Time pulsed in his blood as surely as seasons moved the earth.

समय उसके रक्त में उसी प्रकार धड़कता था, जिस प्रकार ऋतुएँ पृथ्वी को चलाती हैं।

He sat by Thornton's fire, strong-chested and white-fanged.

वह थॉर्नटन की आग के पास बैठा था, उसकी छाती मजबूत और दांत सफेद थे।

His long fur waved, but behind him the spirits of wild dogs watched.

उसके लंबे फर लहरा रहे थे, लेकिन उसके पीछे जंगली कुत्तों की आत्माएं देख रही थीं।

Half-wolves and full wolves stirred within his heart and senses.

उसके हृदय और इन्द्रियों में आधे-भेड़िये और पूरे-भेड़िये हलचल मचा रहे थे।

They tasted his meat and drank the same water that he did.

उन्होंने उसका मांस चखा और वही पानी पिया जो उसने पिया था।

They sniffed the wind alongside him and listened to the forest.

वे उसके साथ-साथ हवा को सूँघते रहे और जंगल की आवाज़ सुनते रहे।

They whispered the meanings of the wild sounds in the darkness.

वे अंधेरे में जंगली ध्वनियों का अर्थ फुसफुसाते रहे।

They shaped his moods and guided each of his quiet reactions.

उन्होंने उसके मूड को आकार दिया और उसकी प्रत्येक शांत प्रतिक्रिया को निर्देशित किया।

They lay with him as he slept and became part of his deep dreams.

वे सोते समय उसके साथ लेटे रहते थे और उसके गहरे सपनों का हिस्सा बन जाते थे।

They dreamed with him, beyond him, and made up his very spirit.

उन्होंने उसके साथ, उससे परे स्वप्न देखे, और उसकी आत्मा का निर्माण किया।

The spirits of the wild called so strongly that Buck felt pulled.

जंगली आत्माओं ने इतनी जोर से पुकारा कि बक को भी अपने ओर खींचा जाने लगा।

Each day, mankind and its claims grew weaker in Buck's heart.

प्रत्येक दिन, बक के दिल में मानव जाति और उसके दावे कमजोर होते गए।

Deep in the forest, a strange and thrilling call was going to rise.

जंगल के गहरे इलाके में एक अजीब और रोमांचकारी आवाज़ उठने वाली थी।

Every time he heard the call, Buck felt an urge he could not resist.

हर बार जब वह पुकार सुनता, तो बक को एक ऐसी इच्छा होती जिसका वह विरोध नहीं कर सकता था।

He was going to turn from the fire and from the beaten human paths.

वह आग से और पीटे हुए मानवीय मार्गों से मुड़ने वाला था।

He was going to plunge into the forest, going forward
without knowing why.

वह बिना कारण जाने जंगल में आगे बढ़ने वाला था।

He did not question this pull, for the call was deep and
powerful.

उन्होंने इस आकर्षण पर प्रश्न नहीं उठाया, क्योंकि यह
आह्वान गहरा और शक्तिशाली था।

Often, he reached the green shade and soft untouched earth

अक्सर, वह हरी छाया और नरम अछूती धरती तक पहुँच
जाता था

But then the strong love for John Thornton pulled him back
to the fire.

लेकिन फिर जॉन थॉर्नटन के प्रति प्रबल प्रेम ने उसे पुनः आग
के पास खींच लिया।

Only John Thornton truly held Buck's wild heart in his
grasp.

केवल जॉन थॉर्नटन ही बक के जंगली दिल को अपनी मुट्ठी
में रख सकता था।

The rest of mankind had no lasting value or meaning to
Buck.

बक के लिए शेष मानव जाति का कोई स्थायी मूल्य या अर्थ
नहीं था।

Strangers might praise him or stroke his fur with friendly
hands.

अजनबी लोग उसकी प्रशंसा कर सकते थे या अपने मित्रवत
हाथों से उसके बालों को सहला सकते थे।

Buck remained unmoved and walked off from too much
affection.

बक अविचलित रहा और अत्यधिक स्नेह से दूर चला गया।

Hans and Pete arrived with the raft that had long been awaited

हंस और पीट उस बेड़ा के साथ पहुंचे जिसका लंबे समय से इंतजार किया जा रहा था

Buck ignored them until he learned they were close to Thornton.

बक ने उन्हें तब तक नजरअंदाज किया जब तक उसे पता नहीं चला कि वे थॉर्नटन के करीब थे।

After that, he tolerated them, but never showed them full warmth.

उसके बाद, उन्होंने उन्हें सहन तो किया, लेकिन कभी भी उनके प्रति पूरी गर्मजोशी नहीं दिखाई।

He took food or kindness from them as if doing them a favor.

वह उनसे भोजन या दयालुता ऐसे लेता था मानो उन पर कोई उपकार कर रहा हो।

They were like Thornton—simple, honest, and clear in thought.

वे थॉर्नटन की तरह थे - सरल, ईमानदार और स्पष्ट विचार वाले।

All together they traveled to Dawson's saw-mill and the great eddy

वे सब मिलकर डाउसन की आरा मिल और महान भँवर की यात्रा पर गए।

On their journey the learned to understand Buck's nature deeply.

अपनी यात्रा के दौरान उन्होंने बक के स्वभाव को गहराई से समझा।

They did not try to grow close like Skeet and Nig had done.

उन्होंने स्कीट और निग की तरह नजदीक आने की कोशिश नहीं की।

But Buck's love for John Thornton only deepened over time.

लेकिन समय के साथ बक का जॉन थॉर्नटन के प्रति प्रेम और भी गहरा होता गया।

Only Thornton could place a pack on Buck's back in the summer.

गर्मियों में केवल थॉर्नटन ही बक की पीठ पर बोझ डाल सकता था।

Whatever Thornton commanded, Buck was willing to do fully.

थॉर्नटन जो भी आदेश देते, बक उसे पूरी तरह से करने को तैयार रहते थे।

One day, after they left Dawson for the headwaters of the Tanana,

एक दिन, जब वे डावसन से तानाना नदी के उद्गम स्थल की ओर चले गए,

the group sat on a cliff that dropped three feet to bare bedrock.

समूह एक चट्टान पर बैठा था जो तीन फीट नीचे नंगी चट्टान तक गिर गई थी।

John Thornton sat near the edge, and Buck rested beside him.

जॉन थॉर्नटन किनारे पर बैठा था और बक उसके बगल में आराम कर रहा था।

Thornton had a sudden thought and called the men's attention.

थॉर्नटन के मन में अचानक एक विचार आया और उसने उन लोगों का ध्यान अपनी ओर आकर्षित किया।

He pointed across the chasm and gave Buck a single command.

उन्होंने खाई की ओर इशारा किया और बक को एक आदेश दिया।

"Jump, Buck!" he said, swinging his arm out over the drop.

"कूदो, बक!" उसने अपना हाथ नीचे की ओर घुमाते हुए कहा।

In a moment, he had to grab Buck, who was leaping to obey.

एक क्षण में, उसे बक को पकड़ना पड़ा, जो आज्ञा पालन करने के लिए उछल रहा था।

Hans and Pete rushed forward and pulled both back to safety.

हंस और पीट आगे बढ़े और दोनों को सुरक्षित स्थान पर खींच लिया।

After all ended, and they had caught their breath, Pete spoke up.

जब सब कुछ समाप्त हो गया और उन्होंने अपनी सांसें संभाल लीं, तो पीट बोला।

"The love's uncanny," he said, shaken by the dog's fierce devotion.

"यह प्रेम अद्भुत है," उन्होंने कुत्ते की तीव्र भक्ति से हिलकर कहा।

Thornton shook his head and replied with calm seriousness.

थॉर्नटन ने अपना सिर हिलाया और शांत गंभीरता से जवाब दिया।

"No, the love is splendid," he said, "but also terrible."

"नहीं, यह प्यार शानदार है," उन्होंने कहा, "लेकिन भयानक भी है।"

"Sometimes, I must admit, this kind of love makes me afraid."

"कभी-कभी, मुझे मानना होगा, इस तरह का प्यार मुझे डराता है।"

Pete nodded and said, "I'd hate to be the man who touches you."

पीट ने सिर हिलाया और कहा, "मैं वह आदमी बनना पसंद नहीं करूंगा जो तुम्हें छूता है।"

He looked at Buck as he spoke, serious and full of respect.

बक बोलते समय वह गंभीर और सम्मान से भरे हुए नजर आए।

"Py Jingo!" said Hans quickly. "Me either, no sir."

"पाई जिंगो!" हंस ने जल्दी से कहा। "मैं भी नहीं, नहीं सर।"


Before the year ended, Pete's fears came true at Circle City.

वर्ष समाप्त होने से पहले, सर्किल सिटी में पीट की आशंकाएं सच साबित हुईं।

A cruel man named Black Burton picked a fight in the bar.

ब्लैक बर्टन नामक एक क्रूर व्यक्ति ने बार में झगड़ा शुरू कर दिया।

He was angry and malicious, lashing out at a new tenderfoot.

वह क्रोधित और दुर्भावनापूर्ण था, तथा एक नये नवयुवक पर प्रहार कर रहा था।

John Thornton stepped in, calm and good-natured as always.

जॉन थॉर्नटन हमेशा की तरह शांत और अच्छे स्वभाव के साथ आगे आए।

Buck lay in a corner, head down, watching Thornton closely.

बक एक कोने में सिर झुकाए लेटा हुआ था और थॉर्नटन को करीब से देख रहा था।

Burton suddenly struck, his punch sending Thornton spinning.

बर्टन ने अचानक वार किया, जिससे थॉर्नटन चक्कर खा गया।

Only the bar's rail kept him from crashing hard to the ground.

केवल बार की रेलिंग ही उसे जमीन पर गिरने से बचा पाई।

The watchers heard a sound that was not bark or yelp

देखने वालों ने एक ऐसी आवाज सुनी जो भौंकने या चीखने की नहीं थी

a deep roar came from Buck as he launched toward the man.

बक ने उस आदमी की ओर बढ़ते हुए गहरी दहाड़ लगाई।

Burton threw his arm up and barely saved his own life.

बर्टन ने अपना हाथ ऊपर उठाया और बड़ी मुश्किल से अपनी जान बचाई।

Buck crashed into him, knocking him flat onto the floor.

बक ने उस पर जोरदार प्रहार किया, जिससे वह सीधा फर्श पर गिर पड़ा।

Buck bit deep into the man's arm, then lunged for the throat.

बक ने उस आदमी की बांह पर गहरा काट लिया, फिर उसके गले पर झपटा।

Burton could only partly block, and his neck was torn open.

बर्टन केवल आंशिक रूप से ही अवरोध उत्पन्न कर सका, तथा उसकी गर्दन फट गई।

Men rushed in, clubs raised, and drove Buck off the bleeding man.

लोग दौड़े, लाठियां उठाईं, और खून से लथपथ बक को वहां से भगा दिया।

A surgeon worked quickly to stop the blood from flowing out.

एक सर्जन ने रक्त को बाहर बहने से रोकने के लिए तेजी से काम किया।

Buck paced and growled, trying to attack again and again.

बक इधर-उधर घूमता और गुर्राता हुआ बार-बार हमला करने की कोशिश कर रहा था।

Only swinging clubs kept him back from reaching Burton.

केवल झूलते हुए डंडे ही उसे बर्टन तक पहुंचने से रोक रहे थे।

A miners' meeting was called and held right there on the spot.

खनिकों की एक बैठक बुलाई गई और उसे वहीं पर आयोजित किया गया।

They agreed Buck had been provoked and voted to set him free.

उन्होंने इस बात पर सहमति जताई कि बक को उकसाया गया था और उसे रिहा करने के लिए मतदान किया गया।

But Buck's fierce name now echoed in every camp in Alaska.

लेकिन बक का भयंकर नाम अब अलास्का के हर शिविर में गूंजने लगा।

Later that fall, Buck saved Thornton again in a new way.

बाद में उसी वर्ष, बक ने एक नए तरीके से थॉर्नटन को पुनः बचाया।

The three men were guiding a long boat down rough rapids.

तीनों व्यक्ति एक लम्बी नाव को तेज बहाव वाली नदी में ले जा रहे थे।

Thornton maned the boat, calling directions to the shoreline.

थॉर्नटन नाव को चला रहे थे और तटरेखा की ओर जाने का रास्ता बता रहे थे।

Hans and Pete ran on land, holding a rope from tree to tree.

हंस और पीट एक रस्सी पकड़कर एक पेड़ से दूसरे पेड़ तक दौड़ते रहे।

Buck kept pace on the bank, always watching his master.

बक किनारे पर लगातार चलता रहा और हमेशा अपने मालिक पर नज़र रखता रहा।

At one nasty place, rocks jutted out under the fast water.

एक ख़राब जगह पर, तेज़ पानी के नीचे चट्टानें उभरी हुई थीं।

Hans let go of the rope, and Thornton steered the boat wide.

हंस ने रस्सी छोड़ दी और थॉर्नटन ने नाव को दूर ले गया।

Hans sprinted to catch the boat again past the dangerous rocks.

हंस खतरनाक चट्टानों को पार करते हुए नाव को पकड़ने के लिए दौड़ा।

The boat cleared the ledge but hit a stronger part of the current.

नाव किनारे से तो निकल गई, लेकिन धारा के तेज बहाव से टकरा गई।

Hans grabbed the rope too quickly and pulled the boat off balance.

हंस ने रस्सी को बहुत तेजी से पकड़ लिया और नाव का संतुलन बिगाड़ दिया।

The boat flipped over and slammed into the bank, bottom up.

नाव पलट गई और नीचे की ओर किनारे से टकरा गई।

Thornton was thrown out and swept into the wildest part of the water.

थॉर्नटन को बाहर फेंक दिया गया और वह पानी के सबसे खतरनाक हिस्से में बह गया।

No swimmer could have survived in those deadly, racing waters.

कोई भी तैराक उस जानलेवा, तेज़ पानी में जीवित नहीं बच सकता था।

Buck jumped in instantly and chased his master down the river.

बक तुरन्त पानी में कूद पड़ा और अपने मालिक का नदी में पीछा किया।

After three hundred yards, he reached Thornton at last.

तीन सौ गज चलने के बाद वह अंततः थॉर्नटन पहुँच गया।

Thornton grabbed Buck's tail, and Buck turned for the shore.

थॉर्नटन ने बक की पूंछ पकड़ ली और बक किनारे की ओर मुड़ गया।

He swam with full strength, fighting the water's wild drag.

वह पानी के तेज़ बहाव से लड़ते हुए पूरी ताकत से तैरने लगा।

They moved downstream faster than they could reach the shore.

वे तट तक पहुंचने से पहले ही तेजी से नीचे की ओर बढ़ गए।

Ahead, the river roared louder as it fell into deadly rapids.

आगे नदी और भी जोर से दहाड़ने लगी, क्योंकि वह जानलेवा तेज बहाव में गिर रही थी।

Rocks sliced through the water like the teeth of a huge comb.

चट्टानें पानी को किसी बड़े कंघे के दांतों की तरह चीरती हुई निकल रही थीं।

The pull of the water near the drop was savage and inescapable.

बूंद के पास पानी का खिंचाव बहुत भयानक और अपरिहार्य था।

Thornton knew they could never make the shore in time.

थॉर्नटन को पता था कि वे कभी भी समय पर किनारे तक नहीं पहुंच सकेंगे।

He scraped over one rock, smashed across a second,

उसने एक चट्टान को खुरच दिया, दूसरी को तोड़ दिया,

And then he crashed into a third rock, grabbing it with both hands.

और फिर वह तीसरी चट्टान से टकराया और उसे दोनों हाथों से पकड़ लिया।

He let go of Buck and shouted over the roar, "Go, Buck! Go!"

उसने बक को छोड़ दिया और दहाड़ते हुए चिल्लाया, "जाओ, बक! जाओ!"

Buck could not stay afloat and was swept down by the current.

बक तैर नहीं सका और धारा के साथ बह गया।

He fought hard, struggling to turn, but made no headway at all.

उसने कड़ी मशक्कत की, मुड़ने का प्रयास किया, लेकिन कोई प्रगति नहीं हुई।

Then he heard Thornton repeat the command over the river's roar.

तभी उसने नदी की गर्जना के बीच थॉर्नटन को आदेश दोहराते सुना।

Buck reared out of the water, raised his head as if for a last look.

बक पानी से बाहर निकला और अपना सिर ऊपर उठाया जैसे कि आखिरी बार देख रहा हो।

then turned and obeyed, swimming toward the bank with resolve.

फिर मुड़कर आज्ञा का पालन किया और दृढ़ संकल्प के साथ किनारे की ओर तैरने लगे।

Pete and Hans pulled him ashore at the final possible moment.

पीट और हंस ने उसे अंतिम क्षण में किनारे पर खींच लिया।

They knew Thornton could cling to the rock for only minutes more.

वे जानते थे कि थॉर्नटन चट्टान से केवल कुछ मिनट ही और चिपक सकता है।

They ran up the bank to a spot far above where he was hanging.

वे किनारे पर उस स्थान तक दौड़े, जहां वह लटका हुआ था।

They tied the boat's line to Buck's neck and shoulders carefully.

उन्होंने नाव की रस्सी को बक की गर्दन और कंधों पर सावधानीपूर्वक बाँध दिया।

The rope was snug but loose enough for breathing and movement.

रस्सी कसी हुई थी, लेकिन सांस लेने और चलने के लिए पर्याप्त ढीली थी।

Then they launched him into the rushing, deadly river again.

इसके बाद उन्होंने उसे पुनः उस तेज़ बहती, जानलेवा नदी में फेंक दिया।

Buck swam boldly but missed his angle into the stream's force.

बक ने साहसपूर्वक तैरना जारी रखा, लेकिन धारा के तेज वेग में उसका कोण चूक गया।

He saw too late that he was going to drift past Thornton.

उसे बहुत देर से पता चला कि वह थॉर्नटन से आगे निकल जाएगा।

Hans jerked the rope tight, as if Buck were a capsizing boat.

हंस ने रस्सी को इस तरह खींचा, मानो बक कोई पलटती हुई नाव हो।

The current pulled him under, and he vanished below the surface.

धारा ने उसे पानी के नीचे खींच लिया और वह सतह के नीचे गायब हो गया।

His body struck the bank before Hans and Pete pulled him out.

इससे पहले कि हंस और पीट उसे बाहर निकालते, उसका शरीर किनारे से टकराया।

He was half-drowned, and they pounded the water out of him.

वह आधा डूब चुका था और उन्होंने उससे पानी निकाला।

Buck stood, staggered, and collapsed again onto the ground.

बक लड़खड़ाकर खड़ा हो गया और पुनः जमीन पर गिर पड़ा।

Then they heard Thornton's voice faintly carried by the wind.

तभी उन्हें हवा के साथ आती हुई थॉर्नटन की धीमी आवाज सुनाई दी।

Though the words were unclear, they knew he was near death.

यद्यपि शब्द स्पष्ट नहीं थे, फिर भी वे जानते थे कि वह मृत्यु के निकट है।

The sound of Thornton's voice hit Buck like an electric jolt.

थॉर्नटन की आवाज ने बक को बिजली के झटके की तरह झकझोर दिया।

He jumped up and ran up the bank, returning to the launch point.

वह उछलकर किनारे की ओर भागा और वापस प्रक्षेपण स्थल पर आ गया।

Again they tied the rope to Buck, and again he entered the stream.

उन्होंने फिर से रस्सी को बक के हाथ में बाँध दिया और वह फिर से धारा में प्रवेश कर गया।

This time, he swam directly and firmly into the rushing water.

इस बार, वह सीधे और मजबूती से बहते पानी में तैर गया।

Hans let out the rope steadily while Pete kept it from tangling.

हंस ने रस्सी को धीरे से छोड़ा जबकि पीट ने उसे उलझने से बचाया।

Buck swam hard until he was lined up just above Thornton.

बक ने तब तक तेजी से तैराकी की जब तक कि वह थॉर्नटन के ठीक ऊपर नहीं पहुंच गया।

Then he turned and charged down like a train in full speed.

फिर वह मुड़ा और पूरी गति से रेलगाड़ी की तरह दौड़ पड़ा।

Thornton saw him coming, braced, and locked arms around his neck.

थॉर्नटन ने उसे आते देखा, अपने आप को संभाला, तथा उसकी गर्दन के चारों ओर अपनी बाहें लपेट लीं।

Hans tied the rope fast around a tree as both were pulled under.

हंस ने रस्सी को पेड़ के चारों ओर बांध दिया और दोनों को नीचे खींच लिया गया।

They tumbled underwater, smashing into rocks and river debris.

वे पानी के नीचे लुढ़क गए और चट्टानों और नदी के मलबे से टकराने लगे।

One moment Buck was on top, the next Thornton rose gasping.

एक क्षण बक शीर्ष पर था, अगले ही क्षण थॉर्नटन हांफता हुआ ऊपर उठा।

Battered and choking, they veered to the bank and safety.

बुरी तरह से घायल और घुटते हुए वे किनारे और सुरक्षित स्थान की ओर मुड़े।

Thornton regained consciousness, lying across a drift log.

थॉर्नटन को होश आया तो वह एक लकड़ी के ढेर पर लेटा हुआ था।

Hans and Pete worked him hard to bring back breath and life.

हंस और पीट ने उसकी सांस और जीवन वापस लाने के लिए कड़ी मेहनत की।

His first thought was for Buck, who lay motionless and limp.

उसका पहला विचार बक के बारे में था, जो निश्चल और शिथिल पड़ा था।

Nig howled over Buck's body, and Skeet licked his face gently.

निग बक के शरीर पर चिल्लाया, और स्कीट ने उसके चेहरे को धीरे से चाटा।

Thornton, sore and bruised, examined Buck with careful hands.

चोटिल और पीड़ा से भरे थॉर्नटन ने सावधानीपूर्वक अपने हाथों से बक की जांच की।

He found three ribs broken, but no deadly wounds in the dog.

उन्होंने पाया कि कुत्ते की तीन पसलियां टूटी हुई थीं, लेकिन कोई घातक घाव नहीं था।

"That settles it," Thornton said. "We camp here." And they did.

"यह बात तय हो गई," थॉर्नटन ने कहा। "हम यहीं डेरा डालेंगे।" और उन्होंने ऐसा ही किया।

They stayed until Buck's ribs healed and he could walk again.

वे तब तक वहीं रहे जब तक बक की पसलियां ठीक नहीं हो गईं और वह फिर से चलने लायक नहीं हो गया।

That winter, Buck performed a feat that raised his fame further.

उस शीतकाल में बक ने एक ऐसा कारनामा किया जिससे उसकी प्रसिद्धि और बढ़ गयी।

It was less heroic than saving Thornton, but just as impressive.

यह थॉर्नटन को बचाने से कम वीरतापूर्ण था, लेकिन उतना ही प्रभावशाली था।

At Dawson, the partners needed supplies for a distant journey.

डावसन में साझेदारों को दूर की यात्रा के लिए आपूर्ति की आवश्यकता थी।

They wanted to travel East, into untouched wilderness lands.

वे पूर्व की ओर, अछूते निर्जन प्रदेशों की यात्रा करना चाहते थे।

Buck's deed in the Eldorado Saloon made that trip possible.

एल्डोरैडो सैलून में बक के कार्य ने उस यात्रा को संभव बनाया।

It began with men bragging about their dogs over drinks.

इसकी शुरुआत शराब पीते समय पुरुषों द्वारा अपने कुत्तों की शेखी बघारने से हुई।

Buck's fame made him the target of challenges and doubt.

बक की प्रसिद्धि ने उन्हें चुनौतियों और संदेह का लक्ष्य बना दिया।

Thornton, proud and calm, stood firm in defending Buck's name.

गर्व और शांति से भरे थॉर्नटन, बक के नाम की रक्षा में दृढ़ रहे।

One man said his dog could pull five hundred pounds with ease.

एक व्यक्ति ने बताया कि उसका कुत्ता पांच सौ पाउंड का भार आसानी से खींच सकता है।

Another said six hundred, and a third bragged seven hundred.

एक अन्य ने कहा छः सौ, और तीसरे ने कहा सात सौ।

"Pfft!" said John Thornton, "Buck can pull a thousand pound sled."

"प्फ़ट!" जॉन थॉर्नटन ने कहा, "बक एक हज़ार पाउंड की स्लेज खींच सकता है।"

Matthewson, a Bonanza King, leaned forward and challenged him.

मैथ्यूसन, जो एक बोनान्ज़ा किंग था, आगे झुका और उसे चुनौती दी।

"You think he can put that much weight into motion?"

"तुम्हें लगता है कि वह इतना वजन उठाकर चल सकता है?"

"And you think he can pull the weight a full hundred yards?"

"और आपको लगता है कि वह वजन को पूरे सौ गज तक खींच सकता है?"

Thornton replied coolly, "Yes. Buck is dog enough to do it."

थॉर्नटन ने शांत भाव से उत्तर दिया, "हाँ। बक ऐसा करने के लिए पर्याप्त कुत्ता है।"

"He'll put a thousand pounds into motion, and pull it a hundred yards."

"वह एक हजार पाउंड का भार गति में डाल देगा, और उसे सौ गज तक खींच लेगा।"

Matthewson smiled slowly and made sure all men heard his words.

मैथ्यूसन धीरे से मुस्कुराये और यह सुनिश्चित किया कि सभी लोग उनकी बातें सुनें।

"I've got a thousand dollars that says he can't. There it is."

"मेरे पास एक हज़ार डॉलर हैं जो कहते हैं कि वह ऐसा नहीं कर सकता। यह रहा।"

He slammed a sack of gold dust the size of sausage on the bar.

उसने सॉसेज के आकार की सोने की धूल से भरी एक बोरी बार पर पटक दी।

Nobody said a word. The silence grew heavy and tense around them.

कोई भी एक शब्द नहीं बोला। उनके चारों ओर सन्नाटा भारी और तनावपूर्ण हो गया।

Thornton's bluff—if it was one—had been taken seriously.

थॉर्नटन की धमकी को - यदि वह झूठी थी - गंभीरता से लिया गया।

He felt heat rise in his face as blood rushed to his cheeks.

उसने अपने चेहरे पर गर्मी महसूस की और खून उसके गालों पर चढ़ गया।

His tongue had gotten ahead of his reason in that moment.

उस क्षण उसकी जीभ उसकी बुद्धि से आगे निकल गई थी।

He truly didn't know if Buck could move a thousand pounds.

वह सचमुच नहीं जानता था कि बक एक हजार पाउंड का भार उठा सकता है या नहीं।

Half a ton! The size of it alone made his heart feel heavy.

आधा टन! सिर्फ़ इसके आकार से ही उसका दिल भारी हो गया।

He had faith in Buck's strength and had thought him capable.

उन्हें बक की ताकत पर भरोसा था और वे उसे सक्षम समझते थे।

But he had never faced this kind of challenge, not like this.

लेकिन उन्होंने कभी इस तरह की चुनौती का सामना नहीं किया था।

A dozen men watched him quietly, waiting to see what he'd do.

एक दर्जन लोग चुपचाप उसे देख रहे थे, यह देखने के लिए कि वह क्या करेगा।

He didn't have the money—neither did Hans or Pete.

उसके पास पैसे नहीं थे - न ही हंस के पास और न ही पीट के पास।

"I've got a sled outside," said Matthewson coldly and direct.

मैथ्यूसन ने ठंडे और सीधे स्वर में कहा, "मेरे पास बाहर एक स्लेज है।"

"It's loaded with twenty sacks, fifty pounds each, all flour.

"इसमें बीस बोरियाँ भरी हुई हैं, प्रत्येक बोरी में पचास पाउंड आटा है।

So don't let a missing sled be your excuse now," he added.

उन्होंने कहा, "इसलिए अब स्लेज गुम होने को अपना बहाना मत बनाइए।"

Thornton stood silent. He didn't know what words to offer.

थॉर्नटन चुप खड़ा रहा। उसे समझ नहीं आ रहा था कि वह क्या कहे।

He looked around at the faces without seeing them clearly.

उसने चारों ओर चेहरों को देखा, लेकिन उन्हें स्पष्ट रूप से नहीं देख सका।

He looked like a man frozen in thought, trying to restart.

वह विचारों में डूबा हुआ एक आदमी लग रहा था, जो पुनः आरंभ करने का प्रयास कर रहा था।

Then he saw Jim O'Brien, a friend from the Mastodon days.

तभी उनकी मुलाकात जिम ओ'ब्रायन से हुई, जो मैस्टोडॉन के दिनों के उनके मित्र थे।

That familiar face gave him courage he didn't know he had.

उस परिचित चेहरे ने उसे वह साहस दिया जिसका उसे पता भी नहीं था।

He turned and asked in a low voice, "Can you lend me a thousand?"

वह मुड़ा और धीमी आवाज़ में पूछा, "क्या आप मुझे एक हज़ार रुपये उधार दे सकते हैं?"

"Sure," said O'Brien, dropping a heavy sack by the gold already.

"ज़रूर," ओ'ब्रायन ने कहा, और सोने के पास एक भारी बोरी गिरा दी।

"But truthfully, John, I don't believe the beast can do this."

"लेकिन सच कहूं तो, जॉन, मुझे विश्वास नहीं है कि जानवर ऐसा कर सकता है।"

Everyone in the Eldorado Saloon rushed outside to see the event.

एल्डोरैडो सैलून में सभी लोग घटना देखने के लिए बाहर दौड़े।

They left tables and drinks, and even the games were paused.

उन्होंने अपनी मेजें और पेय पदार्थ छोड़ दिए, यहां तक कि खेल भी रोक दिए गए।

Dealers and gamblers came to witness the bold wager's end.

डीलर और जुआरी साहसिक दांव का अंत देखने के लिए आए थे।

Hundreds gathered around the sled in the icy open street.

बर्फीली खुली सड़क पर स्लेज के चारों ओर सैकड़ों लोग एकत्र हुए।

Matthewson's sled stood with a full load of flour sacks.

मैथ्यूसन की स्लेज पर आटे की बोरियां भरी हुई थीं।

The sled had been sitting for hours in minus temperatures.

स्लेज घंटों तक शून्य से नीचे के तापमान में खड़ी रही।

The sled's runners were frozen tight to the packed-down snow.

स्लेज के धावक बर्फ से चिपके हुए थे।

Men offered two-to-one odds that Buck could not move the sled.

लोगों ने दो-एक की संभावना जताई कि बक स्लेज को नहीं हिला सकेगा।

A dispute broke out about what "break out" really meant.

इस बात पर विवाद छिड़ गया कि वास्तव में "ब्रेक आउट" का क्या अर्थ है।

O'Brien said Thornton should loosen the sled's frozen base.

ओ'ब्रायन ने कहा कि थॉर्नटन को स्लेज के जमे हुए आधार को ढीला करना चाहिए।

Buck could then "break out" from a solid, motionless start.

बक तब एक ठोस, गतिहीन शुरुआत से "बाहर निकल" सकता था।

Matthewson argued the dog must break the runners free too.

मैथ्यूसन ने तर्क दिया कि कुत्ते को भी धावकों को मुक्त करना होगा।

The men who had heard the bet agreed with Matthewson's view.

जिन लोगों ने शर्त सुनी थी वे मैथ्यूसन के विचार से सहमत थे।

With that ruling, the odds jumped to three-to-one against Buck.

इस निर्णय के साथ ही बक के विरुद्ध संभावना तीन-से-एक हो गई।

No one stepped forward to take the growing three-to-one odds.

बढ़ती हुई तीन-से-एक की विषमता को स्वीकार करने के लिए कोई भी आगे नहीं आया।

Not a single man believed Buck could perform the great feat.

किसी भी व्यक्ति को विश्वास नहीं था कि बक इतना महान कार्य कर सकता है।

**Thornton had been rushed into the bet, heavy with doubts.**

थॉर्नटन को संदेहों से भरा हुआ शर्त में जल्दबाजी में शामिल किया गया था।

**Now he looked at the sled and the ten-dog team beside it.**

अब उसने स्लेज और उसके पास खड़े दस कुत्तों के दल को देखा।

**Seeing the reality of the task made it seem more impossible.**

कार्य की वास्तविकता को देखकर यह और भी असम्भव लगने लगा।

**Matthewson was full of pride and confidence in that moment.**

उस क्षण मैथ्यूसन गर्व और आत्मविश्वास से भरे हुए थे।

**"Three to one!" he shouted. "I'll bet another thousand, Thornton!**

"तीन से एक!" वह चिल्लाया। "मैं एक हज़ार और दांव लगाऊँगा, थॉर्नटन!

**What do you say?" he added, loud enough for all to hear.**

आप क्या कहते हैं?" उन्होंने इतनी ऊंची आवाज में कहा कि सभी सुन सकें।

**Thornton's face showed his doubts, but his spirit had risen.**

थॉर्नटन के चेहरे पर संदेह झलक रहा था, लेकिन उसका उत्साह बढ़ गया था।

**That fighting spirit ignored odds and feared nothing at all.**

उस लड़ाकू भावना ने मुश्किलों को नजरअंदाज कर दिया और किसी भी चीज से नहीं डरी।

**He called Hans and Pete to bring all their cash to the table.**

उन्होंने हंस और पीट को बुलाया और कहा कि वे अपनी सारी नकदी मेज पर ले आएं।

They had little left—only two hundred dollars combined.

उनके पास बहुत कम पैसा बचा था - कुल मिलाकर केवल दो सौ डॉलर।

This small sum was their total fortune during hard times.

यह छोटी सी रकम कठिन समय के दौरान उनकी कुल संपत्ति थी।

Still, they laid all of the fortune down against Matthewson's bet.

फिर भी, उन्होंने मैथ्यूसन की शर्त पर अपनी सारी सम्पत्ति दांव पर लगा दी।

The ten-dog team was unhitched and moved away from the sled.

दस कुत्तों की टीम को अलग कर दिया गया और स्लेज से दूर ले जाया गया।

Buck was placed in the reins, wearing his familiar harness.

बक को उसकी परिचित लगाम पहनाकर कमान सौंपी गई।

He had caught the energy of the crowd and felt the tension.

उन्होंने भीड़ की ऊर्जा और तनाव को महसूस किया था।

Somehow, he knew he had to do something for John Thornton.

किसी तरह, उन्हें पता था कि उन्हें जॉन थॉर्नटन के लिए कुछ करना होगा।

People murmured with admiration at the dog's proud figure.

लोग कुत्ते की गर्वित आकृति को देखकर प्रशंसा से बड़बड़ाने लगे।

He was lean and strong, without a single extra ounce of flesh.

वह दुबला-पतला और मजबूत था, उसके शरीर पर एक भी अतिरिक्त मांस नहीं था।

His full weight of hundred fifty pounds was all power and endurance.

उनका पूरा वजन, जो कि एक सौ पचास पाउंड था, शक्ति और सहनशक्ति का प्रतीक था।

Buck's coat gleamed like silk, thick with health and strength.

बक का कोट रेशम की तरह चमक रहा था, जो स्वास्थ्य और शक्ति से भरपूर था।

The fur along his neck and shoulders seemed to lift and bristle.

उसकी गर्दन और कंधों के पास का फर ऊपर उठ गया और उसमें बाल खड़े हो गए।

His mane moved slightly, each hair alive with his great energy.

उसकी अयाल हल्की सी हिल रही थी, प्रत्येक बाल उसकी महान ऊर्जा से जीवंत था।

His broad chest and strong legs matched his heavy, tough frame.

उसकी चौड़ी छाती और मजबूत पैर उसके भारी, मजबूत शरीर से मेल खाते थे।

Muscles rippled under his coat, tight and firm as bound iron.

उसके कोट के नीचे मांसपेशियाँ फड़क रही थीं, लोहे की तरह सख्त और दृढ़।

Men touched him and swore he was built like a steel machine.

लोग उसे छूकर कसम खाते थे कि वह स्टील मशीन की तरह बना है।

The odds dropped slightly to two to one against the great dog.

महान कुत्ते के खिलाफ बाधाएं थोड़ी कम होकर दो से एक हो गईं।

A man from the Skookum Benches pushed forward, stuttering.

स्कूकम बेंचेज से एक आदमी हकलाते हुए आगे बढ़ा।

"Good, sir! I offer eight hundred for him—before the test, sir!"

"अच्छा, सर! मैं उसके लिए आठ सौ की पेशकश करता हूँ - परीक्षण से पहले, सर!"

"Eight hundred, as he stands right now!" the man insisted.

"अभी तो आठ सौ है!" आदमी ने जोर देकर कहा।

Thornton stepped forward, smiled, and shook his head calmly.

थॉर्नटन आगे बढ़े, मुस्कुराये और शांति से अपना सिर हिलाया।

Matthewson quickly stepped in with a warning voice and frown.

मैथ्यूसन ने तुरंत चेतावनी भरे स्वर में भौंहें सिकोड़ते हुए हस्तक्षेप किया।

"You must step away from him," he said. "Give him space."

उन्होंने कहा, "तुम्हें उससे दूर चले जाना चाहिए। उसे जगह दो।"

The crowd grew silent; only gamblers still offered two to one.

भीड़ शांत हो गई; केवल जुआरी ही अब भी दो-दो दांव लगा रहे थे।

Everyone admired Buck's build, but the load looked too great.

सभी लोग बक के शरीर की प्रशंसा कर रहे थे, लेकिन उसका वजन बहुत अधिक था।

Twenty sacks of flour—each fifty pounds in weight— seemed far too much.

आटे की बीस बोरियाँ - प्रत्येक का वजन पचास पाउंड - बहुत ज़्यादा लग रही थीं।

No one was willing to open their pouch and risk their money.

कोई भी अपनी थैली खोलने और अपना पैसा जोखिम में डालने को तैयार नहीं था।

Thornton knelt beside Buck and took his head in both hands.

थॉर्नटन बक के पास घुटनों के बल बैठ गया और उसके सिर को दोनों हाथों में ले लिया।

He pressed his cheek against Buck's and spoke into his ear.

उसने अपना गाल बक के गाल से सटाया और उसके कान में बोला।

There was no playful shaking or whispered loving insults now.

अब कोई चंचल हिलाना-डुलाना या फुसफुसाकर प्यार भरी गालियाँ नहीं थीं।

He only murmured softly, "As much as you love me, Buck."

वह केवल धीरे से बुदबुदाया, "जितना तुम मुझसे प्यार करते हो, बक।"

Buck let out a quiet whine, his eagerness barely restrained.

बक ने धीमी सी कराह निकाली, उसकी उत्सुकता पर कोई काबू नहीं था।

The onlookers watched with curiosity as tension filled the air.

दर्शक उत्सुकता से देख रहे थे क्योंकि वातावरण में तनाव व्याप्त था।

The moment felt almost unreal, like something beyond reason.

वह क्षण लगभग अवास्तविक सा लगा, जैसे कुछ तर्क से परे हो।

When Thornton stood, Buck gently took his hand in his jaws.

जब थॉर्नटन खड़ा हुआ, तो बक ने धीरे से उसका हाथ अपने जबड़े में ले लिया।

He pressed down with his teeth, then let go slowly and gently.

उसने अपने दांतों से दबाया, फिर धीरे से और धीरे से छोड़ दिया।

It was a silent answer of love, not spoken, but understood.

यह प्रेम का मौन उत्तर था, बोला हुआ नहीं, बल्कि समझा हुआ।

Thornton stepped well back from the dog and gave the signal.

थॉर्नटन कुत्ते से काफी पीछे हट गया और संकेत दिया।

"Now, Buck," he said, and Buck responded with focused calm.

"अब, बक," उन्होंने कहा, और बक ने ध्यान केंद्रित कर शांति से जवाब दिया।

Buck tightened the traces, then loosened them by a few inches.

बक ने ट्रेस को पहले कस दिया, फिर कुछ इंच तक ढीला कर दिया।

This was the method he had learned; his way to break the sled.

यह वह विधि थी जो उसने सीखी थी; स्लेज तोड़ने का उसका तरीका।

"Gee!" Thornton shouted, his voice sharp in the heavy silence.

"जी!" थॉर्नटन चिल्लाया, उसकी आवाज़ भारी सन्नाटे में तीखी थी।

Buck turned to the right and lunged with all of his weight.

बक दाहिनी ओर मुड़ा और अपना पूरा वजन डालकर आगे बढ़ा।

The slack vanished, and Buck's full mass hit the tight traces.

ढीलापन गायब हो गया, और बक का पूरा शरीर तंग पटरियों से टकराया।

The sled trembled, and the runners made a crisp crackling sound.

स्लेज कांपने लगी और धावकों ने तीखी चटचटाहट वाली आवाज निकाली।

"Haw!" Thornton commanded, shifting Buck's direction again.

"हाउ!" थॉर्नटन ने बक की दिशा फिर बदलते हुए आदेश दिया।

Buck repeated the move, this time pulling sharply to the left.

बक ने यही चाल दोहराई, इस बार वह तेजी से बायीं ओर खिंचा।

The sled cracked louder, the runners snapping and shifting.

स्लेज की आवाज तेज हो गई, धावक झटके खाने लगे और इधर-उधर हिलने लगे।

The heavy load slid slightly sideways across the frozen snow.

भारी बोझ जमी हुई बर्फ पर थोड़ा सा बगल की ओर खिसक गया।

The sled had broken free from the grip of the icy trail!

स्लेज बर्फीले रास्ते की पकड़ से मुक्त हो गयी थी!

Men held their breath, unaware they were not even breathing.

पुरुषों ने अपनी सांस रोक ली, उन्हें पता ही नहीं था कि वे सांस भी नहीं ले रहे हैं।

"Now, PULL!" Thornton cried out across the frozen silence.

"अब, खींचो!" थॉर्नटन ने जमी हुई खामोशी के पार चिल्लाकर कहा।

Thornton's command rang out sharp, like the crack of a whip.

थॉर्नटन का आदेश चाबुक की तड़तड़ाहट की तरह तीव्र सुनाई दिया।

Buck hurled himself forward with a fierce and jarring lunge.

बक ने स्वयं को एक भयंकर और झटके के साथ आगे की ओर फेंका।

His whole frame tensed and bunched for the massive strain.

उसका पूरा शरीर भारी तनाव के कारण तनावग्रस्त और सिकुड़ गया।

Muscles rippled under his fur like serpents coming alive.

उसके फर के नीचे मांसपेशियाँ ऐसे लहरा रही थीं जैसे जीवित साँप हों।

His great chest was low, head stretched forward toward the sled.

उसकी बड़ी छाती नीचे झुकी हुई थी, सिर स्लेज की ओर आगे की ओर बढ़ा हुआ था।

His paws moved like lightning, claws slicing the frozen ground.

उसके पंजे बिजली की तरह चलते थे, और उसके पंजे जमी हुई ज़मीन को चीरते थे।

Grooves were cut deep as he fought for every inch of traction.

वह प्रत्येक इंच पकड़ के लिए संघर्ष कर रहा था, तथा खांचे गहरे हो गए थे।

The sled rocked, trembled, and began a slow, uneasy motion.

स्लेज हिलने लगी, कांपने लगी और धीमी, असहज गति से चलने लगी।

One foot slipped, and a man in the crowd groaned aloud.

एक पैर फिसला और भीड़ में से एक आदमी जोर से कराह उठा।

Then the sled lunged forward in a jerking, rough movement.

तभी स्लेज झटके के साथ, उग्र गति से आगे बढ़ी।

It didn't stop again—half an inch...an inch...two inches more.

यह फिर नहीं रुका - आधा इंच...एक इंच...दो इंच और।

The jerks became smaller as the sled began to gather speed.

जैसे-जैसे स्लेज ने गति पकड़नी शुरू की, झटके कम होते गए।

Soon Buck was pulling with smooth, even, rolling power.

जल्द ही बक सहज, समान, लुढ़कती शक्ति के साथ खींचने लगा।

Men gasped and finally remembered to breathe again.

लोगों की सांस फूलने लगी और अंततः उन्हें दोबारा सांस लेने की याद आई।

They had not noticed their breath had stopped in awe.

उन्हें पता ही नहीं चला कि भय के कारण उनकी सांसें रुक गई थीं।

Thornton ran behind, calling out short, cheerful commands.

थॉर्नटन पीछे दौड़ा और छोटे-छोटे, प्रसन्नचित्त आदेश देता हुआ बोला।

Ahead was a stack of firewood that marked the distance.

आगे लकड़ियों का ढेर था जो दूरी का संकेत दे रहा था।

As Buck neared the pile, the cheering grew louder and louder.

जैसे ही बक ढेर के पास पहुंचा, जयजयकार और तेज होती गई।

The cheering swelled into a roar as Buck passed the end point.

जैसे ही बक अंतिम बिंदु से आगे बढ़ा, जयजयकार गर्जना में बदल गई।

Men jumped and shouted, even Matthewson broke into a grin.

लोग उछलने लगे और चिल्लाने लगे, यहां तक कि मैथ्यूसन भी मुस्कुराने लगा।

Hats flew into the air, mittens were tossed without thought or aim.

टोपियाँ हवा में उड़ने लगीं, दस्ताने बिना सोचे-समझे या उद्देश्य के उछाले जाने लगे।

Men grabbed each other and shook hands without knowing who.

पुरुषों ने एक दूसरे को पकड़ लिया और बिना यह जाने कि वे कौन हैं, हाथ मिलाया।

The whole crowd buzzed in wild, joyful celebration.

पूरी भीड़ उन्मत्त, आनन्दपूर्ण उत्सव में झूम उठी।

Thornton dropped to his knees beside Buck with trembling hands.

थॉर्नटन कांपते हाथों से बक के पास घुटनों के बल बैठ गया।

He pressed his head to Buck's and shook him gently back and forth.

उसने अपना सिर बक के सिर से सटाया और उसे धीरे से आगे-पीछे हिलाया।

Those who approached heard him curse the dog with quiet love.

जो लोग उसके पास गए, उन्होंने उसे शांत प्रेम से कुत्ते को कोसते हुए सुना।

He swore at Buck for a long time—softly, warmly, with emotion.

वह काफी देर तक बक को गालियाँ देता रहा - धीरे से, गर्मजोशी से, भावुकता से।

"Good, sir! Good, sir!" cried the Skookum Bench king in a rush.

"अच्छा, सर! अच्छा, सर!" स्कूकम बेंच राजा ने जल्दी से चिल्लाया।

"I'll give you a thousand—no, twelve hundred—for that dog, sir!"

"मैं आपको उस कुत्ते के लिए एक हज़ार - नहीं, बारह सौ - दूँगा, सर!"

Thornton rose slowly to his feet, his eyes shining with emotion.

थॉर्नटन धीरे-धीरे अपने पैरों पर खड़ा हुआ, उसकी आँखें भावनाओं से चमक रही थीं।

Tears streamed openly down his cheeks without any shame.

बिना किसी शर्म के उसके गालों पर खुलकर आँसू बहने लगे।

"Sir," he said to the Skookum Bench king, steady and firm

"सर," उसने स्कूकम बेंच राजा से स्थिर और दृढ़ स्वर में कहा

"No, sir. You can go to hell, sir. That's my final answer."

"नहीं, सर। आप नरक में जा सकते हैं, सर। यह मेरा अंतिम उत्तर है।"

Buck grabbed Thornton's hand gently in his strong jaws.

बक ने थॉर्नटन का हाथ धीरे से अपने मजबूत जबड़ों में पकड़ लिया।

Thornton shook him playfully, their bond deep as ever.

थॉर्नटन ने उसे खेल-खेल में हिलाया, उनका रिश्ता पहले की तरह गहरा था।

The crowd, moved by the moment, stepped back in silence.

इस क्षण से द्रवित भीड़ चुपचाप पीछे हट गई।

From then on, none dared interrupt such sacred affection.

तब से, किसी ने भी ऐसे पवित्र स्नेह को बाधित करने का साहस नहीं किया।

## The Sound of the Call
## पुकार की ध्वनि

Buck had earned sixteen hundred dollars in five minutes.

बक ने पाँच मिनट में सोलह सौ डॉलर कमा लिये थे।

The money let John Thornton pay off some of his debts.

इस धन से जॉन थॉर्नटन ने अपने कुछ कर्ज चुकाये।

With the rest of the money he headed East with his partners.

बाकी बचे पैसों से वह अपने साझेदारों के साथ पूर्व की ओर
चल पड़ा।

They sought a fabled lost mine, as old as the country itself.

वे एक ऐसी खोई हुई खदान की तलाश में थे, जो देश जितनी
ही पुरानी थी।

Many men had looked for the mine, but few had ever found
it.

कई लोगों ने खदान की खोज की थी, लेकिन बहुत कम लोग
इसे खोज पाए थे।

More than a few men had vanished during the dangerous
quest.

इस खतरनाक खोज के दौरान कई लोग गायब हो गये थे।

This lost mine was wrapped in both mystery and old
tragedy.

यह खोई हुई खदान रहस्य और पुरानी त्रासदी दोनों से लिपटी
हुई थी।

No one knew who the first man to find the mine had been.

कोई नहीं जानता था कि खदान खोजने वाला पहला व्यक्ति
कौन था।

The oldest stories don't mention anyone by name.

सबसे पुरानी कहानियों में किसी का नाम नहीं लिया गया है।

There had always been an ancient ramshackle cabin there.

वहाँ हमेशा से एक पुराना जर्जर केबिन रहा था।

Dying men had sworn there was a mine next to that old cabin.

मरते हुए लोगों ने कसम खाई थी कि उस पुराने केबिन के बगल में एक बारूदी सुरंग थी।

They proved their stories with gold like none found elsewhere.

उन्होंने अपनी कहानियों को सोने से प्रमाणित किया जैसा अन्यत्र कहीं नहीं मिलता।

No living soul had ever looted the treasure from that place.

किसी भी जीवित आत्मा ने उस स्थान से खजाना कभी नहीं लूटा था।

The dead were dead, and dead men tell no tales.

मरे हुए लोग तो मरे हुए हैं, और मरे हुए लोग कोई कहानी नहीं बताते।

So Thornton and his friends headed into the East.

इसलिए थॉर्नटन और उसके दोस्त पूर्व की ओर चले गए।

Pete and Hans joined, bringing Buck and six strong dogs.

पीट और हंस भी बक और छह मजबूत कुत्तों को साथ लेकर आये।

They set off down an unknown trail where others had failed.

वे एक अज्ञात रास्ते पर चल पड़े, जहां अन्य लोग असफल हो गए थे।

They sledded seventy miles up the frozen Yukon River.

उन्होंने जमी हुई युकोन नदी पर सत्तर मील तक स्लेज से यात्रा की।

They turned left and followed the trail into the Stewart.

वे बायीं ओर मुड़े और स्टीवर्ट नदी के रास्ते पर चले गए।

They passed the Mayo and McQuestion, pressing farther on.

वे मेयो और मैकक्वेश्चन को पार करते हुए आगे बढ़ गए।

The Stewart shrank into a stream, threading jagged peaks.

स्टीवर्ट नदी सिकुड़कर एक धारा में बदल गई, जिसके दांतेदार शिखर उभर आए।

These sharp peaks marked the very spine of the continent.

ये तीखी चोटियाँ महाद्वीप की रीढ़ की हड्डी का प्रतीक थीं।

John Thornton demanded little from men or the wild land.

जॉन थॉर्नटन को मनुष्यों या जंगली भूमि से कोई खास अपेक्षा नहीं थी।

He feared nothing in nature and faced the wild with ease.

उन्हें प्रकृति से किसी भी चीज का डर नहीं था और उन्होंने जंगली जीवन का सामना सहजता से किया।

With only salt and a rifle, he could travel where he wished.

केवल नमक और एक राइफल के साथ वह जहां चाहे यात्रा कर सकता था।

Like the natives, he hunted food while he journeyed along.

स्थानीय लोगों की तरह वह भी यात्रा करते समय भोजन की तलाश में रहते थे।

If he caught nothing, he kept going, trusting luck ahead.

यदि उसे कुछ नहीं मिलता तो वह भाग्य पर भरोसा करते हुए आगे बढ़ता रहता।

On this long journey, meat was the main thing they ate.

इस लम्बी यात्रा में मांस ही मुख्य चीज थी जो उन्होंने खाई।

The sled held tools and ammo, but no strict timetable.

स्लेज में औजार और गोला-बारूद तो था, लेकिन कोई सख्त समय-सारणी नहीं थी।

Buck loved this wandering; the endless hunt and fishing.

बक को यह भ्रमण, अंतहीन शिकार और मछली पकड़ना बहुत पसंद था।

For weeks they were traveling day after steady day.

कई सप्ताह तक वे लगातार दिन-रात यात्रा करते रहे।

Other times they made camps and stayed still for weeks.

कभी-कभी वे शिविर बनाकर हफ्तों तक वहीं रहते थे।

The dogs rested while the men dug through frozen dirt.

जब लोग जमी हुई मिट्टी खोद रहे थे, तब कुत्ते आराम कर रहे थे।

They warmed pans over fires and searched for hidden gold.

वे आग पर बर्तन गर्म करते और उसमें छिपे हुए सोने की खोज करते।

Some days they starved, and some days they had feasts.

कुछ दिन वे भूखे रहे, और कुछ दिन उन्होंने दावतें खाईं।

Their meals depended on the game and the luck of the hunt.

उनका भोजन खेल और शिकार के भाग्य पर निर्भर करता था।

When summer came, men and dogs packed loads on their backs.

जब गर्मियां आती थीं, तो लोग और कुत्ते अपनी पीठ पर बोझ लाद लेते थे।

They rafted across blue lakes hidden in mountain forests.

उन्होंने पहाड़ी जंगलों में छिपी नीली झीलों पर राफ्टिंग की।

They sailed slim boats on rivers no man had ever mapped.

वे उन नदियों पर पतली नावें चलाते थे जिनका मानचित्र कभी किसी मनुष्य ने नहीं बनाया था।

Those boats were built from trees they sawed in the wild.

वे नावें जंगल में काटे गए पेड़ों से बनाई गई थीं।


The months passed, and they twisted through the wild unknown lands.

कई महीने बीत गए और वे जंगली अनजान भूमि से होकर गुज़रते रहे।

There were no men there, yet old traces hinted that men had been.

वहाँ कोई आदमी नहीं था, फिर भी पुराने निशानों से संकेत मिलता है कि वहाँ आदमी थे।

If the Lost Cabin was real, then others had once come this way.

यदि खोया हुआ केबिन वास्तविक था, तो अन्य लोग भी कभी इस रास्ते से आये होंगे।

They crossed high passes in blizzards, even during the summer.

वे बर्फानी तूफानों में भी, यहाँ तक कि गर्मियों के दौरान भी, ऊँचे दर्रे पार करते थे।

They shivered under the midnight sun on bare mountain slopes.

वे नंगे पहाड़ी ढलानों पर आधी रात के सूरज के नीचे ठिठुर रहे थे।

Between the treeline and the snowfields, they climbed slowly.

वृक्षों और बर्फ के मैदानों के बीच वे धीरे-धीरे चढ़ते रहे।

In warm valleys, they swatted at clouds of gnats and flies.

गर्म घाटियों में, वे मक्खियों और मच्छरों के झुंड को मारते थे।

They picked sweet berries near glaciers in full summer bloom.

उन्होंने गर्मियों में खिले ग्लेशियरों के पास से मीठे जामुन तोड़े।

The flowers they found were as lovely as those in the Southland.

उन्हें जो फूल मिले वे साउथलैंड के फूलों जैसे ही सुन्दर थे।

That fall they reached a lonely region filled with silent lakes.

उस पतझड़ में वे शांत झीलों से भरे एक सुनसान क्षेत्र में पहुँच गये।

The land was sad and empty, once alive with birds and beasts.

यह भूमि उदास और खाली थी, जहां कभी पक्षी और जानवर रहते थे।

Now there was no life, just the wind and ice forming in pools.

अब वहाँ कोई जीवन नहीं था, केवल हवा और तालाबों में जमती बर्फ थी।

Waves lapped against empty shores with a soft, mournful sound.

लहरें खाली तटों से मृदु, शोकपूर्ण ध्वनि के साथ टकरा रही थीं।


Another winter came, and they followed faint, old trails again.

एक और सर्दी आई और वे फिर से धुंधले, पुराने रास्तों पर चल पड़े।

These were the trails of men who had searched long before them.

ये उन लोगों के निशान थे जिन्होंने इनसे बहुत पहले खोज की थी।

Once they found a path cut deep into the dark forest.

एक बार उन्हें अंधेरे जंगल में एक रास्ता मिल गया।

It was an old trail, and they felt the lost cabin was close.

यह एक पुराना रास्ता था और उन्हें लगा कि खोया हुआ केबिन नजदीक ही है।

But the trail led nowhere and faded into the thick woods.

लेकिन रास्ता कहीं नहीं गया और घने जंगल में लुप्त हो गया।

Whoever made the trail, and why they made it, no one knew.

यह रास्ता किसने बनाया और क्यों बनाया, यह कोई नहीं जानता।

Later, they found the wreck of a lodge hidden among the trees.

बाद में उन्हें पेड़ों के बीच छिपे एक लॉज का मलबा मिला।

Rotting blankets lay scattered where someone once had slept.

जहां कभी कोई सोया था, वहां सड़े हुए कम्बल बिखरे पड़े थे।

John Thornton found a long-barreled flintlock buried inside.

जॉन थॉर्नटन को अंदर दबा हुआ एक लंबी बैरल वाला फ्लिंटलॉक मिला।

He knew this was a Hudson Bay gun from early trading days.

उन्हें शुरुआती कारोबारी दिनों से ही पता था कि यह हडसन बे की बंदूक है।

In those days such guns were traded for stacks of beaver skins.

उन दिनों ऐसी बंदूकों का व्यापार ऊदबिलाव की खाल के ढेर के बदले में किया जाता था।

That was all—no clue remained of the man who built the lodge.

बस इतना ही था - लॉज बनाने वाले व्यक्ति का कोई सुराग नहीं बचा।


Spring came again, and they found no sign of the Lost Cabin.

फिर वसंत आया और उन्हें खोए हुए केबिन का कोई निशान नहीं मिला।

Instead they found a broad valley with a shallow stream.

इसके बजाय उन्हें एक उथली धारा वाली चौड़ी घाटी मिली।

Gold lay across the pan bottoms like smooth, yellow butter.

पैन के तले पर चिकने, पीले मक्खन की तरह सोना फैला हुआ था।

They stopped there and searched no farther for the cabin.

वे वहीं रुक गए और केबिन की और खोज नहीं की।

Each day they worked and found thousands in gold dust.

प्रत्येक दिन वे काम करते थे और हजारों की संख्या में सोने की धूल ढूंढते थे।

They packed the gold in bags of moose-hide, fifty pounds each.

उन्होंने सोने को मूस की खाल से बने बैगों में पैक किया, प्रत्येक बैग का वजन पचास पाउंड था।

The bags were stacked like firewood outside their small lodge.

उनके छोटे से लॉज के बाहर बैगों को जलाऊ लकड़ी की तरह ढेर करके रखा गया था।

They worked like giants, and the days passed like quick dreams.

वे दिग्गजों की तरह काम करते थे, और दिन सपनों की तरह बीतते थे।

They heaped up treasure as the endless days rolled swiftly by.

जैसे-जैसे अंतहीन दिन तेजी से बीतते गए, उन्होंने खजाना इकट्ठा करना जारी रखा।

There was little for the dogs to do except haul meat now and then.

कुत्तों के पास अब मांस ढोने के अलावा कोई और काम नहीं था।

Thornton hunted and killed the game, and Buck lay by the fire.

थॉर्नटन शिकार करता और उसे मारता था, और बक आग के पास लेटा रहता था।

He spent long hours in silence, lost in thought and memory.

वह कई घंटे मौन रहकर विचारों और स्मृतियों में खोए रहते थे।

The image of the hairy man came more often into Buck's mind.

बक के मन में बालों वाले आदमी की छवि बार-बार आती थी।

Now that work was scarce, Buck dreamed while blinking at the fire.

अब चूंकि काम कम हो गया था, बक आग के पास आंखें झपकाते हुए सपने देखने लगा।

In those dreams, Buck wandered with the man in another world.

उन सपनों में, बक उस आदमी के साथ दूसरी दुनिया में भटकता रहा।

Fear seemed the strongest feeling in that distant world.

उस दूर के संसार में भय सबसे प्रबल भावना प्रतीत हो रही थी।

Buck saw the hairy man sleep with his head bowed low.

बक ने देखा कि वह बालों वाला आदमी सिर झुकाए सो रहा था।

His hands were clasped, and his sleep was restless and broken.

उसके हाथ आपस में बंधे हुए थे और उसकी नींद बेचैन और टूटी हुई थी।

He used to wake with a start and stare fearfully into the dark.

वह अचानक जाग जाता था और भयभीत होकर अंधेरे में देखता रहता था।

Then he'd toss more wood onto the fire to keep the flame bright.

फिर वह आग की लौ को तेज बनाए रखने के लिए उसमें और लकड़ियाँ डालता।

Sometimes they walked along a beach by a gray, endless sea.

कभी-कभी वे धूसर, अंतहीन समुद्र के किनारे समुद्र तट पर टहलते थे।

The hairy man picked shellfish and ate them as he walked.

बालों वाला आदमी चलते-चलते सीपदार मछलियाँ उठाता और खाता रहा।

His eyes searched always for hidden dangers in the shadows.

उसकी आँखें हमेशा छाया में छिपे खतरों की तलाश में रहती थीं।

His legs were always ready to sprint at the first sign of threat.

खतरे का पहला संकेत मिलते ही उसके पैर दौड़ने के लिए हमेशा तैयार रहते थे।

They crept through the forest, silent and wary, side by side.

वे जंगल में एक-दूसरे के साथ-साथ चुपचाप और सतर्क होकर रेंगते रहे।

Buck followed at his heels, and both of them stayed alert.

बक उसके पीछे-पीछे गया, और वे दोनों सतर्क रहे।

Their ears twitched and moved, their noses sniffed the air.

उनके कान फड़कने लगे और हिलने लगे, उनकी नाक हवा सूँघने लगी।

The man could hear and smell the forest as sharply as Buck.

वह आदमी जंगल की आवाज़ को बक की तरह ही तेज़ी से सुन और सूंघ सकता था।

The hairy man swung through the trees with sudden speed.

बालों वाला आदमी अचानक तेजी से पेड़ों के बीच से गुजरा।

He leapt from branch to branch, never missing his grip.

वह एक डाल से दूसरी डाल पर छलांग लगाता रहा, लेकिन उसकी पकड़ कभी ढीली नहीं पड़ी।

He moved as fast above the ground as he did upon it.

वह जमीन पर जितनी तेजी से चलता था, उतनी ही तेजी से ऊपर भी चलता था।

Buck remembered long nights beneath the trees, keeping watch.

बक को पेड़ों के नीचे पहरा देते हुए बिताई गई लंबी रातें याद थीं।

The man slept roosting in the branches, clinging tight.

वह आदमी शाखाओं से चिपककर सो गया।

This vision of the hairy man was tied closely to the deep call.

बालों वाले आदमी का यह दर्शन गहरी पुकार से बहुत निकटता से जुड़ा हुआ था।

The call still sounded through the forest with haunting force.

वह पुकार अभी भी जंगल में भयावह शक्ति के साथ गूंजती है।

The call filled Buck with longing and a restless sense of joy.

इस कॉल ने बक को लालसा और खुशी की बेचैन भावना से भर दिया।

He felt strange urges and stirrings that he could not name.

उसे अजीब सी इच्छाएं और हलचल महसूस हुई जिनका वह नाम नहीं बता सका।

Sometimes he followed the call deep into the quiet woods.

कभी-कभी वह उस पुकार का पीछा करते हुए जंगल की शांत गहराई में चला जाता था।

He searched for the calling, barking softly or sharply as he went.

वह पुकार की तलाश में था, चलते समय धीरे से या तेजी से भौंकता हुआ।

He sniffed the moss and black soil where the grasses grew.

उसने उस जगह पर काई और काली मिट्टी को सूँघा जहाँ घास उगी हुई थी।

He snorted with delight at the rich smells of the deep earth.

वह गहरी धरती की समृद्ध गंध से प्रसन्न होकर सूँघने लगा।

He crouched for hours behind trunks covered in fungus.

वह घंटों तक फफूंद से ढके पेड़ों के पीछे दुबका रहा।

He stayed still, listening wide-eyed to every tiny sound.

वह चुपचाप खड़ा रहा और अपनी आँखें चौड़ी करके हर छोटी सी आवाज़ को सुनता रहा।

He may have hoped to surprise the thing that gave the call.

हो सकता है कि वह उस चीज़ को आश्चर्यचकित करने की आशा कर रहा हो जिसने कॉल दिया था।

He did not know why he acted this way—he simply did.

वह नहीं जानता था कि उसने ऐसा क्यों किया - उसने बस ऐसा किया।

The urges came from deep within, beyond thought or reason.

ये इच्छाएं भीतर से आती थीं, विचार या तर्क से परे।

Irresistible urges took hold of Buck without warning or reason.

अदम्य इच्छाओं ने बिना किसी चेतावनी या कारण के बक को जकड़ लिया।

At times he was dozing lazily in camp under the midday heat.

कभी-कभी वह दोपहर की गर्मी में शिविर में आलस से झपकी ले रहा था।

Suddenly, his head lifted and his ears shoot up alert.

अचानक, उसका सिर उठा और उसके कान चौकन्ने होकर ऊपर उठ गये।

Then he sprang up and dash into the wild without pause.

फिर वह उछल पड़ा और बिना रुके जंगल की ओर भाग गया।

He ran for hours through forest paths and open spaces.

वह जंगल के रास्तों और खुले स्थानों पर घंटों दौड़ता रहा।

He loved to follow dry creek beds and spy on birds in the trees.

उसे सूखी नदियों के किनारे घूमना और पेड़ों पर पक्षियों की जासूसी करना बहुत पसंद था।

He could lie hidden all day, watching partridges strut around.

वह सारा दिन छिपकर लेटा रह सकता था, और इधर-उधर घूमते तीतरों को देखता रह सकता था।

They drummed and marched, unaware of Buck's still presence.

वे ढोल बजाते और मार्च करते रहे, बक की उपस्थिति से अनभिज्ञ।

But what he loved most was running at twilight in summer.

लेकिन उन्हें सबसे ज्यादा पसंद था गर्मियों में शाम के समय दौड़ना।

The dim light and sleepy forest sounds filled him with joy.

मंद रोशनी और जंगल की नींद भरी आवाज़ें उसे खुशी से भर रही थीं।

He read the forest signs as clearly as a man reads a book.

उन्होंने जंगल के चिह्नों को इतनी स्पष्टता से पढ़ा जैसे कोई व्यक्ति किताब पढ़ता है।

And he searched always for the strange thing that called him.

और वह हमेशा उस अजीब चीज़ को खोजता रहता था जो उसे बुलाती थी।

That calling never stopped—it reached him waking or sleeping.

वह पुकार कभी रुकी नहीं - वह जागते या सोते समय उसके पास पहुंचती थी।


One night, he woke with a start, eyes sharp and ears high.

एक रात वह अचानक जाग गया, उसकी आँखें तेज़ और कान ऊँचे थे।

His nostrils twitched as his mane stood bristling in waves.

उसके नथुने फड़क रहे थे, जबकि उसके बाल लहरों की तरह खड़े थे।

From deep in the forest came the sound again, the old call.

जंगल के गहरे भाग से फिर वही आवाज़ आई, वही पुरानी पुकार।

This time the sound rang clearly, a long, haunting, familiar howl.

इस बार आवाज स्पष्ट सुनाई दी, एक लंबी, भयावह, परिचित चीख।

It was like a husky's cry, but strange and wild in tone.

यह कर्कश चीख की तरह थी, लेकिन स्वर में अजीब और जंगली।

Buck knew the sound at once—he had heard the exact sound long ago.

बक को तुरन्त ही वह आवाज पहचान गई - उसने ठीक वैसी ही आवाज बहुत पहले सुनी थी।

He leapt through camp and vanished swiftly into the woods.

वह शिविर से छलांग लगाकर तेजी से जंगल में गायब हो गया।

As he neared the sound, he slowed and moved with care.

जैसे ही वह आवाज के निकट पहुंचा, उसने अपनी गति धीमी कर ली और सावधानी से आगे बढ़ा।

Soon he reached a clearing between thick pine trees.

जल्द ही वह घने देवदार के पेड़ों के बीच एक खुले स्थान पर पहुंच गया।

There, upright on its haunches, sat a tall, lean timber wolf.

वहाँ, एक लंबा, दुबला-पतला भेड़िया अपने कूल्हों के बल सीधा बैठा था।

The wolf's nose pointed skyward, still echoing the call.

भेड़िये की नाक आसमान की ओर उठी हुई थी, तथा अभी भी आवाज गूंज रही थी।

Buck had made no sound, yet the wolf stopped and listened.

बक ने कोई आवाज नहीं की, फिर भी भेड़िया रुक गया और सुनने लगा।

Sensing something, the wolf tensed, searching the darkness.

कुछ आभास होने पर भेड़िया घबरा गया और अंधेरे में खोज करने लगा।

Buck crept into view, body low, feet quiet on the ground.

हिरन धीरे-धीरे नज़र आया, उसका शरीर झुका हुआ था, पैर ज़मीन पर शांत थे।

His tail was straight, his body coiled tight with tension.

उसकी पूँछ सीधी थी, उसका शरीर तनाव से कड़ा हो गया था।

He showed both threat and a kind of rough friendship.

उन्होंने धमकी और एक प्रकार की कठोर मित्रता दोनों का प्रदर्शन किया।

It was the wary greeting shared by beasts of the wild.

यह जंगली जानवरों द्वारा किया जाने वाला सतर्क अभिवादन था।

But the wolf turned and fled as soon as it saw Buck.

लेकिन जैसे ही भेड़िये ने बक को देखा, वह मुड़कर भाग गया।

Buck gave chase, leaping wildly, eager to overtake it.

बक ने बेतहाशा छलांग लगाते हुए उसका पीछा किया, ताकि वह उससे आगे निकल जाए।

He followed the wolf into a dry creek blocked by a timber jam.

वह भेड़िये का पीछा करते हुए एक सूखी नदी तक पहुंचा जो लकड़ी के ढेर से अवरुद्ध थी।

Cornered, the wolf spun around and stood its ground.

कोने में फँसकर भेड़िया घूम गया और अपनी जगह पर खड़ा हो गया।

The wolf snarled and snapped like a trapped husky dog in a fight.

भेड़िया किसी लड़ाई में फंसे हुए कर्कश कुत्ते की तरह गुर्राया और झपट पड़ा।

The wolf's teeth clicked fast, its body bristling with wild fury.

भेड़िये के दांत तेजी से बजने लगे, उसका शरीर भयंकर क्रोध से भर गया।

Buck did not attack but circled the wolf with careful friendliness.

बक ने हमला नहीं किया, बल्कि सावधानीपूर्वक मित्रतापूर्वक भेड़िये के चारों ओर चक्कर लगाया।

He tried to block his escape by slow, harmless movements.

उसने धीमी, हानिरहित हरकतों से उसके भागने को रोकने की कोशिश की।

The wolf was wary and scared—Buck outweighed him three times.

भेड़िया सावधान और डरा हुआ था - बक का वजन उससे तीन गुना ज़्यादा था।

The wolf's head barely reached up to Buck's massive shoulder.

भेड़िये का सिर बमुश्किल बक के विशाल कंधे तक पहुंच पाया।

Watching for a gap, the wolf bolted and the chase began again.

रास्ता देखकर भेड़िया भाग गया और पीछा फिर शुरू हो गया।

Several times Buck cornered him, and the dance repeated.

कई बार बक ने उसे कोने में धकेला, और नृत्य दोहराया गया।

The wolf was thin and weak, or Buck could not have caught him.

भेड़िया दुबला-पतला और कमज़ोर था, अन्यथा बक उसे पकड़ नहीं पाता।

Each time Buck drew near, the wolf spun and faced him in fear.

हर बार जब बक उसके निकट आता तो भेड़िया डरकर घूम जाता और उसका सामना करता।

Then at the first chance, he dashed off into the woods once more.

फिर पहला मौका मिलते ही वह एक बार फिर जंगल में भाग गया।

But Buck did not give up, and finally the wolf came to trust him.

लेकिन बक ने हार नहीं मानी और अंततः भेड़िये को उस पर भरोसा हो गया।

He sniffed Buck's nose, and the two grew playful and alert.

उसने बक की नाक सूँघी, और दोनों चंचल और सतर्क हो गए।

They played like wild animals, fierce yet shy in their joy.

वे जंगली जानवरों की तरह खेलते थे, अपनी खुशी में वे भयंकर होते हुए भी शर्मीले थे।

After a while, the wolf trotted off with calm purpose.

थोड़ी देर बाद भेड़िया शांत भाव से चला गया।

He clearly showed Buck that he meant to be followed.

उन्होंने बक को स्पष्ट रूप से दिखा दिया कि उनका अनुसरण किया जाना चाहिए।

They ran side by side through the twilight gloom.

वे गोधूलि के अंधेरे में एक-दूसरे के साथ-साथ दौड़े।

They followed the creek bed up into the rocky gorge.

वे नाले के किनारे-किनारे चलते हुए चट्टानी घाटी में चले गए।

They crossed a cold divide where the stream had begun.

उन्होंने उस ठण्डे विभाजन को पार किया जहां से धारा शुरू हुई थी।

On the far slope they found wide forest and many streams.

दूर ढलान पर उन्हें विस्तृत जंगल और कई नदियाँ मिलीं।

Through this vast land, they ran for hours without stopping.

इस विशाल भूमि पर वे घंटों बिना रुके दौड़ते रहे।

The sun rose higher, the air grew warm, but they ran on.

सूरज ऊपर चढ़ता गया, हवा गर्म होती गई, लेकिन वे दौड़ते रहे।

Buck was filled with joy—he knew he was answering his calling.

बक खुशी से भर गया - वह जानता था कि वह अपनी बुलाहट का उत्तर दे रहा है।

He ran beside his forest brother, closer to the call's source.

वह अपने जंगली भाई के पास दौड़ा, तथा कॉल के स्रोत के करीब पहुंच गया।

Old feelings returned, powerful and hard to ignore.

पुरानी भावनाएँ वापस आ गईं, शक्तिशाली और अनदेखा करना कठिन।

These were the truths behind the memories from his dreams.

ये उनके सपनों की यादों के पीछे की सच्चाई थी।

He had done all this before in a distant and shadowy world.

उसने यह सब पहले भी एक दूर और अंधकारमय दुनिया में किया था।

Now he did this again, running wild with the open sky above.

अब उसने फिर ऐसा ही किया, ऊपर खुले आसमान में बेतहाशा दौड़ता हुआ।

They stopped at a stream to drink from the cold flowing water.

वे ठंडे बहते पानी को पीने के लिए एक झरने के पास रुके।

As he drank, Buck suddenly remembered John Thornton.

शराब पीते समय बक को अचानक जॉन थॉर्नटन की याद आ गई।

He sat down in silence, torn by the pull of loyalty and the calling.

वह चुपचाप बैठ गया, निष्ठा और आह्वान के खिंचाव से विचलित।

The wolf trotted on, but came back to urge Buck forward.

भेड़िया आगे बढ़ गया, लेकिन बक को आगे बढ़ने के लिए कहने के लिए वापस आया।

He sniffed his nose and tried to coax him with soft gestures.

उसने अपनी नाक सूँघी और कोमल इशारों से उसे मनाने की कोशिश की।

But Buck turned around and started back the way he came.

लेकिन बक पलट गया और जिस रास्ते से आया था उसी रास्ते से वापस जाने लगा।

The wolf ran beside him for a long time, whining quietly.

भेड़िया बहुत देर तक उसके बगल में चुपचाप रोता हुआ दौड़ता रहा।

Then he sat down, raised his nose, and let out a long howl.

फिर वह बैठ गया, अपनी नाक ऊपर उठाई और एक लंबी चीख निकाली।

It was a mournful cry, softening as Buck walked away.

यह एक शोकपूर्ण चीख थी, जो बक के चले जाने पर धीमी पड़ गई।

Buck listened as the sound of the cry faded slowly into the forest silence.

बक सुनता रहा, रोने की आवाज धीरे-धीरे जंगल के सन्नाटे में लुप्त हो गई।

John Thornton was eating dinner when Buck burst into the camp.

जॉन थॉर्नटन खाना खा रहे थे जब बक शिविर में घुस आया।

Buck leapt upon him wildly, licking, biting, and tumbling him.

बक उस पर बेतहाशा कूद पड़ा, उसे चाटने, काटने और पटकने लगा।

He knocked him over, scrambled on top, and kissed his face.

उसने उसे गिरा दिया, उसके ऊपर चढ़ गया, और उसके चेहरे को चूमा।

Thornton called this "playing the general tom-fool" with affection.

थॉर्नटन ने इसे स्नेहपूर्वक "सामान्य मूर्खता का नाटक" कहा।

All the while, he cursed Buck gently and shook him back and forth.

इस दौरान वह बक को धीरे से कोसता रहा और उसे आगे-पीछे हिलाता रहा।

For two whole days and nights, Buck never left the camp once.

पूरे दो दिन और रात तक बक एक बार भी शिविर से बाहर नहीं निकला।

He kept close to Thornton and never let him out of his sight.

वह थॉर्नटन के करीब रहा और उसे कभी अपनी नजरों से ओझल नहीं होने दिया।

He followed him as he worked and watched him while he ate.

जब वह काम करता तो वह उसके पीछे-पीछे चलता और जब वह खाता तो वह उसे देखता रहता।

He saw Thornton into his blankets at night and out each morning.

उन्होंने थॉर्नटन को रात में अपने कंबल में और प्रत्येक सुबह बाहर देखा।

But soon the forest call returned, louder than ever before.

लेकिन जल्द ही जंगल की आवाज़ वापस आ गई, पहले से भी अधिक तेज़।

Buck grew restless again, stirred by thoughts of the wild wolf.

जंगली भेड़िये के विचार से बक फिर से बेचैन हो गया।

He remembered the open land and running side by side.

उसे खुली ज़मीन और साथ-साथ दौड़ना याद आ गया।

He began wandering into the forest once more, alone and alert.

वह एक बार फिर जंगल में अकेला और सतर्क होकर घूमने लगा।

But the wild brother did not return, and the howl was not heard.

लेकिन जंगली भाई वापस नहीं आया, और चीख़ भी नहीं सुनी गई।

Buck started sleeping outside, staying away for days at a time.

बक ने बाहर सोना शुरू कर दिया, और कई दिनों तक बाहर ही रहने लगा।

Once he crossed the high divide where the creek had begun.

एक बार वह उस ऊंचे विभाजन को पार कर गया जहां से खाड़ी शुरू हुई थी।

He entered the land of dark timber and wide flowing streams.

वह काले घने जंगलों और चौड़ी बहती नदियों के देश में प्रवेश कर गया।

For a week he roamed, searching for signs of the wild brother.

एक सप्ताह तक वह अपने जंगली भाई के चिन्हों की खोज में घूमता रहा।

He killed his own meat and travelled with long, tireless strides.

वह स्वयं अपना मांस मारता था और लम्बे, अथक कदमों से यात्रा करता था।

He fished for salmon in a wide river that reached the sea.

वह समुद्र तक पहुंचने वाली एक चौड़ी नदी में सैल्मन मछली पकड़ता था।

There, he fought and killed a black bear maddened by bugs.

वहां उन्होंने कीड़ों से परेशान एक काले भालू से लड़ाई की और उसे मार डाला।

The bear had been fishing and ran blindly through the trees.

भालू मछली पकड़ रहा था और अंधाधुंध पेड़ों के बीच से भाग रहा था।

The battle was a fierce one, waking Buck's deep fighting spirit up.

यह युद्ध बहुत ही भयंकर था, जिसने बक की गहरी लड़ाकू भावना को जगा दिया।

Two days later, Buck returned to find wolverines at his kill.

दो दिन बाद बक वापस लौटा तो उसने देखा कि उसके शिकार स्थल पर वूल्वरिन मौजूद थे।

A dozen of them quarreled over the meat in noisy fury.

उनमें से एक दर्जन लोग मांस को लेकर शोरगुल मचाते हुए झगड़ने लगे।

Buck charged and scattered them like leaves in the wind.

बक ने उन पर हमला किया और उन्हें हवा में उड़ते पत्तों की तरह बिखेर दिया।

Two wolves remained behind—silent, lifeless, and unmoving forever.

दो भेड़िये पीछे रह गए - हमेशा के लिए चुप, निर्जीव और अविचल।

The thirst for blood grew stronger than ever.

खून की प्यास पहले से भी अधिक बढ़ गई।

Buck was a hunter, a killer, feeding off living creatures.

बक एक शिकारी था, एक हत्यारा था, जो जीवित प्राणियों को खाकर अपना पेट भरता था।

He survived alone, relying on his strength and sharp senses.

वह अपनी ताकत और तीव्र इन्द्रियों पर भरोसा करते हुए अकेले जीवित रहे।

He thrived in the wild, where only the toughest could live.

वह जंगल में पनपा, जहां केवल सबसे मजबूत लोग ही रह सकते थे।

From this, a great pride rose up and filled Buck's whole being.

इससे बक के पूरे अस्तित्व में एक महान गर्व की भावना उत्पन्न हुई।

His pride showed in his every step, in the ripple of every muscle.

उसका गर्व उसके हर कदम में, हर मांसपेशी की हलचल में झलकता था।

His pride was as clear as speech, seen in how he carried himself.

उनका अभिमान उनकी वाणी की तरह स्पष्ट था, जो उनके व्यवहार से झलकता था।

Even his thick coat looked more majestic and gleamed brighter.

यहां तक कि उसका मोटा कोट भी अधिक राजसी और चमकीला लग रहा था।

Buck could have been mistaken for a giant timber wolf.

बक को एक विशालकाय लकड़ी भेड़िया समझ लिया गया होगा।

Except for brown on his muzzle and spots above his eyes.

उसके थूथन पर भूरे रंग और आंखों के ऊपर के धब्बों को छोड़कर।

And the white streak of fur that ran down the middle of his chest.

और उसकी छाती के बीच से नीचे तक फैली फर की सफ़ेद लकीर।

He was even larger than the biggest wolf of that fierce breed.

वह उस खूंखार नस्ल के सबसे बड़े भेड़िये से भी बड़ा था।

His father, a St. Bernard, gave him size and heavy frame.

उनके पिता, जो सेंट बर्नार्ड थे, ने उन्हें आकार और भारी शरीर दिया।

His mother, a shepherd, shaped that bulk into wolf-like form.

उनकी मां, जो एक चरवाहा थीं, ने उस विशालकाय शरीर को भेड़िये जैसा आकार दिया।

He had the long muzzle of a wolf, though heavier and broader.

उसका थूथन भेड़िये जैसा लम्बा था, यद्यपि भारी और चौड़ा था।

His head was a wolf's, but built on a massive, majestic scale.

उसका सिर भेड़िये जैसा था, लेकिन बहुत विशाल और भव्य आकार का था।

Buck's cunning was the cunning of the wolf and of the wild.

बक की चालाकी भेड़िये और जंगली जानवरों जैसी चालाकी थी।

His intelligence came from both the German Shepherd and St. Bernard.

उनकी बुद्धिमत्ता जर्मन शेफर्ड और सेंट बर्नार्ड दोनों से आई थी।

All this, plus harsh experience, made him a fearsome creature.

इन सब बातों के साथ-साथ कठोर अनुभवों ने उसे एक डरावना प्राणी बना दिया।

He was as formidable as any beast that roamed the northern wild.

वह उत्तरी जंगल में विचरण करने वाले किसी भी जानवर के समान ही दुर्जेय था।

Living only on meat, Buck reached the full peak of his strength.

केवल मांस पर जीवित रहते हुए, बक अपनी शक्ति के पूर्ण शिखर पर पहुंच गया।

He overflowed with power and male force in every fiber of him.

उसके रोम-रोम में शक्ति और पुरुष शक्ति भरी हुई थी।

When Thornton stroked his back, the hairs sparked with energy.

जब थॉर्नटन ने उसकी पीठ पर हाथ फेरा तो उसके बालों में ऊर्जा की चमक आ गयी।

Each hair crackled, charged with the touch of living magnetism.

प्रत्येक बाल जीवंत चुंबकत्व के स्पर्श से आवेशित होकर खड़खड़ा उठा।

His body and brain were tuned to the finest possible pitch.

उनका शरीर और मस्तिष्क सर्वोत्तम संभव सुर में लयबद्ध थे।

Every nerve, fiber, and muscle worked in perfect harmony.

प्रत्येक तंत्रिका, तंतु और मांसपेशी पूर्ण सामंजस्य में काम कर रही थी।

To any sound or sight needing action, he responded instantly.

किसी भी ध्वनि या दृश्य पर, जिस पर कार्रवाई की आवश्यकता होती थी, वह तुरंत प्रतिक्रिया देते थे।

If a husky leaped to attack, Buck could leap twice as fast.

यदि कोई हस्की हमला करने के लिए छलांग लगाता, तो बक दोगुनी तेजी से छलांग लगा सकता था।

He reacted quicker than others could even see or hear.

उन्होंने इतनी तेजी से प्रतिक्रिया की कि अन्य लोग देख या सुन भी नहीं पाए।

Perception, decision, and action all came in one fluid moment.

धारणा, निर्णय और कार्रवाई सभी एक ही क्षण में आ गए।

In truth, these acts were separate, but too fast to notice.

सच तो यह है कि ये क्रियाएं अलग-अलग थीं, लेकिन इतनी तीव्र थीं कि उन पर ध्यान नहीं दिया जा सका।

So brief were the gaps between these acts, they seemed as one.

इन कृत्यों के बीच अंतराल इतना कम था कि ऐसा लग रहा था कि वे एक ही हैं।

His muscles and being was like tightly coiled springs.

उसकी मांसपेशियां और शरीर कसकर कुंडलित स्प्रिंगों की तरह थे।

His body surged with life, wild and joyful in its power.

उसका शरीर जीवन से भर गया, उसकी शक्ति उग्र और आनंदित थी।

At times he felt like the force was going to burst out of him entirely.

कभी-कभी उसे ऐसा महसूस होता था कि मानो उसकी सारी शक्ति उसके अंदर से पूरी तरह बाहर निकल जायेगी।

"Never was there such a dog," Thornton said one quiet day.

"ऐसा कुत्ता कभी नहीं था," थॉर्नटन ने एक शांत दिन कहा।

The partners watched Buck striding proudly from the camp.

साझेदारों ने बक को गर्व से शिविर से बाहर जाते हुए देखा।

"When he was made, he changed what a dog can be," said Pete.

पीट ने कहा, "जब वह बना, तो उसने कुत्ते की असली पहचान ही बदल दी।"

"By Jesus! I think so myself," Hans quickly agreed.

"हे भगवान! मैं भी ऐसा ही सोचता हूँ," हंस ने तुरंत सहमति जताई।

They saw him march off, but not the change that came after.

उन्होंने उसे जाते तो देखा, लेकिन उसके बाद आए बदलाव को नहीं देखा।

As soon as he entered the woods, Buck transformed completely.

जैसे ही वह जंगल में दाखिल हुआ, बक पूरी तरह से बदल गया।

He no longer marched, but moved like a wild ghost among trees.

वह अब मार्च नहीं करता था, बल्कि पेड़ों के बीच एक जंगली भूत की तरह घूमता था।

He became silent, cat-footed, a flicker passing through shadows.

वह चुप हो गया, बिल्ली के पैरों की तरह, छायाओं के बीच से गुजरती हुई एक झिलमिलाहट की तरह।

He used cover with skill, crawling on his belly like a snake.

वह सांप की तरह पेट के बल रेंगते हुए कुशलता से छिपने लगा।

And like a snake, he could leap forward and strike in silence.

और साँप की तरह, वह चुपचाप आगे छलांग लगाकर वार कर सकता था।

He could steal a ptarmigan straight from its hidden nest.

वह एक तीतर (ptarmigan) को उसके छिपे हुए घोंसले से सीधे चुरा सकता था।

He killed sleeping rabbits without a single sound.

उसने बिना कोई आवाज किये सोये हुए खरगोशों को मार डाला।

He could catch chipmunks midair as they fled too slowly.

वह चिपमंक्स को हवा में ही पकड़ सकता था, क्योंकि वे बहुत धीमी गति से भागते थे।

Even fish in pools could not escape his sudden strikes.

यहां तक कि तालाबों में मौजूद मछलियां भी उसके अचानक प्रहार से बच नहीं सकीं।

Not even clever beavers fixing dams were safe from him.

यहां तक कि बांधों की मरम्मत करने वाले चतुर बीवर भी उससे सुरक्षित नहीं थे।

He killed for food, not for fun—but liked his own kills best.

वह भोजन के लिए हत्या करता था, मनोरंजन के लिए नहीं - परन्तु उसे स्वयं शिकार करना अधिक पसंद था।

Still, a sly humor ran through some of his silent hunts.

फिर भी, उनके कुछ मौन शिकारों में एक धूर्त हास्य झलकता था।

He crept up close to squirrels, only to let them escape.

वह गिलहरियों के करीब गया, ताकि वे भाग सकें।

They were going to flee to the trees, chattering in fearful outrage.

वे भयभीत होकर बड़बड़ाते हुए पेड़ों की ओर भागने वाले थे।

As fall came, moose began to appear in greater numbers.

जैसे-जैसे पतझड़ आया, मूस बड़ी संख्या में दिखाई देने लगे।

They moved slowly into the low valleys to meet the winter.

वे सर्दी से बचने के लिए धीरे-धीरे निचली घाटियों की ओर बढ़े।

Buck had already brought down one young, stray calf.

बक पहले ही एक छोटे, आवारा बछड़े को मार गिरा चुका था।

But he longed to face larger, more dangerous prey.

लेकिन वह बड़े और अधिक खतरनाक शिकार का सामना करना चाहता था।

One day on the divide, at the creek's head, he found his chance.

एक दिन, नदी के मुहाने पर, उसे अपना अवसर मिल गया।

A herd of twenty moose had crossed from forested lands.

बीस मूस का एक झुंड जंगली भूमि से पार हो गया था।

Among them was a mighty bull; the leader of the group.

उनमें एक शक्तिशाली बैल भी था, जो समूह का नेता था।

The bull stood over six feet tall and looked fierce and wild.

बैल छह फुट से अधिक लंबा था और भयंकर एवं जंगली दिख रहा था।

He tossed his wide antlers, fourteen points branching outward.

उसने अपने चौड़े सींग फड़फड़ाये, जिनमें से चौदह सींग बाहर की ओर निकले हुए थे।

The tips of those antlers stretched seven feet across.

उन सींगों के सिरे सात फुट तक फैले हुए थे।

His small eyes burned with rage as he spotted Buck nearby.

जब उसने बक को पास में देखा तो उसकी छोटी-छोटी आंखें क्रोध से जल उठीं।

He let out a furious roar, trembling with fury and pain.

वह क्रोध और पीड़ा से कांपते हुए भयंकर दहाड़ने लगा।

An arrow-end stuck out near his flank, feathered and sharp.

उसके पार्श्व भाग के पास एक तीर का सिरा निकला हुआ था, जो पंखदार और नुकीला था।

This wound helped explain his savage, bitter mood.

इस घाव से उनकी क्रूर, कटु मनोदशा को समझने में मदद मिली।

Buck, guided by ancient hunting instinct, made his move.

बक ने अपनी प्राचीन शिकार प्रवृत्ति से प्रेरित होकर अपना कदम उठाया।

He aimed to separate the bull from the rest of the herd.

उसका उद्देश्य बैल को बाकी झुंड से अलग करना था।

This was no easy task—it took speed and fierce cunning.

यह कोई आसान काम नहीं था - इसके लिए गति और भयंकर चतुराई की आवश्यकता थी।

He barked and danced near the bull, just out of range.

वह बैल के पास भौंकने और नाचने लगा, बस उसकी सीमा से बाहर।

The moose lunged with huge hooves and deadly antlers.

मूस अपने विशाल खुरों और घातक सींगों के साथ झपट्टा मारता था।

One blow could have ended Buck's life in a heartbeat.

एक ही झटके से बक की जिंदगी खत्म हो सकती थी।

Unable to leave the threat behind, the bull grew mad.

खतरे को पीछे छोड़ने में असमर्थ, बैल पागल हो गया।

He charged in fury, but Buck always slipped away.

वह क्रोध में हमला करने लगा, लेकिन बक हमेशा बच निकलता।

Buck faked weakness, luring him farther from the herd.

बक ने कमजोरी का नाटक किया, जिससे वह झुंड से दूर चला गया।

But young bulls were going to charge back to protect the leader.

लेकिन युवा बैल अपने नेता की रक्षा के लिए पीछे हटने वाले थे।

They forced Buck to retreat and the bull to rejoin the group.

उन्होंने बक को पीछे हटने पर मजबूर कर दिया और बैल को समूह में पुनः शामिल होने पर मजबूर कर दिया।

There is a patience in the wild, deep and unstoppable.

जंगल में धैर्य है, गहरा और अजेय।

A spider waits motionless in its web for countless hours.

एक मकड़ी अपने जाल में अनगिनत घंटों तक बिना हिले-डुले प्रतीक्षा करती रहती है।

A snake coils without twitching, and waits till it is time.

साँप बिना हिले-डुले कुंडली मारकर बैठा रहता है और समय आने तक प्रतीक्षा करता है।

A panther lies in ambush, until the moment arrives.

एक तेंदुआ घात में बैठा रहता है, जब तक कि वह क्षण न आ जाए।

This is the patience of predators who hunt to survive.

यह शिकारियों का धैर्य है जो जीवित रहने के लिए शिकार करते हैं।

That same patience burned inside Buck as he stayed close.

बक के अंदर भी वही धैर्य जल रहा था, जब वह उसके करीब रहा।

He stayed near the herd, slowing its march and stirring fear.

वह झुंड के पास ही रहा, उसकी गति धीमी कर दी और डर पैदा कर दिया।

He teased the young bulls and harassed the mother cows.

वह युवा बैलों को चिढ़ाता था और माता गायों को परेशान करता था।

He drove the wounded bull into a deeper, helpless rage.

उसने घायल बैल को और भी अधिक असहाय क्रोध में धकेल दिया।

For half a day, the fight dragged on with no rest at all.

आधे दिन तक लड़ाई बिना किसी आराम के चलती रही।

Buck attacked from every angle, fast and fierce as wind.

बक ने हर कोण से हमला किया, हवा की तरह तेज़ और भयंकर।

He kept the bull from resting or hiding with its herd.

उसने बैल को अपने झुंड के साथ आराम करने या छिपने से रोका।

Buck wore down the moose's will faster than its body.

बक ने मूस की इच्छाशक्ति को उसके शरीर से भी अधिक तेजी से कमजोर कर दिया।

The day passed and the sun sank low in the northwest sky.

दिन बीत गया और सूर्य उत्तर-पश्चिमी आकाश में नीचे डूब गया।

The young bulls returned more slowly to help their leader.

युवा बैल अपने नेता की मदद करने के लिए धीरे-धीरे वापस लौटे।

Fall nights had returned, and darkness now lasted six hours.

पतझड़ की रातें लौट आई थीं और अब अँधेरा छह घंटे तक रहता था।

Winter was pressing them downhill into safer, warmer valleys.

सर्दी उन्हें सुरक्षित, गर्म घाटियों की ओर नीचे की ओर धकेल रही थी।

But still they couldn't escape the hunter that held them back.

लेकिन फिर भी वे उस शिकारी से बच नहीं सके जिसने उन्हें रोक रखा था।

Only one life was at stake—not the herd's, just their leader's.

केवल एक ही जीवन दांव पर लगा था - झुंड का नहीं, केवल उनके नेता का।

That made the threat distant and not their urgent concern.

इससे खतरा दूर हो गया और उनकी तत्काल चिंता का विषय नहीं रहा।

In time, they accepted this cost and let Buck take the old bull.

समय के साथ, उन्होंने इस लागत को स्वीकार कर लिया और बक को बूढ़ा बैल लेने दिया।

As twilight settled in, the old bull stood with his head down.

जैसे ही शाम होने लगी, बूढ़ा बैल अपना सिर नीचे झुकाए खड़ा रहा।

He watched the herd he had led vanish into the fading light.

उसने देखा कि जिस झुंड का वह नेतृत्व कर रहा था वह लुप्त हो रही रोशनी में गायब हो गया।

There were cows he had known, calves he had once fathered.

वहाँ कुछ गायें थीं जिन्हें वह जानता था, कुछ बछड़े थे जिनके पिता वह कभी था।

There were younger bulls he had fought and ruled in past seasons.

वहां कुछ युवा बैल थे, जिनसे उसने पिछले सीजनों में लड़ाई की थी और उन पर विजय प्राप्त की थी।

He could not follow them—for before him crouched Buck again.

वह उनका पीछा नहीं कर सका - क्योंकि बक फिर से उसके सामने बैठा था।

The merciless fanged terror blocked every path he might take.

निर्दयी दांतेदार आतंक ने उसके हर रास्ते को अवरुद्ध कर दिया।

The bull weighed more than three hundredweight of dense power.

बैल का वजन तीन सौ से अधिक वज़नी था।

He had lived long and fought hard in a world of struggle.

उन्होंने लंबे समय तक संघर्षपूर्ण जीवन जिया और कड़ा संघर्ष किया।

Yet now, at the end, death came from a beast far beneath him.

तथापि अब, अंत में, मृत्यु उससे बहुत नीचे स्थित एक पशु से आई।

Buck's head did not even rise to the bull's huge knuckled knees.

बक का सिर बैल के विशाल घुटनों तक भी नहीं उठा।

From that moment on, Buck stayed with the bull night and day.

उस क्षण से बक रात-दिन बैल के साथ रहने लगा।

He never gave him rest, never allowed him to graze or drink.

उसने उसे कभी आराम नहीं करने दिया, कभी चरने या पानी पीने नहीं दिया।

The bull tried to eat young birch shoots and willow leaves.

बैल ने युवा सन्टी की टहनियाँ और विलो के पत्ते खाने की कोशिश की।

But Buck drove him off, always alert and always attacking.

लेकिन बक ने उसे भगा दिया, हमेशा सतर्क और हमेशा हमलावर रहा।

Even at trickling streams, Buck blocked every thirsty attempt.

यहां तक कि टपकती धाराओं में भी, बक ने प्यासे लोगों के हर प्रयास को रोक दिया।

Sometimes, in desperation, the bull fled at full speed.

कभी-कभी, हताश होकर, बैल पूरी गति से भाग जाता था।

Buck let him run, loping calmly just behind, never far away.

बक ने उसे दौड़ने दिया, वह शांतिपूर्वक उसके पीछे-पीछे दौड़ता रहा, कभी ज्यादा दूर नहीं गया।

When the moose paused, Buck lay down, but stayed ready.

जब मूस रुका तो बक लेट गया, लेकिन तैयार रहा।

If the bull tried to eat or drink, Buck struck with full fury.

यदि बैल कुछ खाने या पीने की कोशिश करता तो बक पूरे क्रोध से उस पर हमला कर देता।

The bull's great head sagged lower under its vast antlers.

बैल का विशाल सिर उसके विशाल सींगों के नीचे झुक गया।

His pace slowed, the trot became a heavy; a stumbling walk.

उसकी चाल धीमी हो गई, उसकी चाल भारी हो गई, वह लड़खड़ाता हुआ चलने लगा।

He often stood still with drooped ears and nose to the ground.

वह प्रायः कान और नाक जमीन पर झुकाये स्थिर खड़ा रहता था।

During those moments, Buck took time to drink and rest.

उन क्षणों के दौरान, बक ने पानी पीने और आराम करने के लिए समय निकाला।

Tongue out, eyes fixed, Buck sensed the land was changing.

जीभ बाहर निकाले, आँखें स्थिर किये, बक को महसूस हुआ कि धरती बदल रही है।

He felt something new moving through the forest and sky.

उसे जंगल और आकाश में कुछ नया चलता हुआ महसूस हुआ।

As moose returned, so did other creatures of the wild.

जैसे ही मूस वापस लौटा, वैसे ही जंगल के अन्य जीव भी वापस आ गए।

The land felt alive with presence, unseen but strongly known.

यह भूमि अस्तित्व से जीवंत महसूस हुई, अदृश्य लेकिन अच्छी तरह से जानी गई।

It was not by sound, sight, nor by scent that Buck knew this.

बक को यह बात न तो ध्वनि से, न दृष्टि से, न ही गंध से पता चली।

A deeper sense told him that new forces were on the move.

एक गहरी अनुभूति ने उन्हें बताया कि नई शक्तियां आगे बढ़ रही थीं।

Strange life stirred through the woods and along the streams.

जंगलों और नदियों के किनारे अजीब जीवन की हलचल मची हुई थी।

He resolved to explore this spirit, after the hunt was complete.

उन्होंने शिकार पूरा होने के बाद इस आत्मा का पता लगाने का संकल्प लिया।

On the fourth day, Buck brought down the moose at last.

चौथे दिन, बक ने अंततः मूस को नीचे गिरा दिया।

He stayed by the kill for a full day and night, feeding and resting.

वह पूरा दिन और रात शिकार के पास रहा, उसे खाना खिलाया और आराम किया।

He ate, then slept, then ate again, until he was strong and full.

उसने खाया, फिर सोया, फिर खाया, जब तक कि वह शक्तिशाली और तृप्त नहीं हो गया।

When he was ready, he turned back toward camp and Thornton.

जब वह तैयार हो गया, तो वह वापस शिविर और थॉर्नटन की ओर मुड़ गया।

With steady pace, he began the long return journey home.

स्थिर गति से वह घर की लम्बी यात्रा पर निकल पड़ा।

He ran in his tireless lope, hour after hour, never once straying.

वह घंटों तक बिना थके दौड़ता रहा, एक बार भी नहीं भटका।

Through unknown lands, he moved straight as a compass needle.

अज्ञात भूमियों में वह कम्पास की सुई की तरह सीधे आगे बढ़ता रहा।

His sense of direction made man and map seem weak by comparison.

उनकी दिशा बोध की तुलना में मनुष्य और मानचित्र कमजोर प्रतीत होते थे।

As Buck ran, he felt more strongly the stir in the wild land.

बक जैसे-जैसे भागता गया, उसे जंगली भूमि में हलचल अधिक तीव्रता से महसूस हुई।

It was a new kind of life, unlike that of the calm summer months.

यह एक नये प्रकार का जीवन था, जो शांत ग्रीष्म महीनों से भिन्न था।

This feeling no longer came as a subtle or distant message.

यह अनुभूति अब किसी सूक्ष्म या दूरस्थ संदेश के रूप में नहीं आती।

Now the birds spoke of this life, and squirrels chattered about it.

अब पक्षी इस जीवन के बारे में बात करने लगे और गिलहरियाँ इसके बारे में चहचहाने लगीं।

Even the breeze whispered warnings through the silent trees.

यहां तक कि हवा भी खामोश पेड़ों के बीच से चेतावनी फुसफुसा रही थी।

Several times he stopped and sniffed the fresh morning air.

कई बार वह रुका और सुबह की ताज़ी हवा को सूँघा।

He read a message there that made him leap forward faster.

उसने वहां एक संदेश पढ़ा जिससे वह तेजी से आगे बढने लगा।

A heavy sense of danger filled him, as if something had gone wrong.

उसके अंदर खतरे का भारी अहसास भर गया, मानो कुछ गलत हो गया हो।

He feared calamity was coming—or had already come.

उसे डर था कि विपत्ति आ रही है - या आ चुकी है।

He crossed the last ridge and entered the valley below.

वह आखिरी पहाड़ी को पार कर नीचे घाटी में प्रवेश कर गया।

He moved more slowly, alert and cautious with every step.

वह धीरे-धीरे आगे बढ़ रहा था, हर कदम पर सतर्क और सावधान।

Three miles out he found a fresh trail that made him stiffen.

तीन मील आगे जाकर उसे एक नया रास्ता मिला, जिससे उसका मन अकड़ गया।

The hair along his neck rippled and bristled in alarm.

उसकी गर्दन के बाल घबराकर खड़े हो गए।

The trail led straight toward the camp where Thornton waited.

रास्ता सीधे उस शिविर की ओर ले गया जहां थॉर्नटन इंतजार कर रहा था।

Buck moved faster now, his stride both silent and swift.

बक अब और तेजी से चलने लगा, उसकी चाल शांत और तीव्र थी।

His nerves tightened as he read signs others were going to miss.

जैसे ही उसने उन संकेतों को पढ़ा जिन्हें अन्य लोग नहीं समझ पाए, उसकी घबराहट बढ़ गई।

Each detail in the trail told a story—except the final piece.

निशान का प्रत्येक विवरण एक कहानी कहता था - सिवाय अंतिम टुकड़े के।

His nose told him about the life that had passed this way.

उसकी नाक उसे उस जीवन के बारे में बता रही थी जो इस तरह से गुजरा था।

The scent gave him a changing picture as he followed close behind.

जैसे ही वह उसके पीछे गया, उसे गंध से बदलती हुई तस्वीर दिखाई दी।

But the forest itself had gone quiet; unnaturally still.

लेकिन जंगल शांत हो गया था; अस्वाभाविक रूप से स्थिर।

Birds had vanished, squirrels were hidden, silent and still.

पक्षी गायब हो गए थे, गिलहरियाँ छिप गई थीं, शांत और स्थिर।

He saw only one gray squirrel, flat on a dead tree.

उसने केवल एक ग्रे गिलहरी को देखा, जो एक मृत पेड़ पर लेटी हुई थी।

The squirrel blended in, stiff and motionless like a part of the forest.

गिलहरी जंगल के एक हिस्से की तरह अकड़कर और गतिहीन होकर उसमें घुलमिल गई।

Buck moved like a shadow, silent and sure through the trees.

बक छाया की तरह, चुपचाप और निश्चितता के साथ पेड़ों के बीच से गुजर रहा था।

His nose jerked sideways as if pulled by an unseen hand.

उसकी नाक बगल की ओर इस तरह झुकी मानो किसी अदृश्य हाथ ने उसे खींचा हो।

He turned and followed the new scent deep into a thicket.

वह मुड़ा और नई खुशबू का पीछा करते हुए झाड़ियों की गहराई में चला गया।

There he found Nig, lying dead, pierced through by an arrow.

वहां उन्होंने निग को मृत अवस्था में पाया, जिसके शरीर में एक तीर लगा हुआ था।

The shaft passed clear through his body, feathers still showing.

तीर उसके शरीर के आर-पार हो गया, लेकिन पंख अभी भी दिखाई दे रहे थे।

Nig had dragged himself there, but died before reaching help.

निग खुद को घसीटकर वहां पहुंचा था, लेकिन मदद पहुंचने से पहले ही उसकी मौत हो गई।

A hundred yards farther on, Buck found another sled dog.

सौ गज आगे बक को एक और स्लेज कुत्ता मिला।

It was a dog that Thornton had bought back in Dawson City.

यह एक कुत्ता था जिसे थॉर्नटन ने डावसन सिटी से खरीदा था।

The dog was in a death struggle, thrashing hard on the trail.

कुत्ता मौत से संघर्ष कर रहा था, रास्ते पर जोर-जोर से छटपटा रहा था।

Buck passed around him, not stopping, eyes fixed ahead.

बक उसके चारों ओर से गुजरा, बिना रुके, उसकी आँखें सामने की ओर टिकी रहीं।

From the direction of the camp came a distant, rhythmic chant.

शिविर की दिशा से दूर से लयबद्ध जयघोष की ध्वनि आ रही थी।

Voices rose and fell in a strange, eerie, sing-song tone.

आवाजें अजीब, भयानक, गायन-गीत जैसी स्वर में उठती और गिरती रहीं।

Buck crawled forward to the edge of the clearing in silence.

बक चुपचाप रेंगता हुआ मैदान के किनारे तक चला गया।

There he saw Hans lying face-down, pierced with many arrows.

वहां उसने देखा कि हंस अनेक बाणों से घायल होकर मुंह के बल लेटा हुआ है।

His body looked like a porcupine, bristling with feathered shafts.

उसका शरीर साही जैसा लग रहा था, जिसके पंख लगे हुए थे।

At the same moment, Buck looked toward the ruined lodge.

उसी क्षण, बक ने खंडहर हो चुके लॉज की ओर देखा।

The sight made the hair rise stiff on his neck and shoulders.

यह दृश्य देखकर उसकी गर्दन और कंधों के रोंगटे खड़े हो गए।

A storm of wild rage swept through Buck's whole body.

बक के पूरे शरीर में भयंकर क्रोध का तूफान दौड़ गया।

He growled aloud, though he did not know that he had.

वह जोर से गुर्राया, हालांकि उसे पता नहीं था कि उसने ऐसा किया है।

**The sound was raw, filled with terrifying, savage fury.**

आवाज़ कच्ची थी, डरावनी, क्रूर क्रोध से भरी हुई।

**For the last time in his life, Buck lost reason to emotion.**

अपने जीवन में अंतिम बार बक ने अपनी भावनाओं पर काबू नहीं पाया।

**It was love for John Thornton that broke his careful control.**

यह जॉन थॉर्नटन के प्रति प्रेम ही था जिसने उनके सावधानीपूर्वक नियंत्रण को तोड़ दिया।

**The Yeehats were dancing around the wrecked spruce lodge.**

यीहाट्स बर्बाद स्प्रूस लॉज के चारों ओर नृत्य कर रहे थे।

**Then came a roar—and an unknown beast charged toward them.**

तभी एक दहाड़ सुनाई दी और एक अज्ञात जानवर उनकी ओर झपटा।

**It was Buck; a fury in motion; a living storm of vengeance.**

यह बक था; गतिमान रोष; प्रतिशोध का जीवंत तूफान।

**He flung himself into their midst, mad with the need to kill.**

वह उनके बीच में कूद पड़ा, और उसे मारने की इच्छा से वह पागल हो गया।

**He leapt at the first man, the Yeehat chief, and struck true.**

वह पहले आदमी, यीहाट प्रमुख, पर झपटा और सीधा वार किया।

**His throat was ripped open, and blood spouted in a stream.**

उसका गला फट गया था और खून की धार बह रही थी।

**Buck did not stop, but tore the next man's throat with one leap.**

बक रुका नहीं, बल्कि एक ही छलांग में अगले आदमी का गला फाड़ दिया।

He was unstoppable—ripping, slashing, never pausing to rest.

वह अजेय था - फाड़ता, काटता, कभी रुकता नहीं।

He darted and sprang so fast their arrows could not touch him.

वह इतनी तेजी से उछला कि उनके बाण उसे छू नहीं सके।

The Yeehats were caught in their own panic and confusion.

येहट्स अपनी ही घबराहट और असमंजस में फंस गए थे।

Their arrows missed Buck and struck one another instead.

उनके तीर बक को छूते हुए एक दूसरे पर जा लगे।

One youth threw a spear at Buck and hit another man.

एक युवक ने बक पर भाला फेंका जो दूसरे व्यक्ति को लगा।

The spear drove through his chest, the point punching out his back.

भाला उसकी छाती में घुस गया, और उसकी नोक उसकी पीठ पर लगी।

Terror swept over the Yeehats, and they broke into full retreat.

यीहाट्स पर आतंक छा गया और वे पूरी तरह से पीछे हटने लगे।

They screamed of the Evil Spirit and fled into the forest shadows.

वे दुष्ट आत्मा को भगाने के लिए चिल्लाए और जंगल की छाया में भाग गए।

Truly, Buck was like a demon as he chased the Yeehats down.

सचमुच, बक एक राक्षस की तरह था, जब वह यीहाट्स का पीछा कर रहा था।

He tore after them through the forest, bringing them down like deer.

वह जंगल में उनका पीछा करता हुआ हिरणों की तरह उन्हें नीचे गिराने लगा।

It became a day of fate and terror for the frightened Yeehats.

भयभीत यीहाट्स के लिए यह भाग्य और आतंक का दिन बन गया।

They scattered across the land, fleeing far in every direction.

वे देश भर में बिखर गए और हर दिशा में दूर-दूर तक भाग गए।

A full week passed before the last survivors met in a valley.

एक पूरा सप्ताह बीत जाने के बाद आखिरी बचे लोग घाटी में मिले।

Only then did they count their losses and speak of what happened.

उसके बाद ही उन्होंने अपने नुकसानों का हिसाब लगाया और जो कुछ हुआ उसके बारे में बताया।

Buck, after tiring of the chase, returned to the ruined camp.

बक, पीछा करते-करते थक गया और बर्बाद शिविर में लौट आया।

He found Pete, still in his blankets, killed in the first attack.

उन्होंने पाया कि पीट अभी भी अपने कम्बल में था और पहले हमले में मारा गया था।

Signs of Thornton's last struggle were marked in the dirt nearby.

थॉर्नटन के अंतिम संघर्ष के निशान पास की मिट्टी में अंकित थे।

Buck followed every trace, sniffing each mark to a final point.

बक ने हर निशान का पीछा किया, प्रत्येक निशान को अंतिम बिंदु तक सूँघता रहा।

At the edge of a deep pool, he found faithful Skeet, lying still.

एक गहरे तालाब के किनारे उसे अपनी वफादार स्कीट निश्चल पड़ी हुई मिली।

Skeet's head and front paws were in the water, unmoving in death.

स्कीट का सिर और अगले पंजे पानी में थे, मृत्यु के बाद भी वे हिल नहीं रहे थे।

The pool was muddy and tainted with runoff from the sluice boxes.

पूल कीचड़युक्त था तथा स्लुइस बक्सों से बहते पानी के कारण दूषित हो गया था।

Its cloudy surface hid what lay beneath, but Buck knew the truth.

इसकी धुंधली सतह ने उसके नीचे छिपी हुई चीज़ों को छिपा दिया, लेकिन बक को सच्चाई पता थी।

He tracked Thornton's scent into the pool—but the scent led nowhere else.

उन्होंने थॉर्नटन की गंध को पूल तक पहुंचाया - लेकिन वह गंध कहीं और नहीं ले गई।

There was no scent leading out—only the silence of deep water.

वहाँ कोई सुगंध नहीं थी - केवल गहरे पानी का सन्नाटा था।

All day Buck stayed near the pool, pacing the camp in grief.

सारा दिन बक पूल के पास रहा और दुःख में शिविर में घूमता रहा।

He wandered restlessly or sat in stillness, lost in heavy thought.

वह बेचैनी से घूमता रहता था या फिर शांति से बैठा रहता था, गहरे विचारों में खोया रहता था।

He knew death; the ending of life; the vanishing of all motion.

वह मृत्यु को जानता था; जीवन का अंत; समस्त गति का लुप्त हो जाना।

He understood that John Thornton was gone, never to return.

वह समझ गया कि जॉन थॉर्नटन चला गया है और कभी वापस नहीं आएगा।

The loss left an empty space in him that throbbed like hunger.

इस क्षति ने उसके अंदर एक खालीपन पैदा कर दिया था जो भूख की तरह धड़क रहा था।

But this was a hunger food could not ease, no matter how much he ate.

लेकिन यह ऐसी भूख थी जिसे भोजन से शांत नहीं किया जा सकता था, चाहे वह कितना भी खा ले।

At times, as he looked at the dead Yeehats, the pain faded.

कभी-कभी, जब वह मृत यीहट्स को देखता, तो उसका दर्द गायब हो जाता।

And then a strange pride rose inside him, fierce and complete.

और फिर उसके अंदर एक अजीब सा गर्व जाग उठा, भयंकर और पूर्ण।

He had killed man, the highest and most dangerous game of all.

उसने मनुष्य को मार डाला था, जो सबसे बड़ा और सबसे खतरनाक खेल था।

He had killed in defiance of the ancient law of club and fang.

उसने प्राचीन कानून, गदा और नुकीले हथियार की अवहेलना करते हुए हत्या की थी।

Buck sniffed their lifeless bodies, curious and thoughtful.

बक ने उत्सुकता और विचार से उनके निर्जीव शरीरों को सूँघा।

They had died so easily—much easier than a husky in a fight.

वे बहुत आसानी से मर गए थे - किसी लड़ाई में किसी हस्की की मृत्यु से भी अधिक आसानी से।

Without their weapons, they had no true strength or threat.

हथियारों के बिना, उनके पास कोई वास्तविक ताकत या खतरा नहीं था।

Buck was never going to fear them again, unless they were armed.

बक को उनसे कभी डर नहीं लगने वाला था, जब तक कि वे हथियारबंद न हों।

Only when they carried clubs, spears, or arrows he'd beware.

केवल तभी जब वे लाठियां, भाले या तीर लेकर आते थे, वह सावधान हो जाता था।


Night fell, and a full moon rose high above the tops of the trees.

रात हो गई और पूरा चाँद पेड़ों की चोटियों से ऊपर उठ गया।

The moon's pale light bathed the land in a soft, ghostly glow like day.

चाँद की पीली रोशनी ने धरती को दिन के समान एक नरम, भूतिया चमक से नहला दिया।

As the night deepened, Buck still mourned by the silent pool.

जैसे-जैसे रात गहराती गई, बक अभी भी शांत तालाब के पास विलाप कर रहा था।

Then he became aware of a different stirring in the forest.

तभी उसे जंगल में एक अलग हलचल का अहसास हुआ।

The stirring was not from the Yeehats, but from something older and deeper.

यह हलचल यीहाट्स से नहीं, बल्कि किसी पुरानी और गहरी चीज से थी।

He stood up, ears lifted, nose testing the breeze with care.

वह खड़ा हो गया, कान ऊपर उठाए, नाक से हवा का ध्यानपूर्वक परीक्षण किया।

From far away came a faint, sharp yelp that pierced the silence.

दूर से एक हल्की, तीखी चीख आई जिसने सन्नाटे को चीर दिया।

Then a chorus of similar cries followed close behind the first.

फिर पहले के ठीक पीछे समान प्रकार की चीखों का एक समूह गूंज उठा।

The sound drew nearer, growing louder with each passing moment.

आवाज़ पास आती गई और हर पल तेज़ होती गई।

Buck knew this cry—it came from that other world in his memory.

बक इस चीख को जानता था - यह उसकी स्मृति में उस दूसरी दुनिया से आई थी।

He walked to the center of the open space and listened closely.

वह खुले स्थान के मध्य में चला गया और ध्यान से सुनने लगा।

The call rang out, many-noted and more powerful than ever.

यह आह्वान गूंज उठा, अनेकों बार सुना गया तथा पहले से भी अधिक शक्तिशाली था।

And now, more than ever before, Buck was ready to answer his calling.

और अब, पहले से कहीं अधिक, बक अपनी बुलाहट का उत्तर देने के लिए तैयार था।

**John Thornton was dead, and no tie to man remained within him.**

जॉन थॉर्नटन मर चुका था, और उसके भीतर मनुष्य के प्रति कोई बंधन नहीं बचा था।

**Man and all human claims were gone—he was free at last.**

मनुष्य और सभी मानवीय दावे समाप्त हो गए थे - वह अंततः स्वतंत्र था।

**The wolf pack were chasing meat like the Yeehats once had.**

भेड़ियों का झुंड मांस की तलाश में था, जैसे कभी येहट्स ने किया था।

**They had followed moose down from the timbered lands.**

वे जंगल वाली भूमि से मूस का पीछा करते हुए नीचे आये थे।

**Now, wild and hungry for prey, they crossed into his valley.**

अब, वे जंगली और शिकार के भूखे थे, इसलिए वे उसकी घाटी में चले गए।

**Into the moonlit clearing they came, flowing like silver water.**

वे चाँदनी रात में चाँदी के पानी की तरह बहते हुए आये।

**Buck stood still in the center, motionless and waiting for them.**

बक बीच में स्थिर खड़ा रहा, बिना हिले-डुले, उनका इंतजार करता रहा।

**His calm, large presence stunned the pack into a brief silence.**

उनकी शांत, विशाल उपस्थिति ने समूह को कुछ देर के लिए मौन में डाल दिया।

**Then the boldest wolf leapt straight at him without hesitation.**

तभी सबसे साहसी भेड़िया बिना किसी हिचकिचाहट के सीधे उस पर झपटा।

Buck struck fast and broke the wolf's neck in a single blow.

बक ने तेजी से वार किया और एक ही झटके में भेड़िये की गर्दन तोड़ दी।

He stood motionless again as the dying wolf twisted behind him.

वह फिर से निश्चल खड़ा रहा, जबकि मरता हुआ भेड़िया उसके पीछे घूम गया।

Three more wolves attacked quickly, one after the other.

एक के बाद एक तीन और भेड़ियों ने तेजी से हमला कर दिया।

Each retreated bleeding, their throats or shoulders slashed.

प्रत्येक व्यक्ति खून से लथपथ होकर पीछे हट गया, उसके गले या कंधे कट गए।

That was enough to trigger the whole pack into a wild charge.

यह पूरे समूह को उग्र आक्रमण के लिए प्रेरित करने के लिए पर्याप्त था।

They rushed in together, too eager and crowded to strike well.

वे एक साथ दौड़े, इतने उत्सुक और भीड़ में कि कोई अच्छा हमला नहीं कर सका।

Buck's speed and skill allowed him to stay ahead of the attack.

बक की गति और कौशल ने उन्हें हमले से आगे रहने में मदद की।

He spun on his hind legs, snapping and striking in all directions.

वह अपने पिछले पैरों पर घूमकर सभी दिशाओं में वार करने लगा।

To the wolves, this seemed like his defense never opened or faltered.

भेड़ियों को ऐसा लगा जैसे उनका बचाव कभी खुला ही नहीं या कभी लड़खड़ाया ही नहीं।

He turned and slashed so quickly they could not get behind him.

वह इतनी तेजी से मुड़ा और वार किया कि वे उसके पीछे नहीं आ सके।

Nonetheless, their numbers forced him to give ground and fall back.

फिर भी, उनकी संख्या ने उन्हें पीछे हटने पर मजबूर कर दिया।

He moved past the pool and down into the rocky creek bed.

वह तालाब के पास से होते हुए नीचे चट्टानी नाले में चला गया।

There he came up against a steep bank of gravel and dirt.

वहाँ उसे बजरी और मिट्टी का एक गहरा किनारा मिला।

He edged into a corner cut during the miners' old digging.

वह खनिकों द्वारा की गई पुरानी खुदाई के दौरान काटे गए एक कोने में जा घुसा।

Now, protected on three sides, Buck faced only the front wolf.

अब, तीन तरफ से सुरक्षित, बक को केवल सामने वाले भेड़िये का सामना करना पड़ा।

There, he stood at bay, ready for the next wave of assault.

वहां, वह अगले हमले के लिए तैयार खड़ा था।

Buck held his ground so fiercely that the wolves drew back.

बक ने इतनी दृढ़ता से अपना स्थान बनाए रखा कि भेड़िये पीछे हट गए।

After half an hour, they were worn out and visibly defeated.

आधे घंटे के बाद वे थक चुके थे और स्पष्टतः पराजित दिख रहे थे।

Their tongues hung out, their white fangs gleamed in moonlight.

उनकी जीभें बाहर लटक रही थीं, उनके सफ़ेद नुकीले दांत चाँदनी में चमक रहे थे।

Some wolves lay down, heads raised, ears pricked toward Buck.

कुछ भेड़िये लेट गए, सिर उठाए, कान बक की ओर तान दिए।

Others stood still, alert and watching his every move.

अन्य लोग स्थिर खड़े रहे, सतर्क रहे और उसकी हर हरकत पर नजर रखी।

A few wandered to the pool and lapped up cold water.

कुछ लोग पूल के पास चले गए और ठंडे पानी का आनंद लेने लगे।

Then one long, lean gray wolf crept forward in a gentle way.

तभी एक लम्बा, दुबला भूरा भेड़िया धीरे से आगे बढ़ा।

Buck recognized him—it was the wild brother from before.

बक ने उसे पहचान लिया - यह तो पहले वाला जंगली भाई था।

The gray wolf whined softly, and Buck replied with a whine.

भूरे भेड़िये ने धीरे से रोना शुरू किया, और बक ने भी कराहते हुए जवाब दिया।

They touched noses, quietly and without threat or fear.

उन्होंने चुपचाप, बिना किसी धमकी या डर के, एक-दूसरे की नाकें छूईं।

Next came an older wolf, gaunt and scarred from many battles.

इसके बाद एक बूढ़ा भेड़िया आया, जो कई लड़ाइयों के कारण दुबला-पतला और जख्मी था।

Buck started to snarl, but paused and sniffed the old wolf's nose.

बक गुर्राने लगा, लेकिन फिर रुका और बूढ़े भेड़िये की नाक सूँघने लगा।

The old one sat down, raised his nose, and howled at the moon.

बूढ़ा बैठ गया, अपनी नाक उठाई, और चाँद को देखकर चिल्लाया।

The rest of the pack sat down and joined in the long howl.

बाकी लोग बैठ गए और लम्बी चीख़ में शामिल हो गए।

And now the call came to Buck, unmistakable and strong.

और अब बक के पास कॉल आई, स्पष्ट और मजबूत।

He sat down, lifted his head, and howled with the others.

वह बैठ गया, अपना सिर उठाया और दूसरों के साथ चिल्लाने लगा।

When the howling ended, Buck stepped out of his rocky shelter.

जब चीखना बंद हुआ तो बक अपने चट्टानी आश्रय से बाहर निकला।

The pack closed in around him, sniffing both kindly and warily.

झुंड उसके चारों ओर घिर गया, और दयालुता तथा सावधानी से सूँघने लगा।

Then the leaders gave the yelp and dashed off into the forest.

तब नेता चिल्लाये और जंगल में भाग गये।

The other wolves followed, yelping in chorus, wild and fast in the night.

अन्य भेड़िये भी रात में तेजी से और बेतहाशा चिल्लाते हुए उनके पीछे-पीछे आ गए।

Buck ran with them, beside his wild brother, howling as he ran.

बक उनके साथ, अपने जंगली भाई के पास, भागता हुआ चिल्ला रहा था।


Here, the story of Buck does well to come to its end.

यहाँ, बक की कहानी अपने अंत तक पहुँचती है।

In the years that followed, the Yeehats noticed strange wolves.

इसके बाद के वर्षों में, यीहाट्स ने अजीब भेड़ियों को देखा।

Some had brown on their heads and muzzles, white on the chest.

कुछ के सिर और थूथन भूरे रंग के थे, तथा छाती सफेद रंग की थी।

But even more, they feared a ghostly figure among the wolves.

लेकिन इससे भी अधिक उन्हें भेड़ियों के बीच एक भूतिया आकृति का डर था।

They spoke in whispers of the Ghost Dog, leader of the pack.

वे झुंड के नेता भूत कुत्ते के बारे में फुसफुसाते हुए बात कर रहे थे।

This Ghost Dog had more cunning than the boldest Yeehat hunter.

इस भूत कुत्ते में सबसे साहसी यीहट शिकारी से भी अधिक चालाकी थी।

**The ghost dog stole from camps in deep winter and tore their traps apart.**

भूत कुत्ता गहरी सर्दियों में शिविरों से चोरी करता था और उनके जालों को फाड़ देता था।

**The ghost dog killed their dogs and escaped their arrows without a trace.**

भूत कुत्ते ने उनके कुत्तों को मार डाला और बिना किसी निशान के उनके तीरों से बच निकला।

**Even their bravest warriors feared to face this wild spirit.**

यहां तक कि उनके सबसे बहादुर योद्धा भी इस जंगली आत्मा का सामना करने से डरते थे।

**No, the tale grows darker still, as the years pass in the wild.**

नहीं, जंगल में जैसे-जैसे वर्ष बीतते जाते हैं, कहानी और भी गहरी होती जाती है।

**Some hunters vanish and never return to their distant camps.**

कुछ शिकारी गायब हो जाते हैं और अपने दूरस्थ शिविरों में कभी वापस नहीं लौटते।

**Others are found with their throats torn open, slain in the snow.**

अन्य लोगों के गले कटे हुए तथा बर्फ में मृत पाए गए हैं।

**Around their bodies are tracks—larger than any wolf could make.**

उनके शरीर के चारों ओर निशान हैं - किसी भी भेड़िये द्वारा बनाए गए निशानों से बड़े।

**Each autumn, Yeehats follow the trail of the moose.**

प्रत्येक शरद ऋतु में, यीहाट्स मूस के निशान का अनुसरण करते हैं।

**But they avoid one valley with fear carved deep into their hearts.**

लेकिन वे अपने दिलों में गहरे डर के साथ एक घाटी से बचते हैं।

They say the valley is chosen by the Evil Spirit for his home.

वे कहते हैं कि इस घाटी को दुष्ट आत्मा ने अपने घर के लिए चुना है।

And when the tale is told, some women weep beside the fire.

और जब कहानी सुनाई जाती है, तो कुछ महिलाएं आग के पास बैठकर रोती हैं।

But in summer, one visitor comes to that quiet, sacred valley.

लेकिन गर्मियों में, एक पर्यटक उस शांत, पवित्र घाटी में आता है।

The Yeehats do not know of him, nor could they understand.

येहात लोग न तो उसके विषय में जानते थे, न ही उसे समझ सकते थे।

The wolf is a great one, coated in glory, like no other of his kind.

भेड़िया महान है, गौरव से लदा हुआ, अपनी प्रजाति का कोई अन्य नहीं।

He alone crosses from green timber and enters the forest glade.

वह अकेले ही हरे पेड़ों को पार कर जंगल के मैदान में प्रवेश करता है।

There, golden dust from moose-hide sacks seeps into the soil.

वहां, मूस की खाल की बोरियों से निकली सुनहरी धूल मिट्टी में रिस रही है।

Grass and old leaves have hidden the yellow from the sun.

घास और पुरानी पत्तियों ने पीले रंग को सूरज से छुपा दिया है।

Here, the wolf stands in silence, thinking and remembering.

यहाँ भेड़िया चुपचाप खड़ा होकर सोच रहा है और याद कर रहा है।

He howls once—long and mournful—before he turns to go.

वह एक बार चीखता है - लंबे समय तक और शोकाकुल होकर - जाने से पहले।

Yet he is not always alone in the land of cold and snow.

फिर भी वह ठंड और बर्फ की भूमि पर हमेशा अकेला नहीं रहता।

When long winter nights descend on the lower valleys.

जब निचली घाटियों पर लम्बी सर्दियों की रातें उतरती हैं।

When the wolves follow game through moonlight and frost.

जब भेड़िये चांदनी और ठंड के बीच शिकार का पीछा करते हैं।

Then he runs at the head of the pack, leaping high and wild.

फिर वह झुंड के सबसे आगे दौड़ता है, ऊंची छलांग लगाता हुआ।

His shape towers over the others, his throat alive with song.

उसका आकार अन्यों से ऊंचा है, उसका गला गीत से जीवंत है।

It is the song of the younger world, the voice of the pack.

यह युवा जगत का गीत है, समूह की आवाज है।

He sings as he runs—strong, free, and forever wild.

वह दौड़ते हुए गाता है - ताकतवर, स्वतंत्र और हमेशा उन्मुक्त।